楚國文化研究叢刊　　　　　　　　　　　　劉玉堂◇主編

楚國封君研究

鄭　威○著

昌明文化

楚國文化研究叢刊 A0201006

楚國封君研究

作　　者	鄭　威	
版權策劃	李　鋒	
發 行 人	陳滿銘	
總 經 理	梁錦興	
總 編 輯	陳滿銘	
副總編輯	張晏瑞	
編 輯 所	萬卷樓圖書股份有限公司	
排　　版	雙子設計公司	
封面設計	雙子設計公司	
印　　刷	維中科技有限公司	

出　　版　昌明文化有限公司

桃園市龜山區中原街 32 號

電話 (02)23216565

發　　行　萬卷樓圖書股份有限公司

臺北市羅斯福路二段 41 號 6 樓之 3

電話 (02)23216565 傳真 (02)23218698

電郵 SERVICE@WANJUAN.COM.TW

大陸經銷

廈門外圖臺灣書店有限公司

　電郵 JKB188@188.COM

ISBN 978-986-94604-5-3

2019 年 8 月初版三刷

2017 年 8 月初版二刷

2017 年 3 月初版一刷

定價：新臺幣 390 元

如何購買本書：

1. 劃撥購書，請透過以下郵政劃撥帳號：

　帳號：15624015

　戶名：萬卷樓圖書股份有限公司

2. 轉帳購書，請透過以下帳戶

　合作金庫銀行　古亭分行

　戶名：萬卷樓圖書股份有限公司

　帳號：0877717092596

3. 網路購書，請透過萬卷樓網站

　網址 WWW.WANJUAN.COM.TW

大量購書，請直接聯繫我們，將有專人為您

服務。客服：(02)23216565 分機 610

如有缺頁、破損或裝訂錯誤，請寄回更換

國家圖書館出版品預行編目資料

楚國鋒鈞研究 / 鄭威著.-- 初版.-- 桃園市：

昌明文化出版；臺北市：萬卷樓發行,

2017.03

　面；　　公分.--(楚國文化研究叢刊；

A0201006)

ISBN 978-986-94604-5-3(平裝)

1.文化史 2.楚國

631.808　　　　　　　　　　　106003977

目 次

總　序①

　　春秋戰國時期領異標新、驚采絕豔的楚文化，為中華文化的形成與發展完美地奉獻出了自己的珍藏。楚學的使命就是對這一稀世珍藏進行廣泛而深入的挖掘、整理和研究。這是一項異常艱辛而又充滿愉悅的工作，需要眾多的志士仁人協力同心共同完成。

　　楚文化是古老的，它的誕生在三千年以前；但楚學是年輕的，人們有幸對它進行系統的科學研究至今還不過百年光景。

　　楚文化的遺存埋藏在地下達三千年之久，直到20世紀20年代至40年代才被盜墓者「驚起」。當時，在安徽壽縣和湖南長沙出土了大量戰國時期的楚國銅器和漆器，其工藝之精絕，風格之獨特，令史學家和古董商歎為觀止。但這還只是「小荷才露尖尖角」，人們一時還很難捕捉它們的意態風神。從20世紀50年代起，楚文化的遺存在湖南、

---

① 簡體版由湖北教育出版社於二〇一二年出版。今繁體版於臺灣重新編輯印刷，因考量兩岸學術寫作習慣不同，故在編輯體例上作出些微調整，以符合繁體區的閱讀方式與學術格式。茲向讀者說明如下：
　1.若遇特殊名詞，則改為繁體區習慣用語。如：「鰲米」，改為「公鰲」。「米」，改為「公尺」。其他以此類推。
　2.本套書各冊之〈總序〉、〈序〉與〈後記〉，皆照錄簡體版之原文。
　3.原書的簡體字，如「杰」、「云」……等，皆改為相應之繁體字。
　4.字體簡繁轉換，造成用字不同，皆以該單位原有繁體之名稱為準。如：「岳麓書社」，改為「嶽麓書社」。

總
序

1

湖北、河南、安徽等地一批又一批地被考古學家喚醒，引起學術界和文藝界一陣又一陣的狂歡。「驚起卻回首」，人們重新審視哲學史上的老莊和文學史上的屈宋，徹然大悟，原來它們也都是楚文化的精華。

楚文化因楚國和楚人而得名，是周代的一種區域文化，集中了東周文化的大半精華。它同東鄰的吳越文化和西鄰的巴蜀文化一起，曾是盛開在長江流域古區域文明的奇葩。與並世共存的先進文化相比，楚文化可以說是後來居上。當楚文化跡象初露之時，它只是糅合了中原文化的末流和楚蠻文化的餘緒，特色不顯，影響不大，幾乎無足稱道。到了西周晚期，它才脫穎而出，令北方有識之士刮目相看。及至春秋中期，它竟突飛猛進，已能與中原文化競趨爭先了。楚文化不僅有爐火純青的青銅冶鑄、巧奪天工的漆木髹飾和精美絕倫的絲織刺繡，而且還有義理精深的老莊哲學、鑠古切今的屈宋辭賦和出神入化的美術樂舞。透過這耀眼的紛華，我們還能領悟到楚人進步的思想精髓和價值追求：「篳路藍縷」的進取精神、「撫夷屬夏」的開放氣度、「鳴將驚人」的創新意識、「和眾安民」的和合理念以及「深固難徙」的愛國情結。它們無疑是楚人留給世人的最寶貴的文化遺產。

為了對楚文化研究成果進行階段性總結和集中展示，20世紀90年代中期，湖北教育出版社推出了由張正明先生主編的大型學術叢書「楚學文庫」（18部），在學術界產生了強烈而持續的影響，「楚學」至此卓然而立，蔚為大觀。

自「楚學文庫」出版至今十數年間，隨著湖北棗陽九連墩大墓、河南新蔡葛陵楚墓、湖北隨州葉家山西周墓群的發掘，尤其是湖北荊門郭店楚簡、上海博物館珍藏的戰國楚竹書和清華大學藏戰國竹簡等出土文獻的陸續問世，以及新的研究方法和新的技術手段的推廣與運用，楚學研究出現了「驚濤拍岸」的高潮，眾多的楚學研究成果如浪花般噴珠濺玉，美不勝收。面對楚學研究的空前盛況，湖北教育出版

社以弘揚學術、嘉惠士林的遠見卓識，約請我主持編纂大型學術叢書「世紀楚學」（12部），這對於全面、系統、深入地探討楚文化的內涵與精蘊，及時展示楚學研究的最新成果，繼承和弘揚楚文化乃至中華文化的優秀傳統，促進社會主義文化強國和中華民族共有精神家園建設，既具有重要的理論意義，又具有重大的實踐價值。

　　「世紀楚學」選題嚴謹，內容宏富，研究範圍包括楚簡冊、政治、法律、禮儀、思想、學術、文學、地理、農業、水利、交通、飲食、服飾和名物等，大都是楚學研究中十分重要且「楚學文庫」未曾涉及或涉而不深的議題。因此，「世紀楚學」既是對「楚學文庫」的賡續、豐富和完善，又是對「楚學文庫」的延伸、拓展和推進。

　　之所以將叢書定名為「世紀楚學」，所思者有三：一是現代意義的楚學研究始於20世紀20年代，迄今已近百年；二是本叢書是21世紀推出的第一套大型楚學叢書，帶有鮮明的新世紀的印記；三是「世紀」也可泛指「時代」，意在誠勉本叢書切勿有負時代之厚望。

　　作為國家出版基金資助專案和湖北省社會公益出版專項資金資助專案，「世紀楚學」致力於從新視角、新構架、新材料、新觀點四個方面，實現楚學研究的新突破、新跨越、新發展，奮力開創楚學研究的新局面！

　　我忝任主編，限於學識和俗務，時有力不從心之感，幸有張碩、靳強先生襄助，諸事方才就緒，令我心存感念！

　　任何有益於本叢書的批評和建議，我們都竭誠歡迎！

劉玉堂

2012年2月於東湖之濱

總序

序

　　封君，作為一個特殊的群體或階層，在戰國時期的政治、經濟生活中有著非常重要的地位與影響，其中楚國的封君又以出現較早、人數眾多而頗具特色。

　　據《左傳　哀公十八年》記載：「楚公孫寧、吳由于、薳固敗巴師於鄾，故封子國於析。」公孫寧即楚平王之孫、令尹子西之子，字子國，時任楚右司馬，因帥師敗巴人有功而被封為析君，時為楚惠王十二年，西元前477年，當是列國封君中最早的一例。1978年湖北隨縣曾侯乙墓出土的析君戟，即可為證。

　　在秦末「張楚」政權時，楚懷王「乃封（曹）參為執帛，號曰建成君。」（《史記　曹相國世家》）說明楚系封君延續時間之長，影響甚大。

　　關於封君問題，明人董說於《七國考》一書曾有初步清理，可謂這方面的創始之作。但真正取得較大的進展，則與最近半個多世紀以來的學術繁榮和田野考古密不可分，楊寬先生在《戰國史》中的系統論述，為明晰封君制的性質及全貌奠定了有利的基礎；其後劉澤華先生的《戰國時期的食邑與封君述考》、呂文郁先生《周代的采邑制度》等論著的進一步辨析、探討，使學術界對這一特殊群體的源流變化與性質有了更加深入的瞭解。何浩先生〈戰國時期楚封君初探〉、〈論楚國封君制的發展與演變〉等文則在諸家論說的前提下，結合考

古資料，就楚系封君問題加以專題考察，取得了不少超越前人的成果。與此同時，多位日本學者也在這方面先後著文討論，亦有一定創獲。

近年來有關封君，特別是楚系封君的研究雖然取得了一系列的成就，使原來的模糊認識得以逐步澄清，許多封君的源流和地望更加明確，但由於文獻不足、記載的歧異以及理解上的不同，仍有不少問題沒有完滿解決，關於封君的起源及與縣尹的區分，如魯陽公與魯陽君的關係，是縣制與封君並存，還是前後改置或同一職官的不同稱呼，學界一直有不同的意見；關於封君的性質與許可權，其與西周、春秋時期封邑的內涵相同還是具有明顯的區別，即封君僅食封邑租稅，還是擁有世襲的政治、經濟和民事等一應許可權，學者之間亦未能達成一致的共識；部分封君如鄂君、番君、盛君、郏陵君等位置所在，學者們雖有較多的討論，但至今沒有統一的看法；對於封邑的內部結構以及封君制的發展過程，亦需深入、動態的考察，才能準確把握不同時期的特徵和演變規律；隨著地下材料的不斷出土，又見安君、隨侯等新的實例，凡此皆需要在已有工作的基礎上進一步的討論和探索，推動這一研究向縱深發展。

鄭威本科就讀於歷史學基地班，在基礎理論與方法上受到嚴格、系統的訓練。由於其學習刻苦，勤於思考，各門功課名列班級前茅，因而從本科一直被推免讀到博士，其間還得到教育部的資助前往美國賓夕法尼亞大學東亞系留學一年。在本科學習階段，即對先秦兩漢歷史地理感興趣，並以尹灣漢簡所載東海郡的政區地理作為畢業論文的選題，受到了初步的鍛煉，論文得以在專業核心期刊發表。

進入碩士階段後，根據研究方向的需要，在主修相關基礎、專業課的同時，又補修了古文字、音韻訓詁、青銅器研究、戰國秦漢出土文獻等方面的課程，並到考古工地參與實習，為進一步的發展打下了較好的基礎。與此同時，經過與指導小組老師們的多方商討，確定

以楚國封君問題作為其碩、博士論文的主攻方向，希望在已有研究成果的基礎上，結合新出考古材料和適當的田野調查，按不同時段、區域，就楚系封君進行全面系統的梳理和探索，力求在理論和方法上有所創新，在個案的分析上更加深入、細緻，對封君內部結構、演變軌跡及其性質的把握和認識方面有較大推進與收穫。

通過碩士論文的寫作與摸索，積累了初步的經驗，認識到了自己的若干不足，最為寶貴的是明確了博士學習階段進一步努力的方向。在賓大留學期間，按照雙方老師的安排，除了選修一些相關的課程外，系統查閱、收集了美、歐和日本學者關於東西方分封制、封君制研究的有關論著和文章，采他山之石，以助攻玉，為其博士論文的寫作提供參考和借鑒。

經過幾年的努力，鄭威在這一領域的探索中，取得了一定的成果，作為博士論文提交給有關專家評審和答辯委員會，得到了專家、學者們的一致好評和肯定。近三年來，又根據老師們的建議作了一些修改和補充。

論文在楚國封君研究方面做了較系統的資料整理，在綜合前人成果的基礎上，結合傳世和出土文獻以及近年的考古資料作了進一步的探索，如關於楚國封君制的興起，通過分析認為當與楚昭王、惠王時期力求「改紀其政」、控制縣大夫權力過重的歷史背景密切相關。關於封君的規模與格局，認為以吳起變法為界，此前的封邑普遍較大，封君享有較多的權力，布局上以南陽盆地和淮河上游地區較集中；此後的封邑規模較小，行政、司法上受到中央節制，布局上則以江南與淮河中游地區增長較多。在封君個案的考察上，認為「安君」即「鄢君」，當位於楚鄢都附近；鄂君起初應在西鄂一帶，垂沙之戰後故地為韓所有，於是遷至東鄂附近，且與鄂縣同期並存；棠君封地並非此前學者所論位於今河南遂平西北的棠溪城，而在今安徽六安以北的古六合城。

序

這些新認識，有其合理的成分，部分當能成立，對楚系乃至列國
封君的研究具有積極的推動作用。應該說明的是，文中有些探索還不
夠完善，有的部分仍需要進一步的補充、深入，有些觀點和結論還有
待仔細斟酌、推敲，如封君制作為戰國時期的一種普遍社會現象，列
國之間既有諸多共同之處，由於歷史背景和文化、區域的差異，亦存
在一些不同，論文在關注楚系封君的過程中，於更大視野下的橫向比
較則相對薄弱；在具體考釋上，如葴涅君、葴陵君、陽君、盛君、盛
武君的源流和地望等，均有若干不確定因素，不但需要更加深入地分
析、討論，亦有待新材料的補充和驗證。

　　作為楚國封君研究的階段性成果，先將其出版以供同行討論、
指正，然後再作加工修改，繼續深入、前行，不失為一種便利的方式
和途徑。希望鄭威廣泛徵求意見，認真總結經驗，發揚成績，糾正錯
誤，堅持不懈地鑽研下去，不斷開拓進取，在荊楚歷史地理與文化研
究領域，取得更大的成就。

徐少華

2012年4月8日於珞珈山

前　言

　　封君，廣義而言，泛指所有的受封者；狹義而言，指代以戰國四君子為代表的各諸侯國所封的諸「君」（或「侯」）群體。學者們談到戰國封君時，一般指的是狹義意義上的封君。戰國時期各國封君出現的時間早晚有別，封君制度也各有不同，就楚國而言，封君大約出現於春秋戰國之際，至戰國時期，人數不斷增加，《韓非子　和氏》稱楚悼王時期「封君太眾」，就體現了這個特點。隨著人數的遞增，封君的受封、授予權力及領地的大小等方面逐漸制度化，封君制也因此成為了楚國政治制度的重要組成部分，並對楚國的歷史發展產生了深遠的影響。

　　自太史公司馬遷首次為商君、孟嘗君、平原君、春申君等封君立傳後，關於戰國封君的個案評述散見於各類史籍。近年來，隨著鄂、豫、皖、湘、蘇等楚國故地戰國考古工作的深入，青銅器和竹木簡牘大量出土，其中一些記載了許多不見於傳世文獻的封君，這為楚國封君研究提供了豐富而可靠的新材料，使其成為學術研究重點關注的課題之一。

　　就迄今所見的封君研究成果而言，明人董說在《七國考》（卷一）中對列國職官分別考述，並把封君附於其後，是對散見於史籍的列國封君資料較早的、且較全面的總結 ①。近代以來，對戰國封

---

① 　董說著，繆文遠訂補：《七國考訂補》，上海古籍出版社1987年版。

君與封君制的全面研究以楊寬先生為代表，他在1980年再版的《戰國史》中首辟「封君制的設置」一節作概述，並將〈戰國封君表〉附於書後，1998年和2003年第三版、第四版的《戰國史》又根據最新研究成果對原表作了很大的補充和調整，2005年出版的與吳浩坤先生合編的《戰國會要》中對戰國封君及封君制的研究又有所增益①。此外，劉澤華、劉景泉的〈戰國時期的食邑與封君述考〉從制度上對戰國封君制作了進一步的論述②。呂文郁先生在新近增訂的《周代的采邑制度》一書最後一章中對戰國時代受封為封君者的特點，以及采邑制與封君制的關係、異同等方面進行分析，認為「戰國封君制脫胎於春秋采邑制，它與春秋采邑制有密切的聯繫，還帶有春秋采邑制的某些特點。但從采邑制發展到封君制，性質已經發生了很大的變化③」。此說基本上概括了封君制的最基本特徵，然所論未再深入。

　　楚國封君與封君制的研究，首推何浩先生，他的〈戰國時期楚封君初探〉首次對楚國封君制度作了全面考察，基本總結了當時傳世、出土文獻可見的所有楚國封君，並對封邑的地望所在作了初步認定；後來又在〈論楚國封君制的發展與演變〉一文中對楚國封君制重新進行補充、總結和分析④。黃錫全先生的〈古文字中所見楚官府官名輯證〉也對楚國封君作過梳理，惜未作詳考⑤。日本學者安倍道子先生的〈關於春秋後期楚國的「公」〉一文，對春秋晚期楚國出現的「葉公」、「鄝公」、「白公」的性質作了分析，並對

①　楊寬：《戰國史》，上海人民出版社2003年版；楊寬、吳浩坤主編：《戰國會要》，上海古籍出版社2005年版。
②　劉澤華、劉景泉：〈戰國時期的食邑與封君述考〉，載《北京師範學院學報》（哲學社會科學版），1982年第3期。
③　呂文郁：《周代的采邑制度》（增訂版），社會科學文獻出版社2006年版，第271頁。
④　何浩：〈戰國時期楚封君初探〉，載《歷史研究》，1984年第5期；何浩：〈論楚國封君制的發展與演變〉，載《江漢論壇》，1991年第5期。
⑤　黃錫全：〈古文字中所見楚官府官名輯證〉，原載《文物研究》，第7輯，收入所著《古文字論叢》，藝文印書館1999年版，第293~344頁。

楚國封君制的起源提出了一些思考，非常具有啟發意義 ①。

除了依據傳世文獻對楚國封君進行研究之外，在曾侯乙墓簡牘和包山楚簡、新蔡葛陵楚簡（以下分別簡稱曾侯乙簡、包山簡、新蔡簡）等材料公佈後，簡文中所見的封君成為學術界關注的熱點，研究成果集中體現在兩個方面：

其一，對封君名稱及封邑地望的考證。主要成果包括：何浩、劉彬徽先生的〈包山楚簡「封君」釋地〉，何浩先生的〈楚國封君封邑地望續考〉，劉彬徽先生的〈包山楚簡論述〉，三文結合出土和傳世文獻，對當時可見的封君名稱、封邑地望所在作了細緻的分析；徐少華先生的包山楚簡釋地系列論文，對包括封邑、楚縣在內的眾多地名一一辨析，所論十分精當；顏世鉉先生的《包山楚簡地名研究》第三章「包山楚簡封君地名」，提出了辨明封君的標準和原則，又將各類觀點搜羅備至，很有參考價值；此外還有吳良寶等先生的文章也提出了許多較為可信的看法 ②。目前，學界對新蔡簡的研究方興未艾，

① 安倍道子：〈春秋後期の楚の「公」について——戰國封君出現へ向けての一試論——〉，載《東洋史研究》，1986年第45卷第2號。
② 何浩、劉彬徽：〈包山楚簡「封君」釋地〉，載湖北省荊沙鐵路考古隊：《包山楚墓》上冊，文物出版社1991年版，第569~579頁；何浩：〈楚國封君封邑地望續考〉，載《江漢考古》，1991年第4期；劉彬徽：〈包山楚簡論述〉，原載《古文字研究》第20輯，收入所著《早期文明與楚文化研究》，嶽麓書社2001年版，第178~188頁；徐少華：〈包山楚簡釋地十則〉，載《文物》，1996年第12期；徐少華：〈包山楚簡釋地五則〉，載《江漢考古》，1996年第4期；徐少華：〈包山楚簡釋地八則〉，載《中國歷史地理論叢》，1996年第4期；徐少華：〈包山楚簡地名數則考釋〉，載《武漢大學學報》（哲學社會科學版），1997年第4期；徐少華：〈包山楚簡釋地四則〉，載《武漢大學學報》（哲學社會科學版），1998年第6期；徐少華：〈包山楚簡釋地五則〉，載《考古》，1999年第11期；徐少華：〈包山楚簡釋地六則〉，載《簡帛研究二〇〇一》，廣西師範大學出版社2001年版，第37~43頁；顏世鉉：《包山楚簡地名研究》，臺灣大學中國文學研究所碩士論文，1997年；吳良寶：〈包山楚簡釋地三篇〉，載中國文字學會、河北大學漢字研究中心編：《漢字研究》，第1輯，學苑出版社2005年版；吳良寶：〈說包山楚簡中的「安陵」及相關問題〉，載武漢大學簡帛研究中心主辦：《簡帛》第1輯，上海古籍出版社2006年版，第39～44頁；吳良寶：〈試說包山簡中的「彭」地〉，載武漢大學簡帛研究中心主辦：《簡帛》第3輯，上海古籍出版社2008年版，第41～46頁。

前言

較為全面的有宋華強先生的〈新蔡楚簡的初步研究〉、邴尚白先生的〈葛陵楚簡研究〉等，兩文對新蔡簡中的地名以及地方基層行政組織均有論及①。

其二，對楚國封君制度的考察。陳偉先生的《包山楚簡初探》第三章第五節「封邑」，從封君名號、屬官、地位、封邑規模與統轄等多個方面、角度作了富有成果的探討；藤田勝久先生的《包山楚簡所見戰國楚的縣與封邑》分析了封邑的規模以及大致的分布特點，並提出在當時的楚國同一地名下有時兼有縣與封邑兩個系統；工藤元男先生的〈「卜筮祭禱簡」所見戰國楚的王權與世族、封君〉通過對包山簡中的「卜筮祭禱簡」的分析，認為戰國中期楚的世族、封君「就個體而言，已不能對王權構成威脅」。劉信芳先生的《包山楚簡解詁》集合了多年的研究心得，對包山簡中出現的封君及相關制度都有細緻的分析，具有很高的參考價值②。

除了上述從不同角度對楚國封君與封君制的總體考察外，還有不少專題研究，包括對鄂君啟、盛君縈、魯陽君及魯陽公、邡陵君、春申君、平夜君、邸陽君等等的個案討論。限於篇幅，不再一一列出。

雖然前輩學者們已經進行了諸多較為深入和細緻的分析，但是這些成果一方面主要集中在對封君封邑地望的考辨上，闕疑之處甚多；另一方面，對楚封君制度的關注也不夠充分，故有進一步探討的必要。總的來說，目前關於楚國封君的研究仍存在明顯不足或有待加強之處，主要體現在以下幾個方面，這也是本書需要努力推進的部分。

① 宋華強：《新蔡楚簡的初步研究》，北京大學中文系博士學位論文，2007年；邴尚白：《葛陵楚簡研究》，臺灣大學中國文學研究所博士論文，2007年。
② 陳偉：《包山楚簡初探》，武漢大學出版社，1996年；藤田勝久：〈包山楚簡よりみた戰國楚の縣と封邑〉，載（日）《中國出土資料研究》1999年第3號，收入所著《中國古代國家と郡縣社會》第一編第五章，汲古書院2005年版，第203~230頁；工藤元男：〈「卜筮祭禱簡」所見戰國楚的王權與世族、封君〉，《楚文化研究論集》第6集，湖北教育出版社2005年版，第393~405頁；劉信芳：《包山楚簡解詁》，藝文印書館2003年版。

1.封君起源有待於進一步釐清。學術界在探討封君制，特別是楚國封君制的起源時，常常會遇到對「縣君」、「縣尹」、「縣公」等城邑管理者以及對楚國城邑性質的辨析等問題，或定為縣邑，或定為封邑。這些封君、縣公、采邑主之間關係的不明確，直接影響了對早期楚國封君性質的界定，如「棠君」、「魯陽公（君）」的性質等。我們認為有必要重新從「君」、「尹」、「公」等字的本義上出發，釐清異同，探尋三者之間的細微差別。在此基礎上，分析封君出現前後楚國的政治形勢，探討封君出現的原因，並努力摸索出封君制的潛在源頭。

2.對一些封君名稱、封邑地望所在分歧較大，既有的不少觀點仍難以被普遍認同。如對樂君、射皋君、濮君等封君之封邑的位置所在，說法各異。通過對材料的仔細梳理和深入辨析，應當會有不少更為可靠的看法。雖然由於現有資料的限制，可能難以得出確切的結論，但可以通過對材料的比較、辨析，依據各種考證方法，考索或選擇出相對合理的解釋。

3.對楚封君制的發展過程，學界或有吉光片羽的討論，但鮮有成系統者，系統研究仍顯不足，在論及楚國封君制的特點時常以「封君太眾」一言以蔽之，缺乏動態的觀察。這主要是因為見於史載的楚國封君並不是很多，較難開展專題、細緻的研究。楚國的封君制度其實有著自身的發展過程。從早期的萌芽狀態到其後的迅速發展，經過吳起變法有針對性的打擊，封君制出現了一個相對沉寂和復興的時期，並可能一直保持至楚都東遷之前；楚都東遷之後，統治地域變化很大，封君制的發展又出現了新的特點；隨著秦的大一統，楚國故地的人們仍努力尋求復國機會，因此在秦末復興的楚人諸政權中，封君制度也有所恢復，這是楚封君制發展的末聲。本書擬對這一過程進行細緻梳理，以得出較為可信的看法。

4.對封君的許可權、封邑的內部結構，以及封邑、縣邑之間的相互

前言

關係尚缺乏較全面的綜合分析和論述，十分有必要深入剖析並嘗試建構出封邑內部的具體組成形態。在封君制度的研究方面，需要考察受封者的身分與繼承方式，以及他們在各自封地內的許可權範圍，並分析這些許可權在不同階段發生了哪些變化。另外，除封邑外，縣也是當時楚國重要的地理單位，在已有的材料中常常會發現名稱相同，共處同一地域的封邑與縣邑，二者之間究竟有何聯繫，以及造成這種現象的背景和原因等問題都值得我們仔細思索。此外，與列國封君制相比，楚國封君制有何特點，在分封制度史上的歷史地位，也需要進一步的討論。

附：相關說明

本書所引出土文獻較多，為方便行文和討論，作以下說明。

1.書中引用次數較多的文獻均採用簡稱，情況如下：曾侯乙簡，指湖北省博物館編：《曾侯乙墓》所收竹簡；載於該書附錄部分的裘錫圭、李家浩先生的《曾侯乙墓竹簡釋文與考釋》，在不造成混淆的情況下釋文部分和考釋部分分別簡稱「《釋文》」、「《考釋》」，需要特別指明的時候稱「曾侯乙簡《釋文》」、「曾侯乙簡《考釋》」。包山簡，指湖北省荊沙鐵路考古隊：《包山楚簡》所收竹簡；載於該書的劉彬徽等先生的《包山二號楚墓簡牘釋文與考釋》，在不造成混淆的情況下釋文部分和考釋部分分別簡稱「《釋文》」、「《考釋》」，需要特別指明的時候稱「包山簡《釋文》」、「包山簡《考釋》」。新蔡簡，指河南省文物考古所：《新蔡葛陵楚墓》所收竹簡。《上博四》，指馬承源主編：《上海博物館藏戰國楚竹書（四）》所收竹簡。《上博六》，指馬承源主編：《上海博物館藏戰國楚竹書（六）》所收竹簡。各書的版本情況請參閱本書「參考文獻」部分。需要特別引用的文字的字形圖像，也出自以上各書圖版部分。

2.所引文獻中，字跡不清楚之處，按字數以「□」表示；一字有一

部分不清楚，則以「□」表示無法辨識的部分。殘斷竹簡在殘斷端以「☒」表示。根據文意所補之字加「〔 〕」表示。所引文獻省略之處以「……」表示。

3.所引材料，在不影響討論的情況下，一般採用簡體書寫，以與本書其他部分的行文保持一致。常用字詞的釋讀採用學術界較為認同的看法，轉寫為相應的通行漢字，除與行文密切相關的字詞外，其他不再另外注出。如「命尹」直接寫作「令尹」，「莫囂」寫作「莫敖」，「舉禱」寫作「舉禱」，等等。個別需要單獨討論的字詞，則特別列出隸定後的字形，並將通行字置於該字後的「（ ）」內。如「瞻（令）尹」之例。

4.歷史紀年與本書內容直接相關。近年來在這方面有不少新的觀點，如平勢隆郎先生在《新編史記東周年表》等著作中對東周紀年的重新編排等，很有參考價值，國內也有一些學者採用其說[①]。因紀年方面涉及問題較為複雜，本書在行文過程中仍主要依據常用的方詩銘先生的《中國歷史紀年表》[②]。如有不一致的地方，則另作說明。

① 平勢隆郎：《新編史記東周年表——中國古代紀年の研究序章》，東京大學出版會1995年版。
② 方詩銘：《中國歷史紀年表》（修訂本），上海人民出版社2007年版。

前言

第一章　「封君」釋義

　　「封」、「君」二字，其字源、字義各不相同，組合成「封君」一詞後，其含義又發生了新的變化，且與「封建」、「封邑」等詞彙之間產生了緊密的聯繫。本章擬對此逐一進行梳理，並在此基礎上，就封君制與封建制的關係略作探討。

第一節　釋「封」

　　契文中有「𝅘」字，又常寫作「𝅘」、「𝅘」、「𝅘」，一般釋為「丰」[1]。關於「丰」字字形所指，尚有不同說法。或以為「狀種子在地中發芽之形」[2]。或以為「初義是植樹封疆」[3]。

　　丰，一般認為是「封」之初字，丁驌先生談道，「契文𝅘字當釋為『封』，乃封邑也。以文字言，音義皆合」。此字也可釋「邦」，卜辭

---

① 李圃主編：《古文字詁林》「封」條，第10冊，上海教育出版社1999~2004年版，第237~245頁。

② 丁驌：〈東薇堂讀契記（二）〉，載《中國文字》新12期，美國藝文印書館1988年版，第233~270頁；又見《古文字詁林》第10冊，上海教育出版社1999～2004版，第243頁。

③ 戴家祥主編：《金文大字典》，學林出版社1995年版，第308頁。

中常見的「丰方」一詞，可釋為「邦方」，如三邦方、四邦方、南邦方等，丁驌先生接著談道，「釋『邦』字當在晚殷早周始有。五期時稱二、三、四邦方，實武丁時代之異族部落邦國也」[①]。與數詞或方位詞連用的「邦方」，一般認為指代殷商時期各領有不同地域的方伯。

西周初年青銅器「康侯丰鼎」的銘文為「康侯乍（作）寶尊」[②]，「康侯」，學界多認為是傳世文獻所載周武王弟衛康叔封，「」（丰）應即「封」之初文。

西周晚期「散氏盤」銘文中多見「」[③]，從丰、從廾，象雙手培植樹木之貌，一般釋為「封」。銘文載夨人賠償散國土地事，有「二封至於邊柳」，「封於……楮木」等記載，即利用已有自然樹木劃定田地，「封」有以木別界之義。「六年琱生簋（舊稱召伯虎簋）」銘文中「封」字作「」[④]，右從又，此「封」字象以手培土植木之貌。

戰國「中山王譽鼎」銘文中，「辟啟封疆」中的「封」字字形為「」[⑤]，左從丰從田，右從又，也象以手植樹於田上之貌。「封疆」二字並舉，同有疆界之意。

《說文解字》（下文簡稱《說文》）十三下「土」部釋「封」字，以為其從之從土從寸，會「之土」之意，「爵諸侯之土也」。段注云：「謂爵命諸侯以是土也。」[⑥]學界已指明所從之「之」乃「丰」

① 丁驌：〈東薇堂讀契記（二）〉，載《中國文字》新12期，美國藝文印書館1988年版，第233～270頁；又見《古文字詁林》第10冊，上海教育出版社1999～2004版，第243頁。

② 中國社會科學院考古研究所編：《殷周金文集成》，2153號「康侯豐鼎」，中華書局1984～1994年版。

③ 中國社會科學院考古研究所編：《殷周金文集成》，10176號「散氏盤」，中華書局1984～1994年版。

④ 中國社會科學院考古研究所編：《殷周金文集成》，4293號「六年召伯虎簋」，中華書局1984～1994年版。

⑤ 中國社會科學院考古研究所編：《殷周金文集成》，2840號「中山王譽鼎」，中華書局1984～1994年版。

⑥ 許慎撰，段玉裁注：《說文解字注》（卷二六）「土」部，「封」條，上海古籍出版社1981年版，第688頁。

之偽，先有封疆，後爵諸侯，《說文》所釋為引申義①。

從字形上看，由單一結構的「丰」字不斷孳乳，或附加「土」，或附加「田」，或附加「手」（包括「又」、「寸」、「廾」），字形不斷變化，「封」字字形應是在此基礎上演變而來的。

《周禮 地官 大司徒》云「制其畿疆而溝封之」，「溝封」似乎體現了劃定疆界之義。鄭玄注曰：「封，起土界也。」賈公彥疏曰：「溝封謂於疆界之上設溝，溝上為封樹，以為阻固也。」②《周禮 夏官 大司馬》「制畿封國」下鄭玄注曰：「封，謂立封於疆為界。」③《周禮 地官 封人》記載的「封人」就是「掌設王之社壝，為畿封而樹之」的專官。

《尚書 武成》載武王克商後，「釋箕子囚，封比干墓」。此記載亦見於《史記》的〈殷本紀〉、〈周本紀〉、〈樂書〉等篇章。《史記集解》引鄭玄注曰：「封比干之墓，崇賢也。」④封比干之墓應該是在墓葬地區植樹，但其意義已然超乎辨明疆界，而有崇賢之意。

在植樹辨疆之義的基礎上，「封」字還發展出很多引申義。前引段注又云：「引申為凡畛域之稱。」⑤劃畛域以授諸侯，成為「封」字使用較為廣泛的一個意思。《大戴禮記 主言》（卷一）記孔子語於曾子云：「五十里而封，百里而有都邑。」清人孔廣森補注：「天子近郊五十里，遠郊百里。封，謂近郊之四疆溝封之也。百里之外曰甸，甸有都邑。」黃懷信先生按云：「封，分封也，小國。有都邑，

① 于省吾主編：《甲骨文字詁林》，「豐、封」條，中華書局1996年版，第1327～1332頁。
② 《周禮注疏 地官司徒 大司徒》（卷一〇），載《十三經注疏》，上海古籍出版社影印阮元刻本，1997年版，第702頁。
③ 《周禮注疏 夏官司馬 大司馬》（卷二九），載《十三經注疏》，上海古籍出版社影印阮元刻本，1997年版，第834頁。
④ 司馬遷：《史記 樂書》（卷二四）裴駰《集解》引，中華書局1982年版，第1232頁。
⑤ 許慎撰，段玉裁注：《說文解字注》（卷二六）「土」部，「封」條，上海古籍出版社1981年版，第688頁。

大國也。」①百里之國方有都邑，而受封小國，僅有五十里，這種說法似乎可與其他一些記載互證。《史記 楚世家》（卷四〇）載周成王「舉文、武勤勞之後嗣，而封熊繹於楚蠻，封以子男之田」，《史記 孔子世家》（卷四七）中，令尹子西諫昭王止封孔子時云「楚之祖封於周，號為子男五十里」。按照傳世禮制所載，子、男為爵位中最低者，所受封土也當最小，僅有五十里，似合孔子「五十里而封」之論。授予土地曰「封」，受封之疆土亦可稱「封」，從詞性上看，「封」字兼有動詞性和名詞性。這使得其所組之詞意思多樣，如本書將討論的「封君」一詞，既可指代受封之人，也可以有封某人為「君」的含義。

第二節　釋「君」

「君」字初見於殷周契文，作「𝌀」②，上從尹，多以為象以手執物，下從口。一般認為「君」字為「尹」之孳乳分化字。或說上部乃象持筆劃字之「𝌀」（聿）字之省，「尹屬史官之類，故從又持筆以象之③」。

青銅器銘文中，部分「君」字仍保留有契文之形，如𝌀（天君簋）、𝌀（縣妃簋）等，但另一些則字形稍有差異，如𝌀（散氏盤），上部所從之「尹」字呈左右對稱，難以窺其本義。《說文》古文作𝌀，乃為後者形變，失其本義。李孝定先生談道，「君字以作 𝌀 從尹從口者為正，漸變作𝌀作𝌀，遂為許書古文𝌀所自

---

① 黃懷信等撰：《大戴禮記匯校集注 主言》（卷一），三秦出版社2005年版，第34頁。
② 李圃主編：《古文字詁林》第2冊，「君」條，上海教育出版社1999～2004年版，第29～34頁。
③ 于省吾主編：《甲骨文字詁林》，「尹」字下姚孝遂按語，中華書局1996年版，第905頁。

防^①」。其說是可信的。

契文中常見「多君」、「多尹」二詞，李學勤先生認為卜辭中「君」、「尹」二字經常混用，「多君」即「多尹」，並不指邦君諸侯，而是指殷周朝臣，為職官名^②。《說文》三下「又」部：「尹，治也。從又、丿，握事者也。」「君」字初義當由「尹」字引申而來，有掌管（者）、治理（者）之義。《尚書　泰誓上》「作之君」下孔穎達疏云：「治民之謂君。^③」《荀子　禮論》（卷一九）記曰：「君者，治辨之主也。」

大概可以看出，「尹」字有雙重詞性，可為名詞，指代朝臣高官，義源可追至卜辭；可為動詞，意思是（由朝臣等）治理。在表示這兩個意思時尹、君二字似可通用。然而「君」字自身除了有「尹」字的這兩個意思之外，另有不少「尹」字所無之引申義，在表達這些意思時二字不能通用，其中最重要的當是《說文》二上「口」部所言「君，尊也」。《尚書》載周公作《君奭》，偽孔傳云：「尊之曰君。^④」君奭即是對召公奭的尊稱，不可改稱為「尹奭」；同樣，常見於《詩經》的「君子」也未見有改稱「尹子」者。

《儀禮　喪服》篇傳曰：「君，至尊也。」「君」字除形容詞性的「尊」義之外，也表示受尊敬之人，或至尊者。〈喪服〉篇又說「君，謂有地者也」。鄭玄注云：「天子、諸侯及卿大夫有地者皆曰君。^⑤」將「有地者」作為稱君的一個條件，側面反映出被尊為

① 李孝定：《金文詁林讀後記》，「君」條，「中央研究院」歷史語言研究所，1982年版，第22頁；又見李圃主編：《古文字詁林》第2冊，「君」條，上海教育出版社1999～2004年版，第33頁。
② 李學勤：《釋多君多子》，載胡厚宣主編：《甲骨文與殷商史》，上海古籍出版社1983年版，第13～20頁。
③ 《尚書正義　泰誓上》（卷一一），載《十三經注疏》，上海古籍出版社影印阮元刻本1997年版，第180頁。
④ 《尚書正義　君奭》（卷一六），上海古籍出版社影印阮元刻本1997年版，第223頁。
⑤ 胡培翬：《儀禮正義　喪服一》（卷二一），第10冊，商務印書館1934年版，第16頁。

第一章　「封君」釋義

「君」者的政治、經濟基礎，即多擁有自己的領地或食邑。

從上述分析可見，尹、君二字字義有交叉，各有異同，根據具體情況有時可通用，有時又難以通用。楚國的「縣君」、「縣尹」、「縣公」等稱呼之間的區別，與尹、君的含義之間有直接關係。

在有關楚邑管理者的記載中，見有「尹」、「君」、「公」等三種不同的稱呼，《左傳　宣公十一年》「諸侯、縣公皆慶寡人」下杜預注：「楚縣大夫皆僭稱『公』。」王引之以為稱公並非僭擬於公侯，僅是楚縣大夫之通稱而已，他談道：

> 縣公，猶言縣尹也，與公侯之公不同。如謂楚僭稱王，其臣僭稱公，則楚之貴者，無如令尹、司馬，何以令尹、司馬不稱公，而稱公者反在縣大夫乎？襄二十五年傳：「齊棠公之妻，東郭偃之姊也。」杜注曰：「棠公，齊棠邑大夫。」齊之縣大夫亦稱公，則公為縣大夫之通稱，非僭擬於公侯也。[1]

王氏所論簡潔精闢，學者多贊同這一說法，即縣大夫稱縣尹，又尊稱或通稱為縣公。但近年來的一些出土材料似乎對這一說法有所動搖。包山簡中分別出現了「鄧公」（簡58）和「鄧𦤶（令）尹」（簡92）。一般認為「鄧公」指鄧縣縣公，則「鄧令尹」應是鄧縣地方官員。文炳淳先生指出「𦤶」字有意加偏旁，「以區別於中央『命尹』（令尹）」，「歷來學者皆將『令尹』定為中央職官，這種看法恐怕需要修正」[2]。

徐少華先生曾結合出土銅器銘文對此有過推測，他分析說：

---

① 王引之：《經義述聞　春秋左傳中七十六條》（卷一八），「縣公」條，商務印書館1936年版，第689～690頁。

② 文炳淳：《包山楚簡所見官制研究》，臺灣大學中國文學研究所碩士論文，1998年，第152頁。

（襄陽）山灣墓地既出土有鄧公乘鼎，又出土鄧尹疾鼎，「鄧公乘」、「鄧尹疾」均為楚國鄧縣的縣大夫，兩者分屬於春秋晚期的前、後段，時間相去不遠……楚鄧縣既有「鄧公」，又有「鄧尹」，且任者又是時代相近的兩人，說明楚縣「公」與縣「尹」應有一定的區別。二者之間的關係如何，當有幾種可能：一是「尹」為通稱，而地位較高者出任縣尹尊之為「公」，故有鄧公、鄧尹之別；二是「公」為主，而「尹」為輔，則「鄧尹」為「鄧公」之副貳。究竟哪種情況屬實，需要今後更多出土資料的印證。

1987年，湖北荊門出土的包山楚簡分別有「鄧公邊」和「鄧令尹」的記載，「鄧公邊」當與「鄧公乘」一樣，是楚鄧縣的首要官吏，「鄧令尹」應是鄧公邊之屬吏，然「鄧令尹」與「鄧尹」是同一官吏的不同稱呼，還是兩種不同的職官？還需要進一步的探討。①

這一討論很具啟發性，結合包山簡中同期所見的鄧公、鄧令尹，以及杜預「楚縣大夫皆僭稱『公』」的說法，不禁使人聯想到楚君稱王，楚縣大夫可能自比於諸侯而稱公，縣下也有可能模仿中央設置「令尹」，縣尹或是其簡稱。當然，其證據還不充分。縣公、縣尹的關係仍當以兩說並存較為合適，本文在討論時暫時沿用傳統說法。

下面來看縣尹和縣君的關係。平勢隆郎先生以「君」源於「尹」，二者可通而認為「邑名+君」所指即縣尹（縣公），史籍及出土文獻中所出現的「魯陽公」與「魯陽文君」，「析公」與「析君」、「棠君」實際上就是魯陽、析、棠等地的縣尹，而曾侯乙簡中記載的邑名尾碼「君」者均指代該邑縣尹（君），在此基礎上他進一步提出「君」才是楚縣長官的正式稱呼，並談道：「『尹』用於中央

---

① 徐少華：〈論近年來出土的幾件春秋有銘鄧器〉，載《古文字研究》第25輯，中華書局2004年版，第194~198頁。

官職，而『君』用於縣統治⋯⋯所謂『縣尹』，實際應是『縣君』。『君』『尹』由於字形相近而被混用，結果使具有『君』字意義的『尹』以『縣尹』的形式記載流傳下來。」①

《左傳　昭公二十年》（前522年）記有「棠君尚」，即伍尚。陸德明《經典釋文》在楚「棠君」條下注云：「君，或作尹。」②顧頡剛先生複加詳述：「『君』與『尹』本是一字⋯⋯『君』和『公』又同屬於見紐，可以通用。」③徐少華先生在顧氏的基礎上談道：「古文獻中『君』和『尹』通假的例證多有，楚縣尹稱『君』，也並非只此孤例」，並引《左傳　昭公十三年》棄疾「君陳、蔡」即尹陳、蔡以證之④。均認為「棠君」可以讀作「棠尹」，指代棠縣大夫。

楊寬先生指出平勢隆郎「縣君」的提法不能成立，談道：「近人因為『君』字是從『尹』字發展而來，認為楚的縣尹也可稱為縣君，這是一種誤解。春秋時代楚國縣尹沒有稱『君』的，稱『君』的當是封君性質。」接著又指出前人對陸德明所云「君，或作尹」的理解存在一定的偏差，言：「正因為『君，或作尹』，杜預注把它解釋為『棠邑大夫』，而宋代羅泌又說是『伍尚封號』。」⑤

我們認為，楊寬先生的解釋較為客觀。其一，「尹」本有掌管、治理之義，楚官員稱「尹」者甚多，某尹所指的就是某方面的握事者。楚國的縣邑直屬於楚王，其管理者自然是稱尹的可能性更

① 平勢隆郎：《楚王和縣君》，徐世虹譯，收入劉俊文主編：《日本中青年學者論中國史》（上古秦漢卷），上海古籍出版社1995年版，第217頁。
② 陸德明：《經典釋文　春秋左氏音義卷五》（卷一九），「棠君尚」條下注，中華書局1983年版，第285頁。
③ 顧頡剛：〈春秋時代的縣〉，載《禹貢半月刊》卷7，6、7合期，收入《〈禹貢〉合訂本》，花山文藝出版社1994年版，第171頁。
④ 徐少華：〈關於春秋楚縣的幾個問題〉，載《江漢論壇》，1990年第2期。
⑤ 楊寬：〈春秋時代楚國縣制的性質問題〉，載《中國史研究》，1981年第4期，收入楊寬：《楊寬古史論文選集》，上海人民出版社2003年版，第71～72頁。

大，沒有必要舍「尹」用「君」。退而言之，如若楚縣長官的正式稱呼真的是「縣君」，「君」字已有「尊」之意，似乎沒有必要又稱縣君為縣公了。正因為縣尹是正式稱呼，僅是縣管理者之意，故後來有尊其為公之必要。其二，從戰國楚史資料及出土文獻顯見，「邑名+公」一般指的是該邑的縣大夫，而「邑名+君」一般指代該邑的封君，故簡牘材料中常見有邑名相同，而管理者顯非一人，說明二者各成系統，且並行不悖，「君」、「公」所指有明顯區別。平勢氏提及「魯陽公」與「魯陽文君」屬於名稱交叉使用，其實不然，二者所指有別，不應相混[①]。可以認為，春秋後期「邑名+君」可能指的是封君，也可能是對縣尹的尊稱，但在戰國時期封君大量出現後，一般專指封君，故認為所謂「縣尹」實際應是「縣君」的觀點頗有本末倒置之嫌。其三，「棠君」是對棠邑管理者伍尚的尊稱，他有可能是棠縣縣尹，也有可能是在棠邑有封地的封君。「其棄疾乎！君陳、蔡，城外屬焉」可以理解為「尹陳、蔡」，即「掌管、治理陳、蔡」，二字在這個意義上是互通的，但因縣君僅可能是偶見的對縣長官的尊稱，而非常見的正式稱呼，又結合句意，似乎不適合解釋為「作陳、蔡縣君」，也不太適合作為支持縣君即縣尹，棠君即棠縣縣尹的直接論據。

總的來說，「邑名+尹」一般指代縣尹（至於縣尹是否是縣令尹的簡稱仍有待進一步的研究），「邑名+公」為縣尹通稱或尊稱；而「邑名+君」，在春秋後期，即封君制萌芽和起源時期，性質較為模糊，可以理解為封君，偶爾也可以理解為對縣尹的尊稱，到了封君大量出現，封君制逐漸成熟的戰國時期，基本為對封君的專稱。

---

① 參閱本書第三章第三節「魯陽君」部分。

第一章 「封君」釋義

第三節　釋「封君」

據前兩節的分析，「封」字有植樹辨疆之義，常引申為授土，所授之土也可稱作「封」。「君」字為尊稱。因此，「封君」本義當理解為「授土於尊者」，為動詞，同時又泛指受有封土之人。如《儀禮　喪服》：

是故始封之君不臣諸父昆弟，封君之子不臣諸父而臣昆弟，封君之孫盡臣諸父昆弟。

此處「封君」為始受封者，即「始封之君」的簡稱。

除泛指所有受封者之外，「封君」還可以指代以戰國四君子為代表的各諸侯國所封的諸君（侯）群體，亦即本書的論述對象[①]。從文獻記載來看，戰國之前罕見有關於此類「封君」的記述，而至戰國時期，隨著各國封君人數的增加和規模的擴大，見諸史料者漸增。

戰國史料所載「封君」一詞，有時作動詞用，常見的結構是「以某地封君」，或「封君以（於）某地」，相關例證如下：

《戰國策　秦策三》（卷五）：

秦客卿造謂穰侯曰：「秦封君以陶，藉君天下數年矣……誠能亡齊，封君於河南，為萬乘，達途於中國，南與陶為鄰，世世無患……」

《戰國策　韓策三》（卷二八）：

―――――――――

① 按：除稱「君」者之外，還有一些受封者稱「侯」，一般都歸入封君的範圍，詳見本節。

或謂山陽君曰：「秦封君以山陽，齊封君以莒……」

「君」為對對方的尊稱，「以某地封君」反映出受封者多領實邑，與「封君」一詞本身包含的「領有土地」的涵義也相契合。「封君」作動詞時意思上更偏重於「封」字。

此外，「封君」也有作名詞用的情況，指代受有封地之個人或群體。如《韓非子　和氏》（卷一三）：

昔者吳起教楚悼王以楚國之俗曰：「大臣太重，封君太眾，若此則上逼主而下虐民，此貧國弱兵之道也。不如使封君之子孫三世而收爵祿，絕滅百吏之祿秩，損不急之枝官，以奉選練之士。」

所提到的「封君」指的就是受封為君的這一貴族群體。總的看來，戰國史料中的「封君」，初作動詞者居多，而當受封為君的人數不斷增加，形成一個特定群體之時，「封君」一詞開始名詞化，指代這個群體。自秦漢以降，學者們漸漸沿用「封君」一詞統指受封之人，本文仍沿襲名詞化的稱法，統稱他們為封君。

較之常見的采邑主，受封為君的封君群體一個很大的不同是擁有更受尊崇的稱呼。

眾所周知，周王室眾建諸侯，各諸侯之國之後，也仿效周王室，將諸侯國內部的一些地方分予各姻親貴族，以為食采之邑，這種現象一直持續到春秋時期，而到了戰國時期，受封稱君的「封君」群體突然大量增加，這是什麼原因造成的呢？

其一，封臣稱君與諸侯僭越周禮，改制稱王有直接關係。春秋中前期，雖然周室勢微，禮樂征伐自諸侯出，但多數諸侯仍然是尊奉周王名號的，唯有以蠻夷自居的楚最先摒棄周禮，楚子僭稱王，卿大夫（或認為僅是縣尹）有僭稱公的。至戰國中期，諸侯紛起仿效，僭制

稱王，大約在這個時期，各國公卿大夫僭稱「君」、「侯」的也漸漸多起來。顧炎武曾談道：「七國雖稱王，而其臣不過稱君，孟嘗君、平原君、信陵君、春申君是也。秦則有稱侯者，如穰侯、應侯、文信侯。」①他看到了稱王和稱君之間的關聯性，但所言「不過稱君」則似乎欠妥。從下面的例子我們來看戰國時期「君」、「王」、「侯」「公」等稱號之間的等級差別。

《史記　衛康叔世家》（卷三七）記載衛聲公卒後，子成侯速立，成侯十六年，「衛更貶號曰侯」，成侯傳子平侯，平侯傳子嗣君，「嗣君五年，更貶號曰君，獨有濮陽」。由此看來，衛國國君初稱公，後貶稱侯，其原因不得而知。至嗣君五年，又貶稱君。吉本道雅先生認為在這一年韓軍敗魏軍於衛之濮陽，衛、魏降於趙、韓，衛國喪失濮陽以外的領土，又因當時趙、韓國君都稱侯，故衛孝襄侯「貶號曰君，獨有濮陽②」。按此說，衛公貶稱侯可能也與戰敗失地有關，而公、侯、君的地位和領地似乎依次降低。又據《史記　秦本紀》（卷五），秦孝公去世後，子惠文君即位，後稱王，即惠文王，惠文當是諡號。可以推測，若惠文君未稱王，當繼續自稱「君」，卒後或可能諡惠文公，這體現了在戰國中期諸侯國君稱王之前，或稱公、或稱侯、或稱君，地位高下雖有些許差別，但大抵都不低。或者可以說，從禮制上看，「王」的地位最高，「公」、「侯」、「君」地位雖有高下，但大致都屬於低於王的諸侯層級，又明顯高於各國內部的卿大夫階層。諸侯稱王，禮制上僭越一級，隨後各王國重臣稱君，禮制上也僭越了一級。另外，「封君」一詞本身就包含了地位尊崇、領有土地的雙重涵義，以之比對周王的分封，可稱為各王國的內部分封，是諸侯稱王後，仿效周室的分封制，在制度上謀求自身獨立

---

① 顧炎武著，黃汝成集釋：《日知錄集釋（外七種）》（卷二二）「封君」條，上海古籍出版社1985年版，第1664頁。
② 吉本道雅：《中國先秦史の研究》，京都大學學術出版會2005年版，第494頁。

地位的連鎖反應。

從史料記載來看，各國除了封臣為「君」，授以封邑之外，還有封「侯」者，也常領有封邑。從他們的權力、地位來看，與同時期稱「君」者並無本質差別，學界一般也將其歸為封君。很明顯，稱「侯」與稱「君」一樣，都是對舊有禮制的僭越。雖然從衛國國君的事例來看，諸侯國中侯的地位似乎略高於君，但各國內部封君和封侯在地位上看不出有本質的差別。這也從側面反映出，在禮制上，稱「君」或稱「侯」雖然本身差別不大，但地位都升了一級，並不是像顧炎武所說的「不過稱君」那樣簡單。

諸侯始稱王的記載較為明確，而關於各國卿大夫受封「君」號始於何時的記載則略顯模糊。從楚國來看，在楚子熊通稱王後不久，《左傳‧桓公十一年》（前701年）鬬廉與屈瑕的對話中，有「君次於郊郢以禦四邑」，「商周之不敵，君之所聞也」這樣的記述，鬬廉稱呼莫敖屈瑕為「君」，一方面反映了他對身為王子、職居莫敖的屈瑕的尊敬，另一方面可能也體現了楚子稱王後，楚臣在稱呼上的僭越現象也開始初現端倪。有學者談道列國中「受封卿大夫冠以『君』號者，最早也出現在楚國」[①]，應該也是對的。或可以推測，在楚國，「君」、「公」、「侯」等稱呼最初可能是對卿大夫中位高權重者的尊稱，後來逐漸普遍化，所指也逐漸固定化，稱「公」者以縣尹為多，稱「君」、「侯」者以新興封邑主居多。其他列國中，關於封君的記載絕大多數出現在該國君主稱王之後[②]。這反映出封君的出現是諸侯列國對周禮的一連串僭越活動中的一環或組成部分。

---

① 劉澤華、劉景泉：〈戰國時期的食邑與封君述考〉，載《北京師範學院學報》（哲學社會科學版），1982年第3期。
② 據筆者粗略統計，楊寬先生《戰國史》所附〈戰國封君表〉載列國（除楚外）封君共84人次（即84條，一人受封于二國者仍按2人次計，以此類推），其中受封于該國國君稱王之前者僅有6人次，約占7%。

第一章「封君」釋義

其二,戰國時期,群雄並起爭霸,各諸侯國為了發展壯大,紛紛進行變法,其中多包括對舊有土地支配制度的改革。以秦為例,商鞅變法改變了過去世襲的土地制度,以軍功大小授予封地,直接導致了舊有大貴族勢力的衰減和原有土地支配體系的瓦解,同時催生了新興的軍功集團,而其中軍功大者多有受封為君者,形成了秦國的封君階層,如衛鞅受封為商君,魏冉受封為穰侯,後又以陶地益封,白起受封為武安君等等。當然,列國的改革措施不盡相同,秦國的情況也不一定有普遍性。

列國的封君群體中,受封者大多領有實邑,並以封邑之名為封號,但隨著封君制的發展,受封者逐漸增多,封號也開始泛化,出現了不以封地為號或有封號而無封邑的現象,如呂不韋號文信侯,田文號孟嘗君等,較同時期的其他封君,他們的勢力更大,更重視對名望的追求,這些現象都反映出封君制發展過程中的多元化現象。

綜合以上分析可以看出,「加封『君』(或『侯』)號」是封君的顯著特徵,領有土地是一般特徵。因此我們擬訂的對封君的認定標準有以下內容:首先,封號為「某(某)君」,或「某(某)侯」,此為必要條件和認定前提;其次,封號中冠以邑名者一般領有該邑,由中央派遣的主管該邑的官吏(如縣大夫等)不能歸入其中;其三,在戰國中晚期,封君制發展迅速,出現了封號、封邑不統一或僅有封號的卿大夫,他們也習慣上被認定為封君。

秦末漢初,列國的一些封君復出,各政權也有另新立封君的現象,但這些封君的性質基本變化不大。至兩漢時期,「封君」有時泛指受有封邑者。如《史記 三王世家》(卷六〇)載漢武帝頒行推恩令時稱,「昭六親之序,明天施之屬,使諸侯王封君得推私恩分子戶邑」。諸侯王、封君是對當時受封者的統稱。《漢書 食貨志》(卷二四)「封君皆氐首仰給焉」下顏師古注曰:「封君,受封邑者,謂公主及列侯之屬也。」兩漢時期,受封者多稱侯,而受封稱君者中則有不少公主命婦,在東漢尤為常見,如梁統曾孫梁商,其「夫

人陰氏薨，追號開封君①」。而《續漢書 輿服志下》（卷一二〇）中則直接有「公主封君服紫綬」的記載，封君與公主合稱，多指代以公主、命婦為主的女性受封者。這一合稱的方式一直沿用至魏晉隋唐，《隋書 禮儀志六》（卷一一）還有「諸王太妃、妃、諸長公主、公主、封君」的連稱，隋唐以後，這一稱呼仍有沿用，但一般只是對舊制的承襲而已。

第四節　封君制與封建制

一般認為，封君制是源自西周的分封制度演進到春秋戰國時期表現出的新形式，也是分封制度發展史中的重要組成部分。

殷商至西周初年，天下氏族邦國林立，商王及周文王、周武王更多時候扮演的是「諸侯長」的角色，王國維在其名篇〈殷周制度論〉中談道：

> 蓋諸侯之於天子，猶後世諸侯之於盟主，未有君臣之分也。周初亦然，於《牧誓》、《大誥》，皆稱諸侯曰「友邦君」，是君臣之分亦未全定也。逮克殷踐奄，滅國數十，而新建之國皆其功臣、昆弟、甥舅，本周之臣子；而魯、衛、晉、齊四國，又以王室至親，為東方大藩。夏、殷以來古國，方之蔑矣！由是天子之尊，非複諸侯之長而為諸侯之君。②

成王幼沖即位，三監及淮夷叛亂，周公攝政，東征平叛後，力圖

① 范曄：《後漢書 梁統列傳》（卷三四）附「曾孫商」傳，中華書局1965年版，第1175頁。
② 王國維：〈殷周制度論〉，收入《觀堂集林（外二種）》，河北教育出版社2003年版，第238頁。

改變周王弱小的態勢，大肆分封周王室的功臣、親戚，周王權力由此得到鞏固，地位上升為「諸侯之君」。《左傳 僖公二十四年》（前636年）載：

> 昔周公吊二叔之不咸，故封建親戚，以蕃屏周……周之有懿德也，猶曰「莫如兄弟」，故封建之。

「封建」一詞在此處出現後，屢為後世引用，以「封邦建國」釋之，常常與「郡縣」一詞相比而提。然究其本義，「封」者，如前文所述，授予土地曰「封」。「建」者，立也。《說文》二下「廴」部釋「建」字，云：「立朝律也。」有樹立之義。段注曰：「今謂凡樹立為建。」①「封建」當釋為「授土以立」，所立者除了邦國之外，采地、封邑皆可包括於內。

呂文郁先生認為，西周王室封建親戚、功臣有畿內、畿外之別，受封於王畿內的卿大夫食采，「采邑就是王畿之內的諸侯國」，受封於王畿外者就國，蕃屏周室②。采邑和封國的受封對象、性質、權利與義務等雖有差別③，但都是西周分封制的重要組成部分。在西周史研究中，狹義的分封一般指畿外諸侯的分封，廣義的分封則包括畿內采邑、畿外分封以及西周中晚期在較大諸侯國中出現的國內分封現象。

封君制與采邑制一個很大的不同是，分封封君群體的基本上是稱王之後的列國國君，而受封者稱「君」或「侯」，地位更為尊崇。就所受之地來說，與采邑制相關的說法有采地、采邑、封地、封邑、食邑、食田等，其規模大小或有差別，但基本上都可以世襲。以楚國

---

① 許慎撰，段玉裁注：《說文解字注》（卷四）「廴」部，「建」條，上海古籍出版社1981年版，第77頁。

② 呂文郁：《周代的采邑制度》（增訂版），社會科學文獻出版社2006年版，第12頁。

③ 呂文郁：《周代的采邑制度》（增訂版），社會科學文獻出版社2006年版，第14～19頁。

為例，劉玉堂先生談道：「食邑，文獻或稱『封（采）地』、『封邑』、『采邑』，楚墓出土簡文又稱『食田』。它是王家賜予功臣貴族和卿大夫的田邑。」[①]而與封君制相關的說法有封邑、封地等，根據列國的不同情況，不少國家可以世襲，也包括了楚國[②]。從這個意義上說，包括楚國在內的不少國家的封地的性質，在封君出現前後相似性很大。當然，就楚國而言，封君制的發展歷程也經歷了較重大的轉變，在前一階段，封君在封地內享有治民權，不少方面與采邑制較為接近，而在後一階段，封君在封地內的權力受到剝削，與采邑制差別逐漸拉大。

與采邑、封地、封邑等相對的是，還有一些貴族會在某地食有租稅，以其為俸祿的一部分，但不能世襲，也沒有治民權，與這些地方相關的說法有祿田、俸田、俸地、俸邑等，二者的性質大不相同，不能相混[③]。一般也不將後者看做是采邑制度以及分封制度的組成部分。

成康時期周王眾建親戚，打破了原有的氏族林立的局面，周王宗室貴族的封國、采邑取代了原有的氏族集團，佔據了支配地位，此後，這一傳統得以繼承，西周的分封采邑制度逐漸產生並發展起來。

兩周時期的封建，不論是封國，還是食采、食邑，基本上都是擁有封土的，只是在戰國後期，各國封君中出現了一些無土者，如秦將白起受封為武安君，並不因食邑得名，而是「言能撫養軍士，戰必克，得百姓安集，故號武安」[④]。秦漢以降，封建制的主導地位逐漸被郡縣制取代，封而不建，或建而不封者越來越多。馮天瑜先生以狹

① 劉玉堂：〈楚國土地制度綜議〉，載《湖北大學學報》（哲學社會科學版），1996年第3期；又見所著《楚國經濟史》，湖北教育出版社1995年版，第14～15頁。
② 參閱本書第四章第四節。
③ 參閱呂文郁：《周代的采邑制度》（增訂版），社會科學文獻出版社2006年版，第143～146頁。
④ 司馬遷：《史記·秦本紀》（卷五），張守節《正義》，中華書局1982年版，第216頁。

義與廣義別之，認為兩周封建封而且建，契合本義，是為狹義「封建」，秦漢以降在郡縣制主導下的封爵制，有實封，有虛封，內容繁複龐雜，可稱之為廣義的「封建①」。東周時期列國的封君制，在發展後期，在一些諸侯國，已經出現了少量虛封的現象，可以視為後世廣義封建制出現的先聲。

現代漢語中，「封建」的含義又與古不同，這是因為近代中日學者在對英文「Feudalism」等西文詞彙的翻譯中借用了「封建」一詞，將其譯為「封建主義」或「封建制度」。「Feudalism」是15、16世紀的西方學者在對9～13世紀歐洲社會生產生活方式進行總結概況時提出，並廣為應用的一個詞彙。黃春高先生曾指出，近代以來西方學者對中古歐洲的封建主義觀點也頗有不同，從F.L.Ganshof的狹義論到馬克 布洛赫（Marc Bloch）的廣義論，再到近年來Susan Reynolds對基本概念的重新解釋，說法很多，但基本沒有走出「封臣─封土（Fief─vassal）」這個範式。此範式強調封臣、封土以及封建依附關係，而忽略了家族親屬關係等其他類型的社會關係②。按照此範式構建出來的Feudalism，馮天瑜先生稱之為「契約封建制」，西周時期的封建制，顯然也是建立在「封臣─封土」範式之上的，但卻是通過宗法、血緣等親屬關係建構起來的，馮先生稱之為「宗法封建制」，二者有一定的相似性，但也有很大的不同③。如若以「封建制度」來對譯「Feudalism」，只能取二者的共通之處，即是建立在「封臣─封土」範式上，並由特定的社會關係來維繫的制度。

以此概念為參照系來看中國歷史，西周春秋時期是典型的封建制

---

① 馮天瑜：《「封建」考論》（第2版），武漢大學出版社2007年版，第108～112頁。

② 黃春高：〈「封建主義的悖論」與中古西歐封建國家〉，載《世界歷史》，2007年第6期；Ganshof，Francois Louis：*Feudalism*，NewYork：Harper & Row，1964；馬克 布洛赫著，張緒山譯：《封建社會》，商務印書館2004年版；Reynolds，Susan.，*Fiefs and Vassals: the Medieval Evidence Reinterpreted*. Oxford：Oxford University Press，1994.

③ 馮天瑜：《「封建」考論》（第2版），武漢大學出版社2007年版，第164頁。

度占社會主導地位的時期。以「封臣—封土」的範式來衡量，西周時期主要包括「卿大夫—采邑」、「諸侯—諸侯國」兩種封建方式，而在東周時期，特別是從春秋晚期至戰國早期開始，逐漸出現了一種新的封建模式，即「封君—封邑」形式。三者雖然在封臣身分、封臣與封土關係等問題上存在差異，但均符合封建制的核心要素，都是兩周封建制的重要組成部分。

　　只有封建制度占主導地位的時期才可被稱為「封建社會」。賓夕法尼亞大學已故的卜德（Derk Bodde）教授在「Feudalism in China」一文中曾提出僅有兩周時代封建制度是占主導地位的，其他時期社會體制中雖有或多或少的封建因素，但均未改變當時社會的性質 ①。這一觀點十分中肯。封建制度在秦漢以降的社會一直存在，不過都沒有上升到主導地位，不足以改變傳統集權社會的性質。

① Derk Bodde：「*Feudalism in China* 」，in Rushton Coulborn eds. *Feudalism in History*，Princeton：Princeton University Press，1956，pp49~92.

第二章　楚國封君的出現與封君制度的起源

　　若將楚國的封君制放到中國封建制度以及楚國分封制的發展過程中作動態觀察的話，不難發現，楚國的封君制脫胎於采邑制，卻又與采邑制有很大的不同。本章擬從楚人立國之後采邑制的發展入手，分析采邑制的發展過程及封君出現的歷史背景，以探究封君制產生的源頭及原因。

第一節　西周至春秋時期楚國的分封采邑制

　　一般認為，周成王封熊繹是楚國確立自身諸侯地位的標誌。熊繹受封後，周的分封制也開始為楚承襲，並經歷了兩個發展階段：西周春秋時期以采邑制為主；春秋末期到戰國時期，采邑制逐漸被封君制所取代。采邑制是楚國分封制和地方政治體制的重要組成部分，目前對它的系統研究尚不充分。下面就此略加討論。

一、對《楚世家》熊渠封三子史料的檢討

　　熊繹始封於楚之後，《左傳　昭公十二年》（前530年）有「昔我先王熊繹與呂伋、王孫牟、燮父、禽父並事康王」的記載，《史記　楚世家》（卷四〇）作「並事成王」，說明熊繹在受封前後，一直與

周王室有較密切的聯繫。呂文郁先生認為不少外封的諸侯,「入為王朝公卿者,在畿內另有采地①」。依此說,不少諸侯國君兼具畿內采邑主和畿外諸侯兩種身分。若楚王熊繹也是這樣的話,則應該會對楚國自身分封制的發展有一定的示範作用。

熊繹之後,楚人長期在南方發展,並逐漸擴張,至熊渠時,《史記　楚世家》有這樣的記載:

熊渠生子三人。當周夷王之時,王室微,諸侯或不朝,相伐。熊渠甚得江漢間民和,乃興兵伐庸、楊粵,至於鄂。熊渠曰:「我蠻夷也,不與中國之號諡。」乃立其長子康為句亶王,中子紅為鄂王,少子執疵為越章王,皆在江上楚蠻之地。及周厲王之時,暴虐,熊渠畏其伐楚,亦去其王。

學術界多認同楚國內部的分封制肇始於此,但關於這段記載仍有很多難以解明之處。其一,眾所周知,楚君稱王始自武王熊通,為何早於武王一百多年的熊渠會封其三子為王,而在熊渠以下直至蚡冒的7世數君均安守屏周的藩職?如果太史公所記不誤的話,此事件在楚史的發展過程中頗顯突兀。其二,武王熊通之前的楚君一直稱「敖」,熊渠也當是承襲了「敖」的稱呼,稱敖之楚君不自封王,反封其子為王,似乎不太合情理。太史公借熊渠之口以「我蠻夷也,不與中國之號諡」來解釋,仍顯牽強。既不與中國之號諡,為何偏用王號?僅言封子為王,熊渠自身稱號應當未變,仍為「敖」,則父為敖,子為王,「敖」貴於「王」;至武王自立為王時,反是去「敖」號,尊「王」號,二者似相抵牾。其三,《左傳》、《國語》等史料中有很多春秋時期楚人對祖先歷史回顧的記載,罕見有提及此事者;

① 呂文郁:《周代的采邑制度》(增訂版),社會科學文獻出版社2006年版,第30頁。

包山、新蔡等新出楚簡記述的祭祀體系中，也未見有稱熊渠三子為王的記載。

與《史記　楚世家》上述記載類似的文字又見於《世本　帝系》及《大戴禮記　帝系》。裴駰《史記集解》、司馬貞《史記索隱》以及酈道元的《水經注》都引述了《世本》的相關記載，清人秦嘉謨所輯佚文云：

自熊渠有子三人，其孟子名為無庸，為句亶王；封其中子紅為鄂王；其季子名為疵，為就章王。①

《大戴禮記　帝系》（卷七）記曰：

自熊渠，有子三人，其孟之名為無康，為句亶王；其中之名為紅，為鄂王；其季之名為疵，為戚章王。②

除了個別名號略有差異外，這兩段所記述內容基本相同，《世本》與《大戴禮記》之〈帝系〉篇應出一源，太史公曾在《五帝本紀》中提到他當時曾見〈帝系姓〉章，所以也不排除他在撰寫《史記　楚世家》時參考了〈帝系姓〉，而〈帝系姓〉與《世本》、《大戴禮記》所記載的〈帝系〉或許也有近似的淵源。日本學者藤田勝久先生在考察了楚國世系後說：「就楚世系而言，《史記》所選用的材料中有可能包含有楚世系，其形式跟《世本》相似。」③

① 宋衷注，秦嘉謨等輯：《世本八種》之秦嘉謨輯補本卷一《帝系篇》，中華書局2008年版，第14頁。
② 黃懷信等撰：《大戴禮記匯校集注》，三秦出版社2005年版，第795～796頁。
③ 藤田勝久著：《〈史記〉戰國史料研究》，曹峰、廣薰雄譯，上海古籍出版社2008年版，第139頁。

《史記 楚世家》接下來說：

> 後為熊毋康，毋康蚤死。熊渠卒，子熊摯紅立。摯紅卒，其弟弒而代立，曰熊延。熊延生熊勇。熊勇六年，而周人作亂，攻厲王，厲王出奔彘。

藤田先生通過對《史記 楚世家》結構和所使用的材料來源進行剖析和解讀後，將有確切在位年數的「熊勇」之前的文字歸為第一部分，認為其後文字所記載的世系出現的時間，恰與《史記 十二諸侯年表》開始時間相同，是司馬遷當時所能上溯到的最古年代。這兩部分所依據的材料不同，第一部分「也許有一部分依據的是楚國的世系資料」，「這些先祖的記述，雖說傳說的色彩很重，但同時也的確包含著紀年資料出現之前的世系傳遞資訊」[1]。

再來比較《楚世家》與〈帝系〉關於熊渠三子的記載。首先，太史公先說是「康、紅、執疵」，複又言「熊毋康、熊摯紅、熊延」，有所不同；其次，〈帝系〉中僅說三子各為「某某王」，未說是熊渠所立，也沒有「及周厲王之時，暴虐，熊渠畏其伐楚，亦去其王」的相關記載。這說明，太史公在撰寫第一部分文字時，可能參考了當時可見的〈帝系〉材料，同時為了與第二部分內容相銜接，又根據自己的理解對〈帝系〉的記載進行了加工和補充。

前文所引藤田先生的觀點已經指出司馬遷撰寫第一部分所依據的材料傳說色彩濃厚，這說明〈帝系〉的相關記載也有一定的傳說色彩，所謂「某某王」不一定與熊通所稱之「王」意思相同，也許不是熊渠所封，太史公的釋讀有可能存在偏差。王國維在〈古諸侯稱王

---

① 藤田勝久著：《〈史記〉戰國史料研究》，曹峰、廣薰雄譯，上海古籍出版社2008年版，第375頁。

說〉中結合文獻記載和彝器銘文分析道：「古諸侯於境內稱王，與稱公、稱君無異」，「古時天澤之分未嚴，諸侯在其國自有稱王之俗，即徐楚吳楚之稱王者，亦沿周初舊習，不得盡以僭竊目之。[1]」據此也許可以說，〈帝系〉記載的內容包含了楚人世代傳襲下來的世系資訊，其中有熊渠三子為王的記載，但這可能只是對三子的尊稱，與周王稱號並不衝突，太史公讀到這些材料時度以己意，遂補充曰王號為熊渠所封，後畏厲王伐楚而去三子王號，這也許是與史實不符的。

日本學者吉本道雅先生根據王國維的觀點對熊渠三子所稱之「王」作了重新解讀，他談道：「西周時期諸侯中有一些使用王號，這與周王朝的支配地位並不矛盾，因此，依據稱王來判斷諸侯與周王朝相對抗的相關記述並不符合當時的實際情況。」又引用《韓詩外傳》和《括地志》中關於熊渠子傳說和「鄂王神」的相關記載，認為「『鄂王』的『王』實際上原本有可能是作為神號的『王』」，「熊渠及其三子的一些傳說大多可能形成於戰國後期」，〈帝系〉將戰國後期這些孤立地存在於各地的神話、祭祀現象體系化，以與秦統一中國的趨勢相呼應[2]。

這個觀點是很有道理的，《史記 楚世家》張守節《正義》引《括地志》曰：「武昌縣，鄂王舊都。今鄂王神即熊渠子之神也。」[3]唐武昌縣在今鄂州，其附近有鄂王城遺址[4]，位於今大冶市西南，原屬鄂城縣，城周圍墓葬多是戰國晚期的楚墓，所以城址的年代不會很早。今鄂州一帶在戰國中後期是自今南陽一帶遷徙南來的鄂君家族的

① 王國維：《觀堂別集 古諸侯稱王說》（卷一），收入《觀堂集林（外二種）》，河北教育出版社2003年版，第623頁。
② 吉本道雅：《中國先秦史の研究》，京都大學學術出版會2005年版，第320～322頁。
③ 司馬遷：《史記 楚世家》（卷四〇），張守節《正義》引《括地志》，中華書局1982年版，第1693頁。
④ 大冶縣博物館：〈鄂王城遺址調查簡報〉，載《江漢考古》，1983年第3期；國家文物局主編：《中國文物地圖集 湖北分冊》「大冶市文物圖」，西安地圖出版社2002年版，圖版第128～129頁，《文物單位簡介》，第47頁。

封地①，戰國後期可能形成了一些關於熊渠中子鄂王紅的一些傳說，此後人們將鄂王紅神格化，並將其附會於鄂君的封邑，《括地志》的相關記載可能體現了這一點，而「鄂王城」之名的出現或許也與此有關。

通過以上的分析，我們可以嘗試還原《楚世家》熊渠封三子為王記載的形成過程：楚地原本有一些關於熊渠子、鄂王等三王的分散的傳說和祭祀現象，如吉本先生所言，「王」僅作為神號存在，經過〈帝系〉的體系化梳理之後，形成了熊渠三子皆稱王的記載，太史公誤讀了〈帝系〉中這些王號的含義，雜以自己的理解和推斷而寫下了上述文字。當然，熊渠三子也有可能確實曾有王號，但正如王國維所提到的，王號都是尊稱而已，非由熊渠所封，也與周王稱號不相衝突，熊渠也自然不會因畏厲王伐楚而去其王號。

〈帝系〉和《楚世家》中三王前均冠有名稱，太史公認為都是江上楚蠻之地的地名。谷口滿先生分析了《楚世家》提到的庸、鄂（包括東鄂、西鄂）、句亶的地望後提出這些地方都在武王以降楚國核心統治區的外側，說明這段文字反映的是武王之後楚國欲北進中原、東指江淮的發展狀態，提出熊渠封三子的記載大概是武王稱王之後產生的傳說②。吉本先生則認為這些名稱應該是戰國後期祭祀熊渠三子的地點③。

我們認為，對熊渠三子稱王的重新解讀並不意味著對《楚世家》相關記載的全盤否定，關於熊渠三子的傳說可能也有一定的歷史背景。熊繹之後，楚國不斷開疆拓土，轄域擴大，包括熊渠三子在內的一些楚族貴族有可能被分散到各地進行治理，或許楚君會仿效周王室

① 參閱本書第三章第二節「鄂君」部分。
② 谷口滿：〈楚都邑考〉，載《北海道教育大學紀要》第一部B，社會科學編第28卷第2號，1978年。
③ 吉本道雅：《中國先秦史の研究》，京都大學學術出版會2005年版，第322頁。

封予他們采地，經過長期的經營他們在各地頗有聲望，受尊稱為王（僅是尊稱而已），而在其卒後，也不排除隨著時間的推移，傳說日漸增多，至戰國時期在各地有將其神格化，並各加祭祀的可能。後世如關羽、包拯逐漸神化的事例似可佐證這一點。如果這一推論可以說得通的話，則說明在西周時期隨著楚國的發展，疆域的擴大，逐漸嘗試繼承西周的分封制，封建制度在楚國境內悄然萌芽並發展起來。

二、西周晚期至春秋時期楚國的采邑制

西周晚期至春秋時期，周室衰微，各諸侯強國通過兼併和擴張，所轄領地大增，他們紛紛效法周室，在各自境內分封授采，采邑制逐漸成為各國普遍施行的一種政治制度。楚國在這一時期也有很多王族、世族受封食采，如蒍氏、屈氏、鬥氏等，它們的長期存在對楚國的中央和地方政治體制的發展產生了深遠的影響，以下對這些采邑的始封狀況作簡要梳理。

（一）蒍氏。《通志》載：「蒍氏，亦作『蒍』，羋姓，楚蚡冒之後。蒍章食邑於蒍，故以命氏。按楚有地名蒍，又有蒍澨，則知蒍為楚邑矣。」[①] 鄭樵認為春秋早期的蒍章為蒍氏之始受采者，食邑於蒍，因以獲氏，傳統觀點基本沿襲此說。《通志》為晚出文獻，其關於蒍氏記載的可靠性頗受學者懷疑，張君與李零先生並引《國語 鄭語》（卷一六）所載「叔熊逃難於濮而蠻，季紃是立，蒍氏將起之，禍又不克」駁鄭樵之說。張君先生說：「蒍、蒍雖音同義近，而且蒍氏也確係蒍氏的一支，但並非蒍氏本身。」[②] 李零先生認為「楚蒍氏一支是出於叔熊」，以魯國「三桓」比之，則相當於「楚國的叔孫氏[③]」。二人均贊同蒍氏起源早於蚡冒之時，這一點大概是可信的。

---

① 鄭樵撰，王樹民點校：《通志二十略 氏族略第三》，中華書局1995年版，第91頁。
② 張君：〈楚國鬥、成、蒍、屈四族先世考〉，載河南省考古學會等編：《楚文化覓蹤》，中州古籍出版社1986年版，第175～186頁。
③ 李零：〈楚國族源：世系的文字學證明〉，載《文物》，1991年第2期。

淅川下寺楚墓出土銅器銘文中有不少「楚叔之孫」的記載，「楚叔」應是楚蒍氏一支的祖先，「楚叔」指的究竟是誰，或認為是叔熊、或認為是蚡冒，目前尚難有確論。田成方據淅川下寺出土青銅器銘文等材料，清理了蒍氏的族源及相關宗支，認為其采邑可能在今淅川縣西南、丹江西岸①。

（二）**屈氏**。關於屈氏族源，東漢王逸《楚辭章句》引〈帝系〉曰：「武王求尊爵於周，周不與，遂僭號稱王，始都於郢，是時生子瑕，受屈為客卿，因以為氏。」②認為屈氏始於武王子瑕，以屈地為采邑，其後即以屈為氏。歷代學者基本沿襲此說，如《史記正義》、《元和姓纂》、《通志》等。但近些年，這一觀點受到質疑。張君先生在基本贊同屈瑕為屈氏始封者的前提下，認為他是武王之弟，而非其子③。趙逵夫先生則完全否定之，認為屈氏始封君為「伯庸」，亦即前引《史記》所言熊渠之長子康（《世本》作庸），受封於庸④。蔡靖泉先生認為屈氏實為楚王蚡冒之後，蚡冒和莫敖音近或可通，蚡冒之後稱莫敖氏，初為宗族首領之稱，至武王末年楚之官僚體系初具後，莫敖方為官名⑤。王廷洽先生也有類似的觀點⑥。

今按，如前文所述，史料中關於熊渠子受封的記載傳說色彩濃厚，趙氏之說頗顯牽強，蔡氏之說有一定的道理，但王逸去古未遠，所引用〈帝系〉中武王僭號稱王的記載同見於《左傳》等史料，可信度較高，在目前沒有出土資料足以改變王逸觀點的情況下，我們仍傾向於屈瑕受

① 田成方：《楚公族諸氏源流、封邑及相關問題探析》，武漢大學碩士學位論文，2008年，第5～20頁。

② 洪興祖撰：《楚辭補注　離騷經章句第一》（卷一），中華書局1983年版，第3頁。

③ 張君：〈楚國鬬、成、蒍、屈四族先世考〉，載河南省考古學會等編：《楚文化覓蹤》，中州古籍出版社1986年版，第175～186頁。

④ 趙逵夫：〈屈氏先世與句亶王熊伯庸——兼論三閭大夫的職掌〉，載所著《屈原與他的時代》，人民文學出版社1996年版，第1～26頁。

⑤ 蔡靖泉：〈楚國的「莫敖」之官與「屈氏」之族〉，載《江漢論壇》，1991年第2期。

⑥ 王廷洽：〈楚國諸敖考釋〉，載《江漢論壇》，1986年第9期。

封說。

《左傳 昭公二十五年》（前517年）載「楚子使薳射城州屈，複茄人焉」，近有學者以「州屈」為屈氏采邑，其地望所在，約有三說。清高士奇說：「或曰，州屈在今鳳陽府附郭鳳陽縣西。」[1]未點明此說來源，也未加肯定。周篤文先生引康熙《臨湘縣志》記載以其在湖南臨湘[2]。黃崇浩先生不贊同周說，認為「州屈」當分讀，「屈」可能是《竹書紀年》「七年，翟章救鄭，次於南屈」之「南屈」，並以其地望在河南西南部，認為這是屈氏始受封地[3]。

今按，黃說頗不妥。黃說所引為今本《紀年》，王國維早已指明其偽並條辨之，清代以來學者輯佚而成的古本《紀年》中，此條引文輯自《水經注 河水》等文獻，較今本少「七年」二字，作「翟章救鄭，次於南屈」，事件年代不明，或認為可能在魏襄王十五年[4]。翟章所救之鄭，即韓。魏襄王時當韓宣惠、襄王時期，據《戰國策》記載，這個時期秦國多次攻韓西境，尤以攻宜陽為多。翟章所救也應是韓國西境，從魏國疆域觀之[5]，自魏河東地區出發最近也最合理，而不是黃說中提到的自魏都大梁出發，魏軍駐紮的南屈，當在魏河東地區。《國語 晉語一》（卷七）載晉獻公時有「蒲與二屈，君之疆也」的記載，說明蒲與二屈都在春秋晉國境內。應劭、酈道元已指明二屈指的是北屈與南屈，楊守敬考證出北屈故城在清代山西吉州北[6]，

① 高士奇：《春秋地名考略 楚下》（卷九），載《四庫全書》第176冊，臺灣商務印書館影印文淵閣本1983年版，第600頁。
② 周篤文：〈屈原的首丘情結及屈氏封地考略〉，載《雲夢學刊》，2006年第4期。
③ 黃崇浩：〈「州屈」不在湖南而應在河南〉，載《雲夢學刊》，2007年第5期。
④ 方詩銘、王修齡撰：《古本竹書紀年輯證》（修訂本），上海古籍出版社2005年版，第163頁。
⑤ 李曉傑：〈戰國時期魏國疆域變遷考〉，載《歷史地理》第19輯，上海人民出版社2003年版；譚其驤主編：《中國歷史地圖集》第1冊「諸侯稱雄形勢圖」，中國地圖出版社1982年版，第33～34頁。
⑥ 酈道元撰，楊守敬、熊會貞疏：《水經注疏 河水四》（卷四），江蘇古籍出版社1989年版，第279～284頁。

即今吉縣北，恰在魏河東地區，南屈當在北屈之南，即今山西吉縣以南某處，概不出獻公時晉國轄域南境，不可能遠至黃氏所提到的河南省西南部。據此，「南屈」與「州屈」無關，自然也不是屈氏所受采邑。

高士奇為清康熙年間人，所以鳳陽說和臨湘說都流行於康熙年間，惜未有史書記載二說上源，難以追溯。考之武王時期，楚國的擴展剛剛開始，勢力範圍不可能遠至鳳陽，也不一定能及臨湘，州屈地望即使真在此二地之一，也不太可能是屈氏的始封地。屈氏采邑當在武王統治時的楚國中心地域，具體地望仍然待考。

（三）**鬬氏**。鬬氏為楚王若敖一支，《左傳　宣公四年》（前605年）載：「初若敖娶於䢵，生鬬伯比，若敖卒，從其母畜於䢵，淫於䢵：子之女，生子文焉。」鄭樵認為鬬氏以受封地為氏：「鬬氏，芈姓，若敖之後，按若敖名熊儀，其先無字，鬬者必邑也。其地未詳。」[1]由於史書所載楚王若敖與鬬伯比活動年限之間相差過大，很難為父子關係，故楊伯峻注云：「楚先君若敖當西周之末，東周之初，與此若敖恐非一人。」[2]張君先生則提出一個折衷的觀點，認為：「在某些特定的場合，『若敖』還保留著其原始的『父』或『長老』的涵義……在楚君若敖與鬬伯比之間事實上還隔著一代人，此人乃楚君若敖之子，別封鬬邑，為鬬氏始祖，在其家族中被尊稱為『若敖』。」[3]羅運環先生則說：「鬬伯比之父本以先君熊儀之諡號『若敖』為氏，因食采於鬬，亦稱鬬氏。」[4]若依此二說，則鬬氏之始封者為鬬伯比之父，約在西周末至春秋初年受采。鬬氏始封地所在，

① 鄭樵撰，王樹民點校：《通志二十略　氏族略第三》，中華書局1995年版，第91頁。
② 楊伯峻：《春秋左傳注》，中華書局1990年版，第682頁。
③ 張君：〈楚國鬬、成、薳、屈四族先世考〉，載河南省考古學會等編：《楚文化覓蹤》，中州古籍出版社1986年版，第175～186頁。
④ 羅運環：《楚國八百年》，武漢大學出版社1992年版，第145頁。

按《左傳　昭公十四年》（前528年）「楚子殺鬭成然，而滅養氏之族。使鬭辛居郼，以無忘舊勳」的記載，或在「郼」地附近。郼公鬭辛所居之楚郼縣在今鍾祥市北境的漢水東岸一帶，又，古郼國在今京山、鍾祥之間①。二者較為臨近，鬭氏始封之邑可能就在此區域附近。

（四）孫叔敖或其後人，食采於寢丘。《韓非子　喻老》（卷二一）載：

楚莊王既勝，狩於河雍。歸而賞孫叔敖，孫叔敖請漢間之地，沙石之處。楚邦之法，祿臣再世而收地，唯孫叔敖獨在。此不以其邦為收者，瘠也，故九世而祀不絕。

《呂氏春秋　孟冬紀　異寶》（卷一〇）云：

孫叔敖疾，將死，戒其子曰：「王數封我矣，吾不受也。為我死，王則封汝，必無受利地。楚越之間，有寢之丘者，此其地不利，而名甚惡。荊人畏鬼，而越人信禨。可長有者，其唯此也。」孫叔敖死，王果以美地封其子，而子辭，請寢之丘，故至今不失。

《淮南子　人間訓》（卷一八）大概綜合了上述兩種記載，說孫叔敖之子受「沙石之間」之「寢丘」，曰：

孫叔敖死，王果封其子以肥饒之地，其子辭而不受，請有寢之丘。楚國之俗，功臣二世而爵（奪）祿，唯孫叔敖獨存。②

---

① 徐少華：《周代南土歷史地理與文化》，武漢大學出版社1994年版，第280頁。
② 按，「功臣二世而爵祿」當是「功臣二世而奪祿」之誤，詳參劉文典：《淮南鴻烈集解　人間訓》（卷一八）注引「俞樾云」，安徽大學出版社、雲南大學出版社1998年版，第607頁。

寢丘地望約在今皖西北臨泉縣一帶①。這一地區地勢較低，分布著眾多淮水支流，推測當時應有不少河灘沙石之地，較為貧瘠。《韓非子　喻老》篇提到的「漢間之地」可能指的是「灘間之地」。《爾雅　釋天》說「太歲……在申曰涒灘」，《集韻　平聲　寒韻》（卷二）則說「漢，太歲在申曰汭漢。通作灘」，「漢」、「灘」二字可互通。古寢丘所在地區的地形地貌與文獻所說的「漢間之地，沙石之處」大致相符。

　　《韓非子》說孫叔敖封地「九世而祀不絕」，《呂氏春秋》稱「至今不失」，《淮南子》說「唯孫叔敖獨存」，《史記　滑稽列傳》（卷一二六）也有類似記載，說「後十世不絕」，這些記載內容大體一致，集中出現在戰國末期至西漢前期這一時間段內，離楚莊王時期約有四百年。從時間上看，從始受封至戰國末年的四百年內，孫叔敖或其子的封地有可能經歷了九傳或十傳。所以上述記載屬實的可能性很大，可以看做是莊王時代分封采邑的一個具體例證。

　　（五）**伍舉，封於椒（或又作湫）**。《通志》云：「椒氏，楚伍參之後也。或為伍氏，或為椒氏。」②「伍氏，羋姓，楚大夫伍參之後也。」③《左傳　襄公二十六年》（前547年）和《國語　楚語上》（卷一七）中，「椒舉」和「伍舉」的記載共同存在，韋昭注云：「椒舉，楚大夫，伍參之子，伍奢之父伍舉也。」又云：「椒，邑也。」伍氏為羋姓，應是楚王族一支，始受氏者伍參，其子伍舉封於椒，以邑為氏，又名椒舉，故伍舉之後亦稱椒氏，如繼承椒邑的伍舉次子鳴又稱椒鳴。《左傳　襄公二十六年》載伍舉滯留在鄭國時，楚康王「益其祿爵而複之」，並使其子「椒鳴逆之」歸楚。這似乎暗示

---

① 　徐少華：〈孫叔敖故里封地考述——兼論《楚相孫叔敖碑》的真偽與文本時代〉，載《江漢考古》，2008年第2期。
② 　鄭樵撰，王樹民點校：《通志二十略　氏族略第三》，中華書局1995年版，第118頁。
③ 　鄭樵撰，王樹民點校：《通志二十略　氏族略第四》，中華書局1995年版，第139頁。

伍舉受封於椒當在這一事件之前，出奔後康王或奪其邑，歸楚後又複置。所以伍舉受封時間大概應在康王時期。

「椒」邑所在，說法各異。其一，楚有地名「湫」，《左傳 莊公十九年》（前527年）載楚人伐黃後，「還，及湫」，杜預注云：「南郡鄀縣東南有湫城」，楊伯峻先生指出「湫」在今鍾祥縣北宜城縣東南的大洪山西側，「楚靈王時為伍舉采邑[1]」。其二，《水經注 淮水》（卷三〇）有「焦陵陂」，楊守敬引《新唐書 地理志》「汝陰南三十五里有椒陂塘」，又引《元豐九域志》「汝陰有椒陂鎮」認為椒陂之「椒、焦音同，即此陂也[2]」，應在今阜陽市南；《水經注 淮水》篇複有「淮水又北，左合椒水」的記載，熊會貞按云：「椒水即今之焦岡湖，今縣西南五十里淮北岸魯家溝[3]」，在今鳳台縣西南。

比較這兩種說法，我們比較傾向於後一說。「焦陵陂」與「椒水」都在淮水北岸，地望相去不遠，伍舉采邑有可能在這一區域，即今淮河以北的阜陽至鳳台一線附近。

（六）**鬬韋龜，封於中犫**。《左傳 昭公十三年》（前529年）記云：「王奪鬬韋龜中犫。」杜預注：「韋龜，令尹子文玄孫。中犫，邑名。」顧棟高云：「疑當在南陽府境。」[4]未言明理由。楊伯峻則說：「無確證。」[5]

今按，《左傳 昭公元年》（前541年）載：「冬，楚公子圍使公子黑肱、伯州犁城犫、櫟、郟。」杜預注：「犫縣屬南陽，郟縣屬襄城，櫟今河南陽翟縣，三邑本鄭地。」楊伯峻言：「犫在今河南魯山

① 楊伯峻：《春秋左傳注》，中華書局1990年版，第211頁。
② 酈道元撰，楊守敬、熊會貞疏：《水經注疏 淮水》（卷三〇），江蘇古籍出版社1989年版，第2517頁。
③ 酈道元撰，楊守敬、熊會貞疏：《水經注疏 淮水》（卷三〇），江蘇古籍出版社1989年版，第2522頁。
④ 酈道元撰，楊守敬、熊會貞疏：《水經注疏 淮水》（卷三〇），江蘇古籍出版社1989年版，第2522頁。
⑤ 楊伯峻：《春秋左傳注》，中華書局1990年版，第1344頁。

縣東南五十里。」①《水經注　潩水》（卷三一）載：「潩水又東逕犨
縣故城北，《左傳》昭公元年冬，楚公子圍使伯州犁城犨是也。」②
鄻，古同犨，顧氏所言或有一定道理，中鄻地望也許與犨相近，亦在
魯山縣（今屬平頂山市）附近。犨在楚邊地，城於公子圍（即楚靈
王）奪郟敖位前夕，若中鄻在犨附近的話，也有可能在同一時期築
有城邑。若然，則以之授封予鬬韋龜的時間很有可能是在隨後的靈
王時期。

（七）**鬬成然，鬬韋龜之子，封於蔓**。《左傳》亦稱作蔓成然，
《左傳　昭公十三年》（前529年）：「王……又奪成然邑，而使為郟
尹。」《通志》云：「楚有鬬成然，食采於蔓，曰蔓成然，其後以邑
為氏。」③蔓地望古人無考。田成方以《續漢書　郡國一》（卷一〇
九）河南尹新城縣之「鄤聚」系之，以其在今河南伊川縣東南，有一
定的道理④。

（八）**吳公子掩余、燭庸，封於養**。《左傳　昭公三十年》（前
512年）：「吳子使徐人執掩余，使鍾吾人執燭庸，二公子奔楚。楚子
大封，而定其徙，使監馬尹大心逆吳公子，使居養，莠尹然、左司馬
沈尹戌城之，取於城父與胡田以與之，將以害吳也。」說的是吳國兩
公子奔楚後，昭王以「養」地封之，並築城於此，又取臨近的城父、
胡之田益之。這個記載十分具體地反映出了吳公子封地的構成，除有
城邑外，可能還食有附近之「田」。此「養」，約在清代河南沈丘縣
東，楊伯峻等很多先生均已辨明⑤。今地「當在今安徽省界首至太和縣

① 楊伯峻：《春秋左傳注》，中華書局1990年版，第1223頁。
② 酈道元撰，楊守敬、熊會貞疏：《水經注疏　潩水》（卷三一），江蘇古籍出版社1989年
　版，第2589頁。
③ 鄭樵撰，王樹民點校：《通志二十略　氏族略第三》，中華書局1995年版，第91頁。
④ 田成方：《楚公族諸氏源流、封邑及相關問題探析》，武漢大學碩士學位論文，2008年，第
　27～28頁。
⑤ 楊伯峻：《春秋左傳注》，中華書局1990年版，第1507頁。

一帶，位於古胡國西北、城父之西南^①」。

（九）**夫概**，封於棠谿（或作堂谿）。《左傳　定公五年》（前505年）：「九月，夫概王歸，自立也，以與王戰，而敗，奔楚，為堂谿氏。」《史記　吳太伯世家》（卷三一）：「夫概敗奔楚，楚昭王……封夫概於堂谿，為堂谿氏。」此棠谿地望所在，各類文獻的記載多有抵牾之處，徐少華先生曾仔細辨明，認為「吳夫概王所封之古堂谿城、漢晉堂谿亭，當位於今河南遂平縣西北境地，去西平縣西南界不遠^②」。

上述楚國諸采邑均見載於先秦典籍，除此之外，唐宋之後的文獻中還有一些受封食采，以邑為氏的記載，這些記載時代偏晚，尚難以肯定是否可信，以下略作整理。

（一）**軒丘**。宋羅泌《路史》載：「軒丘，楚文庶子采邑。」^③鄭樵《通志》云：「軒丘氏，羋姓。楚文王庶子食采軒丘，因氏。漢有梁相軒丘豹。」^④地望無考。

（二）**諸梁**。《元和姓纂》認為是楚文王子的采邑，其後以之為氏，云：「諸梁，楚文子食邑諸梁，因氏焉。」^⑤

《路史》認為諸梁雖為楚文王子采邑，但其後世並未以之為氏，後世之諸梁氏乃葉公諸梁之後，云：「諸梁，楚文子采。」^⑥又言：「沈逞奔楚，曾孫諸梁為右司馬，采於葉，為葉氏、尹氏、諸梁氏。」^⑦《通志》

① 徐少華：《周代南土歷史地理與文化》，武漢大學出版社1994年版，第216～217頁。
② 徐少華：《周代南土歷史地理與文化》，武漢大學出版社1994年版，第155頁。
③ 羅泌：《路史　國名紀三》（卷二六），載《四庫全書》，第383冊，臺灣商務印書館影印文淵閣本1983年版，第289頁。
④ 鄭樵撰，王樹民點校：《通志二十略　氏族略第三》，中華書局1995年版，第92頁。
⑤ 林寶撰，岑仲勉校記：《元和姓纂（附四校記）》（卷二），「諸梁」條，中華書局1994年版，第220頁。
⑥ 羅泌：《路史　國名紀三》（卷二六），載《四庫全書》，第383冊，臺灣商務印書館影印文淵閣本1983年版，第286頁。
⑦ 羅泌：《路史　後紀七》（卷一六），載《四庫全書》，第383冊，臺灣商務印書館影印文淵閣本1983年版，第139頁。

第二章　楚國封君的出現與封君制度的起源

則認為諸梁氏為楚莊王之後，言：「諸梁氏，楚莊王之後，食邑諸梁，因氏焉。」① 雖然對具體受采者分歧很大，但多認為諸梁曾為楚王子采邑。諸梁地望不詳。

（三）鄧陵。《元和姓纂》云：「鄧陵，楚公子食邑鄧陵，因氏焉。」②《通志》承襲這一說法。戰國時墨家有鄧陵子，《韓非子　顯學》（卷五〇）載：「自墨子之死也，有相里氏之墨，有相夫氏之墨，有鄧陵氏之墨，故孔墨之後，儒分為八，墨離為三。」墨家三支之一為鄧陵氏，南方鄧陵子當為楚鄧陵氏之後。鄧陵地望無確切記載。楚文王滅鄧，鄧地入楚後，鄧陵所指的或許是鄧地附近地域，可能不出故鄧國範圍，約在今襄陽市以北。

（四）利。《通志》云：「利氏，或言楚公子食采於利，後以為氏。利，今之葭萌也。」③《路史》引《邵姓錄》云：「楚公子采為氏，為今利州。」④「葭萌」多見於史書，《史記　貨殖列傳》（卷一二九）有「處葭萌」的記載，裴駰《集解》引徐廣曰：「屬廣漢。」張守節《正義》云：「葭萌，今利州縣也。」⑤

今按，唐葭萌縣在今川北嘉陵江流域，春秋時應非楚地，此「利」恐另在他地。包山簡文中記載有「利爸」（簡122）、「利吉」（簡164）、「利邟」（簡174）等楚人，《史記》中載有「利幾」（《史記　高祖本紀》（卷八））、「利倉」（《史記　惠景間侯者年表》（卷一九））等，也許都與楚國利氏相關。

另外，伯州犁，晉伯宗之子，《通志》載楚有鍾氏和鍾離氏，

---

① 鄭樵撰，王樹民點校：《通志二十略　氏族略第三》，中華書局1995年版，第92頁。

② 林寶撰，岑仲勉校記：《元和姓纂（附四校記）》（卷九），「鄧陵」條，中華書局1994年版，第1358頁。

③ 鄭樵撰，王樹民點校：《通志二十略　氏族略第五》，中華書局1995年版，第196頁。

④ 羅泌：《路史　國名紀三》（卷二六），載《四庫全書》，第383冊，臺灣商務印書館影印文淵閣本1983年版，第287頁。

⑤ 司馬遷：《史記　貨殖列傳》（卷一二九）張守節《正義》，中華書局1982年版，第3278頁。

云：「晉伯宗之後，伯宗，晉之賢者也，為郤氏所譖，被殺。子伯州犂奔楚，邑於鍾離，今濠州也。子孫以邑為氏，或言鍾，或言鍾離。」[1]《左傳 成公十五年》（前576年）載：「晉三郤害伯宗……伯州犂奔楚。」伯州犂奔楚後不久官至太宰，並在晉楚鄢陵之戰中發揮過很大作用，歷經共王、康王，在郟敖四年王子圍（即楚靈王）的篡位爭鬥中被殺。

今按，《通志》說伯州犂「邑於鍾離」應有誤。《左傳 成公十五年》（前576年）在記載伯州犂奔楚事件之後，又說：「十一月，會吳於鍾離，始通吳也。」杜注云：「鍾離，楚邑。」鄭樵可能據此以為是伯州犂會吳於鍾離，又偏信了杜注，以為當時鍾離屬楚，故有上說。

鍾離在伯州犂的時代仍然屬吳，後僅在靈王至平王時期短暫屬楚，楊伯峻等先生已經指出杜注之誤[2]。所以《通志》的說法是不正確的，從文獻記載來看，伯州犂奔楚後是不可能獲封於吳國城邑鍾離的，他應當被排除出楚國的受封者之列。

除了以上所列諸采邑外，一些楚國的王族和大臣可能還曾獲得過楚王的賞田。《左傳 成公七年》（前584年）記載說：

楚圍宋之役，師還，子重請取於申、呂以為賞田，王許之。申公巫臣曰：「不可。此申、呂所以邑也，是以為賦，以禦北方。若取之，是無申、呂也。晉、鄭必至於漢。」王乃止。

杜預注「子重請取於申、呂以為賞田」曰：「分申、呂之田以自賞。」又注「若取之，是無申、呂也」曰：「言申、呂賴此田成邑

---

① 鄭樵撰，王樹民點校：《通志二十略 氏族略第三》，中華書局1995年版，第91頁。
② 楊伯峻：《春秋左傳注》，中華書局1990年版，第876～877頁；石泉主編：《楚國歷史文化辭典》「鍾離」條，武漢大學出版社1997年修訂版，第299頁。

耳。不得此田，則無以出兵賦而二邑壞也。」

這段話追述的是楚莊王時期，令尹子重在圍宋之役勝利後，請賜賞田的故事，根據杜預的注解，「取於申、呂以為賞田」說的是分割出申、呂二縣的一部分作為子重的賞田，申公巫臣阻止的理由是子重請賜的田地是申、呂二縣軍賦的重要來源，若此田被分賜出去，則二縣會因失去重要的經濟來源而無以自立。

申、呂為楚滅國後所置的楚縣，應當仍然保存了作為一國時期的都鄙結構，日本學者增淵龍夫先生分析說：「在申、呂二國本邑之外，必然有鄙邑，包括眾多的子邑和屬邑，它們是本邑的附從……楚在滅申置縣後，縣公當在申縣中心的本邑，即申邑，並管領著從屬於申邑的周邊諸鄙邑。」[1] 綜合這些分析可知，子重向莊王索取的賞田是縣邑的一部分而不是全部，其規模當小於采邑。呂文郁先生在對西周時期賞田進行探討後說：「其封授土田規模大者為采邑，其規模小者為賞田。」「賞田是否可以像采地那樣由子孫世襲，因史料不足徵而難以斷定。」[2] 就楚國來說，劉玉堂先生談道，「楚國所謂『賞田』，其實不過是『食邑』的別稱，因為從賞田的性質上，找不出異於食邑的特徵，故分之可稱之為賞田、食邑，合之則可統稱食邑」[3]。應該可以說，楚國的賞田與采邑性質大概相同，但相對來說賞田規模偏小，也許是城邑的一部分。

綜合以上所列楚國諸采邑，可列表如下：

---

[1] 增淵龍夫：《中國古代の社會と國家》（新版）第三篇第二章「先秦時代の封建と郡縣」，岩波書店1996年版，第446頁。
[2] 呂文鬱：《周代的采邑制度》（增訂版），社會科學文獻出版社2006年版，第145頁。
[3] 劉玉堂：〈楚國土地制度綜議〉，載《湖北大學學報》（哲學社會科學版），1996年第3期；另參劉玉堂：《楚國經濟史》，湖北教育出版社1995年版，第18頁。

表2-1 西周至春秋時期楚國采邑（封地）表

采邑（封地）名	受封時期	始受封者	今地
蓬	早於楚王蚡冒	不詳	河南淅川縣西南
屈	武王	屈瑕	不詳
鬭	西周末至春秋初年	鬭伯比之父	湖北鍾祥市一帶
軒丘	文王	文王庶子	不詳
諸梁	文王？/莊王？	文王子？/莊王之後？	不詳
寢丘	莊王	孫叔敖或其子	安徽臨泉縣一帶
椒	康王	伍舉	安徽淮河以北阜陽市 至鳳台縣一帶
中犫	靈王	鬭韋龜	河南魯山縣附近
蔓	靈王	鬭（蔓）成然	河南伊川縣東南
養	昭王	掩余、燭庸	安徽界首市至太和縣 一帶
棠（堂）谿	昭王	夫概	河南遂平縣西北
鄧陵	不明	楚公子	或在湖北襄陽市西北
利	不明	楚公子	不詳

　　從上表不難看出，文獻中可見的西周至春秋時期楚國授采的具體例證一直不多。在文王之前，有零星的授予封地的記錄，受封者多為楚王子，其後又多以邑為氏，並發展成為楚國的大氏，對楚國世族世官體制的形成也有重大影響。

　　文王之後直至康王時期，文獻中可見的授予封地的記載很少，除軒丘和諸梁兩例出自晚近文獻，可信性尚有待驗證的記載外，僅見有兩例，即孫叔敖家族獲得封地和伍舉食邑於椒的記載，從這大概可以看出楚國很少賜予地方貴族食邑、賞田，更不見有封王子的記載。

　　《左傳　宣公四年》（前605年）記云：「子越……將攻王。王以三王之子為質焉，弗受。」杜預注曰：「三王，文，成，穆。」說的是莊王欲以文、成、穆三王之子質於子越（即鬭椒）。從文王至莊王時期有七十餘年，文、成、穆三王子在莊王時期是有可能都健在的。

張君先生分析說，這「反映出從文王開始楚國就沒有別封諸王子，故文王以下三子皆仰給於王室[①]」。以上表加以檢測，其說是有一定道理的，雖然我們不能完全否定文王以下楚王別封王子的可能性，但可以確定的是從文獻記載來看，楚國對王子，貴族或他國來奔者的賜邑，一直非常少見。據《左傳　宣公十一年》（前598年）記載，莊王曾責讓申叔時說：「諸侯、縣公皆慶寡人，女獨不慶寡人，何故？」諸侯指的是附從於楚的小國國君，縣公指的是楚縣大夫，說明莊王時期縣大夫和楚縣居於重要地位，未提及采邑主，似間接反映了采邑數量的偏少和采邑主權力的微小。

靈王時期，楚王賜邑封田的例證似乎略有增加。鬥韋龜獲封後，其子鬥成然沒有襲封，而是別有封地，這一現象與前文所述的伍舉父子二人因襲一地對比鮮明。文獻資料中，靈王之前不見父子兩代分封兩邑的記載，這可能與靈王時期的政治形勢有關。靈王先逼走弟弟子晰，殺伯州犁，然後殺康王子篡位，並於篡位前夕和在位期間，先後在犫、櫟、郏、賴、鍾離、巢、州來、陳、蔡、不羹等地築城[②]，在陳、蔡、東西二不羹、白、葉、許等邑設縣[③]。據《左傳　昭公十三年》的記載，他又曾「殺大司馬蘆掩而取其室」，「奪蘆居田」，以至於奪自己親賜的鬥韋龜父子的采邑。這些記載無不反映出靈王時期楚國的政治形勢動盪不安，靈王在奪室、奪田、築城之後直接控制了很多土田、城邑，在大規模設縣的同時也有可能以之分封了一些親信，以求建立自己的統治基礎，鬥氏父子別封二邑可能就是在這個大背景下出現的。

昭王時期，見於上表的賜邑、賜田的記載有兩例，都是賜予來奔

---

① 　張君：〈論楚國宗族制解體的歷史原因〉，載《安徽史學》，1984年第6期。

② 　參閱羅運環：《楚國八百年》，武漢大學出版社1992年版，第222～223頁。

③ 　參閱徐少華：《周代南土歷史地理與文化》之「春秋楚縣建置表」，武漢大學出版社1994年版，第285頁。

的吳王室的公子或王子。這與平王、昭王時期吳楚緊張的敵對形勢有很大關係。吳公子掩余、燭庸在公子光（闔閭）弒王僚後倉皇出奔，分別至徐與鍾吾，後因懼怕被逮捕回吳國而奔楚，前引《左傳 昭公三十年》說昭王分封他們於「養」的目的是「將以害吳也」，充分反映出吳楚之間的緊張氣氛。夫概則是趁闔閭將兵在外，自立稱王，後戰敗不得不逃吳奔楚。可以說，昭王兩次封吳人，其目的都是與吳對抗，所以這種性質的賜封都有特殊性，不宜看做是當時的一般性政策。《左傳 定公五年》（前505年）載吳師入郢事件平息之後，昭王犒賞功臣，包括鬬辛、王孫由于、王孫圉等9人，卻未記述曾賜封於其中任何一人，這體現了直至昭王時期，楚國的分封采邑制度並不昌盛。

綜合對上表的分析，可以看出，較之春秋時期楚縣的設置情況，楚國的采邑、封地相對偏少。文王以降，記載確鑿的封邑僅有6例，即寢丘、椒、中犫、蔓、養、棠（堂）谿，其中最後兩例是吳楚緊張對峙時期賜予吳國來奔者的，有很強的目的性，中間兩例的出現與靈王時期的政治大背景息息相關，賜封後不久又被收回，只有「寢丘」和「椒」兩例是在楚國常態政治形勢下由楚大臣獲封的。而同時期的楚縣，據徐少華先生統計，自武王滅權置縣後直至昭王，可考者不下28例，設縣途徑也多種多樣 [1]。

另外，春秋時期，楚滅國不少，疆域範圍大增，同時也在很多地方築城設邑。現在看來，這些城邑設縣的居多，賜封的數量很少。通過對比可以看出，在武王開滅國置縣先例之後，這一政策得到了較好的繼承和發展，是常態政策，而賜予封邑僅是偶爾有之，一直不具有普遍性。然而，從惠王時期開始，這種狀況開始轉變，楚王賜封的例證明顯增加，封君開始出現並迅速發展。下文我們會對此集中展開討論。

---

[1] 徐少華：《周代南土歷史地理與文化》下編，武漢大學出版社1994年版，第275～291頁。

第二章　楚國封君的出現與封君制度的起源

第二節　楚國封君的出現

一、棠君性質分析

　　楚國的封君究竟是在什麼時候出現的，似乎很難給出也不可能有一個確切的時間點。《左傳　昭公二十年》（前522年）有關於楚國「棠君尚」的記載，杜預注：「棠君，奢之長子尚也，為棠邑大夫。」棠為地名，尚指的是伍尚，伍奢之子伍員之兄。杜預解釋說棠君即棠邑大夫，將棠看作楚縣，伍尚曾任縣尹。「棠」，也常寫作「堂」。東漢應劭《風俗通義》有《姓氏篇》，雖已亡佚，但後人多有輯佚，其中一條佚文是關於「堂氏」的，云：「堂氏：堂，楚邑，大夫五尚為之，其後氏焉。」[1]五尚即伍尚。應劭認為伍尚為棠（堂）君，其後人以邑為氏。從本章第一節的分析可以看出，對以邑為氏的家族來說，該邑是可以世襲的采地，其性質與楚縣不同。從應劭的注釋來看，棠（堂）可能為伍尚的采邑。在第一章中我們已經談道，「邑名+君」，在春秋後期性質較為模糊，依據應劭的采邑說，棠（堂）君可以理解為食邑於棠的封君；依據杜預的解釋，則可以理解為棠（堂）縣縣尹。

　　包山簡文載有「鄩君」與地名「鄩」，現截錄如下：

簡165：……鄩君之人……

簡180：……鄩君新州里公……

簡31：……鄩司敗……

簡50：……鄩少司敗……

---

① 應劭撰，王利器校注：《風俗通義校注　佚文》，中華書局1981年版，第522頁。

一般認為，郎君為戰國後期的楚封君，郎為楚縣[①]。徐少華先生談道：「堂（棠）、郎均從『尚』得聲，古音一致。」棠君尚所在的棠縣和包山簡所見的郎縣，郎君封邑當在一處[②]。劉信芳先生也認為郎邑地望可能在「棠君尚」之棠邑[③]。這一推測是有一定道理的。伍尚為救父伍奢而被殺，史籍中沒有記載他是否有後人。不過伍尚即使有後，也很難再在楚國立足。因此，若伍尚為封君，則在其死後封地應被收回。至戰國時期，可能在堂（棠）地新立封君，即包山簡所稱的「郎君」。所以關於棠君性質的二說，即封君說和縣尹說，都不宜輕易否定。

二、葉公子高、鄖公鬬辛、白公勝性質分析

　　許國曾兩度遷至葉邑，在許首次遷葉，即魯成公十五年（楚共王十五年，前576年）之前，葉已是楚邑，但是否為縣狀況不明。《左傳　昭公十三年》（楚靈王十二年，前529年）記云：「楚之滅蔡也，靈王遷許、胡、沈、道、房、申於荊焉。平王即位，既封陳、蔡，而皆復之，禮也。」據此可知，靈王在滅蔡之年，即魯昭公十一年，曾遷許於荊。靈王滅蔡後，置蔡縣，以公子棄疾為蔡公，平王即位後，蔡復國，許遷回葉邑。在許國遷於荊後的兩年間，葉邑的政治形態不明，不過從靈王滅陳、蔡，設楚縣的政策來看，靈王也是有可能在葉邑設縣的，這大概可以看做是葉邑設縣的發端。《春秋　定公四年》（楚昭王十年，前506年）說這一年「許遷於容城」，次年，即定公五年《左傳》文中出現了「葉公諸梁」的記述。可以推測，昭王十年，許國從葉遷走之後，昭王複設葉縣，並以沈諸梁為葉公，在第一章中我們已經分析過「邑名+公」的性質，認為是縣尹的通稱或尊稱，按照

---

① 參閱陳偉：《包山楚簡初探》，武漢大學出版社1996年版，第97、102頁；顏世鉉：《包山楚簡地名研究》，臺灣大學中國文學研究所碩士論文，1997年，第79、180頁。
② 徐少華：〈包山楚簡釋地十則〉，載《文物》，1996年第12期。
③ 劉信芳：《包山楚簡解詁》，藝文印書館2003年版，第45頁。

這一原則，葉公指的自然是葉縣縣公（尹）。

楚縣與采邑不同，一般認為它直隸於楚王，縣尹也由楚王直接任免，不能世襲，所以葉縣並非葉公采邑，也不能由葉公後人世襲。但是文獻中的一些記載看上去與這些原則不太相符。《左傳　哀公十六年》（前479年）載白公之亂時，說「葉公在蔡」，《國語　楚語下》（卷一八）則說當時「子高以疾閒居於蔡」，又，平定白公之亂後，葉公諸梁「乃使寧為令尹，使寬為司馬，而老於葉」。葉為楚縣，直屬楚王，為何葉公會閒居於蔡，而又老於葉呢？

鄖原為一諸侯小國，據何浩先生研究，約在楚武王後期至文王前期滅於楚[①]。《左傳　成公七年》有「鄖公鍾儀」，楊寬先生據此將之列為楚縣[②]，應無疑問。我們在本章第一節討論鬥氏封邑時曾引《左傳　昭公十四年》的記載，說平王「使鬥辛居鄖，以無忘舊勳」。又，《國語　楚語下》曰：「吳人入楚，昭王奔鄖，鄖公之弟懷將弒王，鄖公辛止之。」《左傳　定公四年》也有相似的記載，並說「鬥辛與其弟巢以王奔隨」。鬥辛稱鄖公，根據上述原則，當是鄖縣縣公（尹）。但是，從《左傳》的記述來看，昭王奔鄖之時，鄖公與其弟鬥懷、鬥巢均在鄖，說明三兄弟同居於鄖，鄖地可能成為了鬥辛家族的聚居地。而平王使鬥辛居鄖的目的是「以無忘舊勳」，未說是讓他做縣公，該地與鬥氏先人也有千絲萬縷的聯繫，種種跡象都使人容易對鬥辛稱號「鄖公」的性質產生疑慮。

《國語　楚語下》「子高以疾閒居於蔡」下韋昭注云：「蔡，故蔡國，楚滅之，葉公兼而治之焉。」認為葉公兼治於蔡。日本學者安倍道子先生則推測葉公子高當時可能在蔡執行邊境防衛任務，並認為昭王、惠王時期「邑名+公」所表示的邑（縣）管理者的性質與縣公可能

① 何浩：《楚滅國研究》，武漢出版社1989年版，第10頁。
② 楊寬：〈春秋時代楚國縣制的性質問題〉，載《中國史研究》，1981年第4期，收入楊寬：《楊寬古史論文選集》，上海人民出版社2003年版，第71～72頁。

有區別。他分析了平王、昭王、惠王時期的政策後談道，蔡公棄疾即位後，陳、蔡復國，遷國者復歸舊地，楚國回復到了舊有的宗族秩序之中，他悉心經營的方城外軍事力量受到削弱，必然要建構新的勢力基礎，所以從平王至惠王，楚王曾多次向近親者賜予封邑，受封於析的公孫寧、魯陽文子、白公勝皆為平王孫，葉公子高可能是出自莊王的沈氏一員，鄖公鬥辛出自若敖氏之後大世族鬥氏，都是楚王近親公子或王室世族。結合葉公「老於葉」、鬥辛「以無忘舊勳」而居鄖等文獻記載，她認為，鄖公鬥辛、葉公子高、白公勝、魯陽公都有封邑主的性質，不宜看做是縣公，而應該稱「封邑公」，鄖、葉、白、魯陽等邑是他們各自的封邑。楚國的封君可能發端自「封邑公」，是在「封邑公」的基礎之上產生並發展起來的 [1]。

今按，安倍先生的觀點非常有啟發意義，從文獻記載來看，昭王、惠王時期的葉公、鄖公的確有不少看上去不同於一般縣公之處，但這並不足以完全否定他們的縣公性質。

先來看葉公。葉公子高居蔡不難解釋，韋昭的葉公兼治蔡說和安倍先生的於蔡執行任務說都有一定的道理。楚靈王滅蔡後，以其弟公子棄疾為蔡公，後又領有陳縣，《左傳》稱其為蔡公，《史記》又稱之為陳蔡公。楚蔡縣在今河南上蔡縣，陳縣在今河南淮陽縣，葉縣在今河南葉縣南 [2]。從蔡縣到陳縣和葉縣都不遠，距離大致相當，既然公子棄疾可以兼領二縣，葉公子高兼領蔡縣也不是沒有可能的。韋昭注文較早，應有更早的史料依據，所以他的說法比較合理。

葉公之所以「老於葉」也是有因可循的。《戰國策　楚策一》（卷一四）「威王問於莫敖子華」章載：

① 安倍道子：〈春秋後期の楚の「公」について——戰國封君出現へ向けての一試論——〉，載《東洋史研究》第45卷第2號，1986年。
② 按，陳、蔡、葉三縣地望，參閱徐少華：《周代南土歷史地理與文化》下編，武漢大學出版社1994年版，第285頁。

昔者葉公子高……定白公之禍，寧楚國之事，恢先君以掩方城之外，四封不侵，名不挫於諸侯……葉公子高食田六百畛。故彼崇其爵，豐其祿，以憂社稷者，葉公子高是也。

　　子華說葉公為了「崇其爵，豐其祿」，即提高自身的爵祿而「憂社稷」。葉公的這一目的應該在平定白公之亂之後方才達到，《左傳》記載他曾兼任令尹和司馬之職，地位非常高，「崇其爵」目的達成後，又迅速引退，讓位於公孫寧和公孫寬，自己「老於葉」。「食田六百畛」，估計是在引退後惠王賜予養老的，說葉公因食田六百畛而「豐其祿」，是很合適的。《楚辭　大招》（卷一〇）載：「田邑千畛，人阜昌只。」王逸注曰：「田，野也。畛，田上道也。邑，都邑也。《詩》云：徂隰徂畛。」「阜，盛也。昌，熾也。言楚國田野廣大，道路千數，都邑眾多，人民熾盛，所有肥饒，樂於他國也。」[1]「千畛」應非實指，形容田地廣大。而葉公的食田多達六百畛，自然也很不小。從他「老於葉」的記載也可推測其食田應在葉地。也正因為食田在葉，葉公才能終老於葉。

　　關於葉公的這些食田與葉縣的關係，可以有兩種看法：其一，葉公在引退後仍為葉縣縣公，兼在縣內有食田；其二，葉公引退後不再任葉縣縣公，但在葉縣內有食田，人們仍以「葉公」稱呼他。可以肯定，這些食田面積不小，佔據了葉縣的一部分，與前文提到的「子重請取於申、呂以為賞田」，即食有縣域的一部分有一定的相似性。按前文所引增淵龍夫先生「本邑」、「子邑」、「屬邑」的提法，這些食田中應不包括葉縣的本邑，但包含了一些子邑和屬邑。在本書第三章第三節我們談道，葉公之子又稱「葉侯」，為楚簡王時期的封君，反映出葉公的食田應該有采邑的性質，可以世襲，葉侯承襲了這些食

---

① 　洪興祖撰：《楚辭補注》引王逸注，中華書局1983年版，第225頁。

田，或有所增益，並以之為自己的家族封地。楚國封君封地的一個特點是，有不少與楚縣同名，並處同一地域內，這種現象是多種原因造成的 [1]。葉侯封地從葉縣範圍內的分化過程，很形象地體現了形成這一現象的一條較為典型的途徑。

就「葉公」而言，所指仍然是「葉縣縣公」，不應該被稱作是以葉為封邑的「封邑公」。只是葉公在葉地有一塊面積廣大的食田，可以傳之子孫，因此有采邑主的性質。至葉公之子的時代，受封為「葉侯」，逐漸完成了從采邑主向封君性質的轉換。葉侯的時代，葉縣仍然存在 [2]，可以說葉公家族從來沒有以整個葉縣範圍（即初設時期之葉縣）為自己的封地。

再來看鄖公。《國語・楚語下》載楚大夫鬬且廷在與令尹子常的談話中說：「故莊王之世滅若敖氏，唯子文之後在，至於今處鄖，為楚良臣。」韋昭注曰：「其子孫當昭王時為鄖公」，所說的正是鄖公鬬辛，他只在平王至昭王時為鄖公，所以韋昭強調「當昭王時」這一時間段。平勢隆郎先生說：「鬬辛……因恩惠而成為鄖地新公，可見和前任之間無世襲關係。」[3] 徐少華先生談道，「鬬氏居鄖為鄖公，實即鬬辛一世」[4]，他們的說法是可信的。鬬辛為鄖公始自平王元年（前528年），至昭王十年（前506年）吳師入鄖時仍在任，任期至少在22年以上，可見楚國沒有明確的規定縣公（尹）任期的制度，這與秦漢及其後的縣制頗為不同，但史料中未見有鬬辛後人接任鄖縣縣尹的記載。我們認為，可能與葉公類似，鬬辛在鄖縣域內有屬於自己家族的食田，鬬辛在長期任職於鄖的同時，其諸弟及眾家眷也長居於家族食

① 參閱本書第四章第二節。
② 按，葉縣在楚境內長期存在。如見於包山簡130的「葉大夫」當是葉縣地方官員。參閱顏世鉉：《包山楚簡地名研究》，臺灣大學中國文學研究所碩士論文，1997年，第158~159頁。
③ 平勢隆郎：〈楚王和縣君〉，徐世虹譯，收入劉俊文主編：《日本中青年學者論中國史》（上古秦漢卷），上海古籍出版社1995年版，第217頁。
④ 徐少華：《周代南土歷史地理與文化》，武漢大學出版社1994年版，第287頁。

田之內，這也是他們「無忘舊勳」的一個體現。因此鄅公也不應該被認為是以鄅為封地的「封邑公」。

《史記 楚世家》（卷四〇）載「惠王二年，子西召故平王太子建之子勝於吳，以為巢大夫，號曰白公」。《史記 伍子胥列傳》（卷六六）則說：「遂召勝，使居楚之邊邑鄢，號為白公。」白公指的是白縣縣公，為何又為巢大夫，或居於鄢呢？安倍先生認為白地可能是公孫勝的封邑，巢（或鄢）才是他任職的地方[①]。

今按，白公受召後，為巢大夫（或居鄢）之說僅見於《史記》，未見於《左傳》等文獻，《史記》又執兩說，一說受召為巢大夫，一說受召居鄢，顯然白公不可能同時居於兩地，故太史公之說頗顯牽強。另外，楊伯峻先生指出，白公受召時，巢當屬吳，故白公不可能為巢大夫[②]，徐少華先生也有類似看法[③]，應該是可以信據的。

劉向所編《新序 義勇》（卷八）「楚太子建章」的說法比較清楚：「建有子曰勝，在外，子西召勝，使治白，號曰白公。」[④]《新序》匯集了先秦至漢初的很多資料，這條記錄也當有更早的來源，可能與司馬遷所擇取的材料有所不同。白公「治白」，當是治理白縣，而非以白為封邑。又，按前文所述，「邑名+公」指代縣公（尹），文獻中例證頗多，所以當以《新序》所說為是，白公是白縣縣公。

據以上分析，葉公、鄅公等在為縣公的同時，極有可能在葉、鄅等縣內兼有各自的食田，使得他們或他們的家族能長期聚居於縣內。這種形態的縣公的確與其他時期的楚國縣公有所區別，如安倍先生所言，他們應是楚國封君出現的先聲。

---

① 安倍道子：〈春秋後期の楚の「公」について——戰國封君出現へ向けての一試論——〉，載《東洋史研究》第45卷第2號，1986年。
② 楊伯峻：《春秋左傳注》，中華書局1990年版，第1701頁。
③ 徐少華：《周代南土歷史地理與文化》，武漢大學出版社1994年版，第279頁。
④ 劉向編著，石光瑛校釋：《新序校釋》，中華書局2001年版，第1035頁。

三、「析君」、「魯陽文君」性質分析

白公之亂後，惠王賜田和封邑的數量明顯多了起來。先是賜葉公田六百畛，不久後又封邑予公孫寧和公孫寬。

《左傳　哀公十八年》（楚惠王十二年，前477年）載：「楚公孫寧、吳由于、薳固敗巴師於鄾，故封子國於析。」「封子國於析」說的是令尹公孫寧受封於析，應無疑問。

析，楚邑，《左傳　襄公二十六年》有「子儀之亂，析公奔晉」的記載，所述為文公十四年（楚莊王元年，前613年）之事，析公指析縣縣公。《左傳　昭公十八年》（前526年）云：「楚子使王子勝遷許於析。」說的是平王遷許於析，魯定公六年（前506年），許又遷於容城。許遷於析後，析地當已非楚縣，許遷容城後，析的政治形態不明，是有可能賜封予公孫寧的。

曾侯乙墓出土有「析君戟」，可能是析君在曾侯乙下葬時的助葬之物，大概造於惠王晚期[1]。何浩先生據此認為，公孫寧受封於「析」後，應稱「析君」，是迄今可見的楚國最早的封君[2]。這一觀點已為很多學者所接受。但傳世文獻中並沒有稱公孫寧為「析君」，曾侯乙墓出土的「析君戟」，若是惠王晚期所造的話，距離公孫寧受封已有四十年左右，戟主為墨脣（黑肩）[3]，是否指公孫寧尚不明確。所以直接認為公孫寧是析君還稍顯牽強，只能說他在惠王早期受封於析，與惠王晚期的析君黑肩關係密切，可能有著前後承襲的關係，據此推論，公孫寧也許是析邑的始封君，在受封之時或受封後得受「君」號。

---

[1]　參閱劉彬徽：《楚系青銅器研究》，湖北教育出版社1995年版，第338頁。

[2]　何浩：〈戰國時期楚封君初探〉，載《歷史研究》，1984年第5期。

[3]　按，「墨脣」，施謝捷先生讀為「黑脣」，認為與「黑臀」同義，參閱施謝捷：〈釋楚器中的人名「赤目」、「黑脣」〉，載《江漢考古》，1995年第4期。宋華強先生結合《上博五君子為禮》篇和新蔡簡相關記載，讀為「黑肩」，參閱宋華強：《新蔡楚簡的初步研究》，北京大學中文系博士學位論文，2007年，第195頁。按宋說較為可取。

公孫寬的受封，《國語　楚語下》有詳細記載：

惠王以梁與魯陽文子，文子辭曰：「梁險而在北境，懼子孫之有
貳者也……懼子孫之以梁之險，而乏臣之祀也。」王曰：「子仁人，
不忘子孫，施及楚國，敢不從子？」與之魯陽。

賈逵注曰：「魯陽文子，楚平王之孫，司馬子期之子，魯陽
公。」①韋昭注基本沿襲賈注，曰：「文子，平王之孫，司馬子期之子
魯陽公也。」顯然，與我們已經談到的孫叔敖類似，始受封者都為後
代而考慮封邑的位置，所以此處所說的魯陽為可以傳之後代的封邑無
疑。何浩先生談道，《國語》將本條置於白公之亂前，並不意味著公
孫寬受封於該事件之前，他說，「受封當在其父子期被白公勝所殺且
文子繼任司馬之後」②，是很有道理的。楚國受封者多為官居高位者，
白公之亂前，文獻中沒有公孫寧之父令尹子西與公孫寬之父司馬子期
受封的記載，二人之子當不可能有封邑。白公之亂後，葉公使公孫寧
和公孫寬繼承父職，後公孫寧因功受封於析，公孫寬也應當在同一時
期受封。

韋昭注稱公孫寬為「魯陽公」，何浩先生以其說不確，認為《墨
子》中的「魯陽文君」和《國語》所見「魯陽文子」都指公孫寬，而
「魯陽公」見於曾侯乙簡文和《淮南子》，當指魯陽縣公，與公孫寬
恐非一人③。我們贊同何說④。公孫寬當諡「文」，與新蔡簡所見的平
夜文君諡「文」類似，稱「君」且有封邑說明他的身分是封君，但尚

---

① 孫詒讓：《墨子間詁　耕柱》（卷一一），「子墨子謂魯陽文君」條下畢沅引《文選注》引
　賈逵《國語注》，中華書局2001年版，第431頁。
② 何浩：〈魯陽君、魯陽公及魯陽設縣的問題〉，載《中原文物》，1994年第4期。
③ 何浩：〈魯陽君、魯陽公及魯陽設縣的問題〉，載《中原文物》，1994年第4期。
④ 參閱本書第三章第三節「魯陽君」部分。

不明確他是在受封之時還是受封後受有「君」號。

第三節　楚國封君出現的背景和原因

在第一章中我們已經談道戰國時期各國封君群體大量增加的兩個原因，其中之一是與諸侯僭越稱王有關，就楚國而言，稱王很早，與封君的出現無直接關係。而從傳世和出土文獻來看，除了性質尚難確定的棠君外，楚國封君開始出現在惠王統治時期，封君人數也從無到有，從少到多，曾侯乙簡中記載的為數較多的助葬封君名體現了這一點。那麼，為什麼在這一時期封君會突然出現並迅速發展呢？我們認為，這不是偶然現象，與當時楚國的政治形勢有著密切的關係。

一、昭王、惠王時期的政治形勢

在昭王統治前期，吳師入郢，對楚國震動極大。吳師退還後，《左傳　定公六年》（前504年）載，令尹子西「改紀其政，以定楚國」，具體的改革措施沒有明確的記載。《國語　楚語下》記述藍尹求見昭王時說：「庶憶懼而鑒前惡乎？君若不鑒而長之，君實有國而不愛……」實際上是勸勉昭王鑒於前惡，勿忘前敗。《左傳　定公五年》也有關於藍尹的記載，楊伯峻先生注云：「前惡即子常為政，使楚幾被滅亡。」[①] 可以想見，昭王和令尹「改紀其政」的重要內容當是革除昭王之前，特別是令尹子常執政時期楚國的積弊，並建立和鞏固自己的統治基礎。

昭王改革最倚重的人是他的庶兄，平王之子公子申（子西）和公子結（子期）等近親王子。《左傳　昭公二十六年》（前516年）載，平王卒後，太子壬（即昭王）幼弱，「令尹子常欲立子西……子西怒

---

① 　楊伯峻：《春秋左傳注》，中華書局1990年版，第1553頁。

曰：『是亂國而惡君王也……』令尹懼，乃立昭王」。子西努力維護楚國的王位繼承制，應是有鑑於此前不久郟敖、靈王時期為爭奪王位而造成的連年混亂的歷史教訓。昭王即位後，子西和子期全力輔佐，特別是在吳師入郢、昭王奔隨的艱難時刻，子西收攏士卒，振奮民心，子期則願代王赴死，這些都體現了君臣、兄弟之間的情誼，與靈王、平王諸兄弟之間的關係對比鮮明。昭王返郢之後，子西為令尹，子期為司馬，成為昭王的股肱之臣。《左傳　哀公六年》記載，昭王臨終前，「命公子申為王，不可；則命公子結，亦不可；則命公子啟，五辭而後許……子閭與子西、子期謀，潛師，閉塗，逆越女之子章立之」。杜預注稱，三人「皆昭王兄」。昭王傳位於諸兄，皆辭而立昭王子，反映出他們之間互相信任，互相扶持的良好關係，也可以看出昭王後期已經逐步建立起一套以楚王近親為中心的良好的政治秩序。

「越女之子章」即惠王熊章，他即位之後，子西和子期等一如既往地輔佐之，繼承和維護著昭王時期打下的政治基礎和秩序。但這一秩序不久後為白公之亂所打亂，子西、子期和子閭都死於這場戰亂。在戰亂靖平之後，惠王首先要做的就是重新恢復自昭王後期以來建立的以王族為中心的政治秩序。前文我們已經提到，靖亂的首功之臣葉公主動引退，將令尹和司馬之位讓與子西之子公孫寧和子期之子公孫寬，他的這一舉動意味深長。子西和子期家族自昭王時期以來一直是楚國的核心政治集團，這一情況並未因子西和子期的去世而改變，葉公應該意識到了這一點，故將權力交還。而對惠王來說，幾十年來忠心耿耿的子西、子期家族等近親王族仍是他最可信賴的政治力量，同時他可能又對子西、子期的死亡抱有愧疚之心，故而對他們的後人大加封賞，封公孫寧於析、公孫寬於魯陽，都是為了擴大楚王近親家族的政治勢力，並為保障自己的統治服務的。通過與葉公的對比不難看出，惠王賜葉公「食田六百畛」，雖然面積很大，但與公孫寧和公孫

寬獲封的析和魯陽相比，規模還是相對微小了一些。由此也可看出楚王與他們之間的輕重親疏關係。

此外，惠王有弟子良，見於《左傳 哀公十七年》（前478年），在子西為令尹前惠王曾欲以之為令尹。包山簡記有文平夜君子良，何浩先生推測認為簡文和《左傳》所說子良乃同一人[①]。由此可見，子良作為令尹候選人之一，必然是惠王統治集團的核心成員之一，作為惠王近親，他的受封應距公孫寧和公孫寬的受封時代不遠，也是惠王加強自身統治基礎的重要一環。

二、楚王力求加強對縣尹（公）勢力的限制

自武王克權置縣開始，整個春秋時期，楚縣建置頗多。一般認為，它們直屬楚王，削弱了世家大族的勢力，加強了楚王的權力和對地方的控制。但是，常常會出現縣公勢力過大或不聽王命的情況，至昭王和惠王時期，楚王逐漸認識到很有必要控制縣公的勢力，於是開始尋找可以依靠的新的政治力量，如王族近親等，並將一些地方城邑交給他們，而不是設立縣尹，這也是導致封君出現的一個客觀原因。我們先來看下面的一些例子。

（一）武王時期，權尹叛亂。《左傳 莊公十八年》（前676年）記述楚武王時期之事云：「楚武王克權，使鬥緡尹之，以叛，圍而殺之。」

（二）莊王初年，盧尹「殺二子而復王」與析公奔晉。《左傳 文公十四年》（前613年）載：

> 楚莊王立，子孔、潘崇將襲群舒，使公子燮與子儀守，而伐舒蓼。二子作亂。城郢，而使賊殺子孔，不克而還。八月，二子以楚子出，將如商密，盧戢黎及叔麇誘之，遂殺鬥克及公子燮。

---

① 何浩：〈文坪夜君的身分與昭氏的世系〉，載《江漢考古》，1992年第3期。

杜預注：「戢黎，廬大夫。」廬當是楚縣[①]，戢黎為其地大夫，即廬尹。叛亂二子欲劫持莊王往商密，廬尹誘殺之，平復叛亂。《國語 楚語上》記述這件事時還提到：「或譖析公臣於王，王弗是，析公奔晉，晉人用之。」韋昭注：「或譖之，言與知二子之亂。」說的是有人誣陷析公臣可能知道二人將反叛之事。《左傳 襄公二十六年》追述此事時說：「今楚多淫刑，其大夫逃死於四方，而為之謀主，以害楚國，不可救療，所謂不能也。子儀之亂，析公奔晉……」楚國多「淫刑」，析公擔心獲罪受刑，故而逃離楚國。

（三）靈王末年，不少受到靈王壓制的舊貴族興起作亂，蔡公（或稱陳蔡公）棄疾等率陳、蔡、不羹等大縣之師攻入郢都。靈王死後，棄疾又迫使子干和子晰自殺，最終即位稱王。在這場戰爭中，縣公棄疾掌握的大縣和縣師是他成功的基礎和保證。

（四）昭王出奔，藍尹拒載。《左傳 定公五年》載：「王之奔隨也，將涉於成臼。藍尹亹涉其帑，不與王舟。」藍尹，殷崇浩、徐少華先生都認為是藍縣縣尹[②]。

（五）昭王奔鄖，「鄖公之弟懷將弒王」。前文對此已有詳述。楚王被迫離開郢都後，欲奔大縣，不唯此一例。據《左傳 昭公十三年》所載，棄疾等率軍入郢後，右尹子革曾建議靈王「若入於大都，而乞師於諸侯」，楊伯峻注云：「『大都』，《史記 楚世家》作『大縣』，義同。」楚縣多直隸於楚王的，又有縣師，故楚王奔之，可以暫時有所保障。

（六）惠王時期，白公叛亂與葉公平叛。前文已經提到，白公和

---

① 按，關於楚廬縣，請參閱徐少華：《周代南土歷史地理與文化》，武漢大學出版社1994年版，第283頁。

② 殷崇浩：〈春秋楚縣略論〉，載《江漢論壇》，1980年第4期；徐少華：〈關於春秋楚縣的幾個問題〉，載《江漢論壇》，1990年第2期。

葉公分別為白、葉二縣縣公。楚國統治集團在此次叛亂中消耗極大，令尹、司馬皆死於此亂。可以說，亂起於縣公，亦平復於縣公。

根據徐少華先生的研究，春秋時期的楚縣，現在可以稽考的約有三十個 ①。而上面我們羅列的幾次與楚王生死攸關的重大事件中，牽扯到的縣尹（公）多達8人，涉及的縣就更多了。為方便比較，可列一簡表如下。

表2-2　春秋時期楚王、縣尹（公）重大相關事件表

時期	武王	莊王	靈王	昭王	惠王
叛亂者	權尹鬬緡	公子燮、子儀	蔡公棄疾等		白公勝
平叛者	武王	廬尹戢黎、叔麋			葉公子高
相關者		析公臣		藍尹亹、郎公鬬辛	

楚縣很多由滅國而置，面積和規模都比較大，又多置於邊地，直屬於楚王，主要作用是防禦外敵，以維持楚國國內的穩定，所以縣內一般設有軍隊，即縣師，而縣尹（公）任期時間大多比較長（如前文所舉的郎公等），這就容易導致縣大夫獨大於一方。楚莊王曾將諸侯和縣公並稱，側面反映出縣公勢如一方諸侯。當縣大夫聽命於楚王之時，是開疆拓土、窮除叛亂的重要軍事力量，如廬尹、葉公等；但是如果縣大夫意欲反叛，楚王則很難控制，常常必須借助其他縣大夫的力量。

從上表可以看出，在靈王之前，縣大夫基本上是忠於楚王的，即使有像鬬緡那樣個別意欲謀反者，也很快被殺，勢力難與楚王抗衡。在靈王晚期至惠王前期短短五十年時間內，發生了3次關乎楚王

---

① 　徐少華：《周代南土歷史地理與文化》，武漢大學出版社1994年版，第285頁。

性命安危的事件，每一次都與一些可以左右政局的縣尹（公）息息相關，顯然縣尹（公）的權力已經相當大且很難為楚王所駕馭了。昭王、惠王對此最有體會。昭王在出奔的途中，藍尹亹王命不與舟楫，鄖公弟有弒王之心；而惠王竟為白公劫持，幾欲喪失性命。可以想見，當縣大夫勢力過大，不聽命於楚王的時候，楚王是難以再倚重他們的。

靈王至惠王時期，對縣尹（公）勢力難以駕馭，背後還有更深層次的原因。其一，春秋時期的楚國本身的政治制度不完善，缺乏一套完備的縣政，導致很多縣邑規模偏大，同時對不少縣公和縣尹缺乏有效地約束，容易形成在一地任職過久，勢力迅速膨脹的現象。其二，春秋後期，楚國王室一直處於不穩定的狀態，縣公、縣尹等地方勢力較為容易借此機會擴張勢力。

與春秋後期縣尹（公）權力較大對比鮮明的是，文獻中幾乎不見有戰國時期縣尹（公）叛亂的記載，據顏世鉉先生的研究，包山楚簡中可見的戰國後期的楚縣數目有近一百個，且多位於江漢、淮水流域等楚國重要地區 ①。造成這種差異一方面是因為在白公之亂平定之後，楚王為了穩定自己的統治基礎，加強了對邊地大縣的控制，另一方面，封君的增多又分化了縣尹（公）在地方上的勢力。通過封君，惠王既團結了自己的股肱重臣，維持並鞏固了自其父昭王後期以來建立的政治基礎和統治秩序，又削弱了縣尹（公）的勢力，減少了王室的潛在威脅。惠王中後期楚國內部長期的安定局勢可能也得益於此，只是隨著封君數量不斷增加，負面影響凸顯，至悼王時期形成了「封君太眾」的局面。

---

① 顏世鉉：《包山楚簡地名研究》，臺灣大學中國文學研究所碩士論文，1997年，第234～241頁。

第三章　楚國封君匯考

　　對楚國封君研究來說，最為基礎的工作首先是對傳世和出土文獻中相關材料的收集、分析和整理，包括對楚國稱「君」（侯）者的性質認定，即辨明是否適宜歸入封君行列，還包括對封君始受封時間及傳承狀況、封邑地望的考證等，以為下一步的深入研究建立前提並作好必要的準備。

　　在前言部分我們已經回顧了學術界關於這方面的研究概況，近三十年來，楊寬、何浩、劉彬徽、徐少華、顏世鉉等先生從不同角度出發做了富有成果的探討，但還是很少見有學者對楚國封君狀況、封邑地望等做一個全面和系統的梳理。近年來，除了傳世文獻和較早公佈的曾侯乙簡和包山簡之外，又有一些與楚國封君相關的資料散見於新公佈的青銅銘文和上博楚簡、新蔡楚簡等簡牘材料之中，所以很有必要結合這些新材料，在前輩學者研究的基礎上作增訂和補益。

　　在第一章中我們列出了認定封君的三條原則：首先，封號為「某（某）君」，或「某（某）侯」，此為必要條件和認定前提；其次，封號中冠以邑名者一般領有該邑，由中央派遣的主管該邑的官吏（如縣大夫等）不能歸入其中；其三，在戰國中晚期，封君制發展迅速，出現了封號、封邑不統一或僅有封號的卿大夫，習慣上他們也被認定為封君。

從楚國疆域的發展和地理形勢來看，大致可以分為以下幾大區域：1.江漢地區，大致包括今襄陽以下的漢水流域，及三峽以東、桐柏山至大別山一線以南地區。以漢水為界，又可以分為漢西、漢東兩個地區。2.南陽盆地地區，大致包括今鄖縣以下至襄陽的漢水、其支流唐白河，以及丹水、淅水的中下游流域。3.楚方城之外、汝水、潁水的上游地區。4.淮河上游及其支流汝水、潁水的中下游地區。5.淮河中下游及淮北地區。6.江南地區，大致包括今長江以南的湘、資、沅、澧至贛江流域。7.江東地區，大致包括位於長江下游以東（或以南）的蘇皖兩省的中南部。8.巴濮地區，大致包括今鄂西、川渝東部的楚國西境。其中3、4、5三個地區界線並不明顯，可統稱為淮河流域。下面我們擬依據以上封君認定諸原則，按地區和受封（或在史料中出現的）時代順序（時代相同者排列不分先後，時代不明者附於最後）對封君的受封、傳承、封邑地望等問題進行逐一分析和考察。封邑所在地區不明者附於本章末尾。

第一節　江漢地區楚封君考析

一、鄀（荊）君

曾侯乙簡文載有「鄀君子」（簡170）一詞，何浩先生未將「鄀君」歸入封君之列加以考釋。我們認為「鄀君子」可釋為鄀君之子。簡文分別出現有人名「梡甫」（簡171）和「梡甫子」（簡170）[1]，後者有可能為前者之子。按此，「鄀君」可以看做是惠王時期的楚封君。

---

[1] 按，「梡」字從李零先生所釋。參閱李零：《讀〈楚系簡帛文字編〉》第108條，載中國文物研究所編：《出土文獻研究》第5集，科學出版社1999年版，第148頁。

畊，從田刑聲，讀為「荊①」。畊君即荊君。楚又稱荊，楚王也稱荊王。荊君封地當在「荊」，楚境內與「荊」相關的地名有「荊山」。《左傳　昭公十二年》載楚右尹子革云：「昔我先王熊繹辟在荊山，篳路藍縷以處草莽，跋涉山林以事天子。」「荊山」之名也隨楚人的不斷遷徙而變遷。石泉先生曾談道荊山地望有五處，其中第三處「在今湖北南漳縣西北的第一座大山——將軍石，這是春秋、戰國直至清初的荊山所在②」。曾侯乙簡所見荊君在楚惠王後期，其封地有可能在此荊山附近，即今南漳縣西北地方。

二、安（鄢）君

《上博四　柬大王泊旱》篇載有「安君」，簡文內容為：

簡7：王入以告安君與陵尹子高：……③

「安君」可能為楚簡王時期的封君。楚文字中地名「鄢」多寫作「郼」④。疑「安君」讀為「郼（鄢）君」，封地在郼（鄢）。郼（鄢）地在包山簡中出現多次，顏世鉉先生以其為懷王時期的楚縣⑤，是可信的。《左傳　昭公十三年》記云「王沿夏，將欲入鄢」，服虔

---

① 參閱何琳儀：《戰國古文字典——戰國文字聲系》，中華書局1998年版，第819頁。下文簡稱《戰國古文字典》。

② 石泉：〈楚都丹陽及古荊山在丹、淅附近補證〉，收入所著《荊楚歷史地理新探》，武漢大學出版社1988年版，第208頁。

③ 按，簡文整理者濮茅左先生斷句作「王入以告安（焉），君與陵尹子高……」，參閱馬承源主編：《上海博物館藏戰國楚竹書（四）》，上海古籍出版社2004年版，第201頁；陳劍先生斷句作「王入，以告安君與陵尹子高：……」，參閱陳劍：〈上博竹書《昭王與龔之脽》和《柬大王泊旱》讀後記〉，「簡帛研究網」（www.jianbo.org），2005年2月15日；何有祖先生讀作：「王入以告安（焉）：『君與陵尹子高……』」參閱何有祖：〈楚簡校讀四則〉，「簡帛網」（www.bsm.org.cn），2008年3月9日。今從陳說。下文所引「簡帛研究網」和「簡帛網」文章，僅注出發表的網站名和發表日期，不再注出網址。

④ 李守奎：《楚文字編》，華東師範大學出版社2003年版，第395頁。

⑤ 顏世鉉：《包山楚簡地名研究》，臺灣大學中國文學研究所碩士論文，1997年，第156～158頁。

第三章　楚國封君匯考

注曰：「鄀，楚別都也。」① 鄀為楚國別都，地在今宜城市北約二十里②。楚郊（鄀）縣、安（鄀）君封地都在這一帶。

三、隋（隨）侯（？）

新蔡簡甲三：25載：

鄭憲習之以隋侯之☒

按隋即隨，隋侯可讀為「隨侯」。陳偉先生分析說：

甲三：25記云：「鄭憲習之以隨侯之……」這是屬於所謂的「習貞」，即在其他貞人的貞問之後，重疊地進行貞問。後文雖然殘缺，但根據楚簡卜筮記錄的句式，我們可知隨侯之……當指某種占卜工具。甲三：192、199-1「鹽□習之以□靁」，甲三：193「鄙尹兼習之以新承惠」，甲三：208「應寅習之以大央」，都是類似的文句。

新蔡簡所記占卜工具中，或以人名系之。如甲三：114、113「衛侯之筮」，甲三：216「陵尹懌之大保寶家」，零：584、甲三：266、277「陵尹懌之□髀」。相形之下，尤其對照「衛侯之筮」一例，甲三：25中的「隨侯」也當是人名，恐怕是指隨國之侯。

在《左傳》、《史記》等書中，隨在漢東諸侯最為活躍，屢見於記載。由於在古書記載的隨國故地一帶多次出土曾國銅器，並在隨州市郊發掘出曾侯乙墓，曾、隨為一國二名遂成為比較通行的說法。假如上述對新蔡簡「隨侯」推定不誤的話，這一論斷就值得重

---

① 司馬遷：《史記　楚世家》（卷四〇），裴駰《集解》引服虔語，中華書局1982年版，第1707頁。

② 參閱石泉：〈古鄀、維、淶水及宜城、中廬、邔縣故址新探〉，載所著《古代荊楚地理新探》，武漢大學出版社1988年版，第258～348頁。

新考慮。[1]

邴尚白先生也有類似的觀點，他說：「『衛侯』、『隋侯』可能是指衛、隨之小諸侯，兩國皆與平輿相距不甚遠。」[2]

一般認為曾國存在的下限可至戰國中期。劉彬徽等先生結合曾國都城附近的曾墓和楚墓年代進行推測，認為曾國的滅亡年代約在擂鼓墩二號墓和十三號墓下葬年代之間，何浩先生據此推定約在楚威王晚年、懷王初年，即前328年前後[3]。依此，則在書寫新蔡簡的年代曾國仍然存在[4]。簡文「隨侯」所指，也許如陳偉先生之言，指隨國之侯，曾、隨關係需要重新分析。還有一種可能，「隨侯」為楚國封君之一。楚國的封君除稱「君」者外，也有一些稱「侯」，如州侯、夏侯、陰侯等，隨侯或也是一例。隨侯封地當在隨。按曾、隨一國二名之說，其國都在今隨州市一帶，隨侯受封時曾（隨）國仍然存在，封地當不在此。

楚地有「隨（隋）水」。《史記　春申君列傳》（卷七八）黃歇上書說秦昭王曰：「王若不借路於仇讎之韓、魏，必攻隨水右壤。」

---

① 陳偉：《讀新蔡簡劄記（三則）》，「簡帛研究網」，2004年1月30日。

② 邴尚白：《葛陵楚簡研究》，臺灣大學中國文學研究所博士論文，2007年，第126頁。

③ 參閱劉彬徽、王世振：〈曾國滅亡年代小考〉，載《江漢考古》，1984年第4期；何浩：《楚滅國研究》，武漢出版社，1989年，第290～291頁。新近出版的《隨州擂鼓墩二號墓》指出「M2的年代大致定在戰國早期偏晚至戰國中期偏早之間比較合適」，並贊同劉彬徽、王世振先生的觀點，參閱隨州市博物館編：《隨州擂鼓墩二號墓》，文物出版社2008年版，第133～143頁。

④ 按，新蔡簡的年代，一般認為在戰國中期偏早或戰國早中期之交，約當楚悼王至肅王時。參閱河南省文物考古所：《新蔡葛陵楚墓》，大象出版社2003年版，第181～184頁；劉信芳：〈新蔡葛陵楚墓的年代以及相關問題〉，載《長江大學學報（社會科學版）》，2004年第1期；李學勤：〈論葛陵楚簡的年代〉，載《文物》，2004年第7期；邴尚白：《葛陵楚簡研究》，臺灣大學中國文學研究所博士論文，2007年，第91～99頁；宋華強：〈平夜君成的世系及新蔡簡年代下限的考訂〉，載武漢大學簡帛研究中心主編：《簡帛》第2輯，上海古籍出版社2007年版，第371～385頁；劉彬徽：〈葛陵楚墓的年代及相關問題的討論〉，載《楚文化研究論集》第7集，嶽麓書社2007年版，第377～381頁。

隨水右壤，《戰國策　秦策四》（卷六）作「隨陽右壤」，疑隨陽指隨水之陽。隨水見於《水經注　溳水》（卷三一），記云：「隋水出隋郡永陽縣東石龍山，西北流，南迴，逕永陽縣西，歷橫尾山，即禹貢之陪尾山也。隋水又西南，入於溳。溳水又南，至安陸縣故城西……」楊守敬《疏》曰：「《元和志》，（石龍）山在應山縣東北二十五里，有石盤回屈，曲若龍形。在今縣北三十里。」①應山縣今名廣水市，隋水當流經今隨州東南方的廣水市至安陸市北境一帶。楚都東遷後，這一地區為秦、楚邊境。隋水流域是否曾屬曾（隨）國呢？我們知道，宋代安陸縣（治今安陸市）曾出土楚王酓章鐘，石泉先生據此認為「可把曾國銅器分布地區的南限延伸到隨棗走廊東南端今安陸縣境②」。張昌平先生曾對曾國的地域範圍作過探討，從他的考證及劃定的示意圖來看，曾國疆域未曾到達隋水所在的廣水至安陸一帶，但距之較近③。他還談道，「春秋晚期至戰國中期，曾國據有溳水中游均川、隨州一帶較小的區域，局面比較穩定④」。由此可知，隋水流域的部分地區在某些時期可能與曾（隨）國疆土有些交叉，但在戰國時期，流域的大部分在大多數時間段內應屬楚，因此楚國有可能以隋水流域某地封君，號隨侯。

當然，結合簡文「衛侯之筮」來看，衛侯、隋（隨）侯指衛、隨兩國諸侯的可能性似乎更大一些，但將隋（隨）侯推定為楚國封君也是說得通的，今以兩說並存。隋（隨）侯若為楚封君的話，時代約在楚悼王至肅王時期，封地在今湖北廣水至安陸北部一帶。

① 酈道元撰，楊守敬、熊會貞疏：《水經注疏　溳水》（卷三一），江蘇古籍出版社1989年版，第2642頁。

② 石泉：〈古代曾國——隨國地望初探〉，載所著《古代荊楚地理新探》，武漢大學出版社1988年版，第86頁。

③ 張昌平：〈曾國的疆域及中心區域——先秦時期歷史地理的考古學研究個案〉，「荊楚歷史地理與長江中游開發——2008中國歷史地理國際學術研討會」會議論文，2008年。

④ 張昌平：〈曾國銅器的發現與曾國地域〉，載《文物》，2008年第2期。

四、彭君

「彭君」見於包山簡文，相關內容如下：

簡54：九月辛亥之日，彭君司敗史善受期，丙辰之日不察長陵邑之死，阩門又敗。……

簡56：……彭君之司敗……

簡165：……彭君之人……

簡177：……彭君之人……

彭，《釋文》作「喜」。李守奎先生改釋為「彭」①。吳良寶先生贊同此說②。應該是可取的。根據此說，包山簡中「作為地名、姓氏用的『彭』字從未見有從心的寫法，這是它與『喜悅』之『喜』字的區別。③」上引「彭君」之「彭」字形如下：

（簡54）　（簡56）　（簡165）　（簡177）

李守奎先生說該字與「喜」字比較，字形的不同點是此字上部與「壴」不同，其右下多一小撇，應該是「彭」字所從「彡」的進一步

---

① 李守奎：〈釋包山楚簡中的「彭」〉，載武漢大學簡帛研究中心主辦：《簡帛》第1輯，上海古籍出版社2006年版，第25～31頁。

② 吳良寶：〈試說包山簡中的「彭」地〉，載武漢大學簡帛研究中心主辦：《簡帛》第3輯，上海古籍出版社2008年版，第41～46頁。

③ 吳良寶：〈試說包山簡中的「彭」地〉，載武漢大學簡帛研究中心主辦：《簡帛》第3輯，上海古籍出版社2008年版，第41～46頁。

第三章　楚國封君匯考

簡化，下部的「口」可能是無義的羨符，因此此字當釋為「彭」。包山簡中，原釋「喜」的字，除了「彭君」之「彭」外，還有兩例 ①。字形如下：

（簡163）　　　　　　（簡170）

李守奎先生說，簡163中原釋為「喜人」的「喜」字，字形特點與上引釋為「彭」的字相同，上部右下都有一小撇，因此也當釋「彭」，「『彭人』之『彭』可能是地名，也可能是族氏的稱呼。②」簡170中人名「喜沱」之「喜」字，「如果是姓氏，疑是『彭』之誤書，亦當讀『彭沱』③」。

關於彭君封邑「彭」的地望，吳良寶先生認為相關的有三處，今江蘇徐州的彭城，今河南境內的彭水（「小滍水」）以及今湖北境內的彭水（「築水」）。因無法確認「彭城」在懷王時期是否屬楚，包山簡中也見不到「某城君」簡稱「某君」的例子，因此彭君封地在彭城的可能性不大。河南境內的彭水，在今魯山縣南，懷王時屬楚國邊境地區，且可能其附近一帶已經設縣，因此彭地在此的可能性也不大。湖北境內的古彭水一帶，為彭國故地，約當今湖北房縣、保康一帶，彭君封地在此的可能性最大 ④。今按，吳良寶先生之說是很有道理的。關於今湖北境內的彭水，《左傳　桓公十二年》記「伐絞之

---

① 按，原釋文中，簡167有「喜夫人」，其中「喜」字，下部字形明顯從心而不從口，此例當排除在外。參閱劉信芳：《包山楚簡解詁》，藝文印書館2003年版，第193頁。

② 李守奎：〈釋包山楚簡中的「彭」〉，載武漢大學簡帛研究中心主辦：《簡帛》第1輯，上海古籍出版社2006年版，第25～31頁。

③ 李守奎：〈釋包山楚簡中的「彭」〉，載武漢大學簡帛研究中心主辦：《簡帛》第1輯，上海古籍出版社2006年版，第25～31頁。

④ 吳良寶：〈試說包山簡中的「彭」地〉，載武漢大學簡帛研究中心主辦：《簡帛》第3輯，上海古籍出版社2008年版，第41～46頁。

役，楚師分涉於彭」，石泉先生對此有詳考，他指出彭水即今南河下游[1]。南河下游約在今保康、穀城縣境，彭君封地也許在這一帶。

簡54載左尹官府要求彭君司敗「察長陵邑之死」。不少學者以「長陵邑」為地名，認為其在今河南息縣附近，即《水經注　淮水》（卷三〇）所記的「長陵戍」[2]。李運富先生說這條簡文是要求核實某人是否確實死亡[3]。究竟「長陵邑」是否指「長陵戍」，「長陵邑之死」又如何理解，仍有待於進一步研究。

綜上所述可知，至少在懷王時期楚有彭君，封地或在今湖北保康至穀城一帶的南河下游地區。

五、鄞（黃）君

包山簡文中有「鄞君」，見於簡172。鄞，地名，當是鄞君封地所在，此地名也見於鄂君啟舟節，字形為：

（包山簡172）　　（鄂君啟舟節）

從邑，從坒。坒，「從之，王聲，往之本字[4]」。鄂君啟舟節銘文載：「逾灘（漢），就鄞。逾夏，入邔。」意思是順漢水而下，經過鄞地，順夏水而下，進入邔（溳）水[5]。

---

① 石泉：〈楚都何時遷郢〉注6，載所著《古代荊楚地理新探》，武漢大學出版社1988年版，第354頁。
② 何浩、劉彬徽：〈包山楚簡「封君」釋地〉，載湖北省荊沙鐵路考古隊：《包山楚墓》上冊，文物出版社1991年版，第569～579頁；劉信芳：《包山楚簡解詁》，藝文印書館2003年版，第39頁。
③ 李運富：〈《包山楚簡》「譓」義解詁〉，載《古漢語研究》，2003年第1期。
④ 李守奎：《楚文字編》，華東師範大學出版社2003年版，第370頁。
⑤ 按，「逾」，指順水而下，參閱陳偉：〈《鄂君啟節》之「鄂」地探討〉，載《江漢考古》，1986年第2期；句意參考了何琳儀先生的解釋，參閱何琳儀：〈鄂君啟舟節釋地三則〉，載《古文字研究》第22輯，中華書局2000年版，第143頁。

鄟,羅長銘、譚其驤、劉和惠等先生讀為「黃」,譚先生認為「黃」當即《戰國策　秦策》、《史記　楚世家》之「黃棘」,漢之「棘陽」,地在今南陽市南、新野縣東北;劉和惠先生先以其地在滶、夏二水之交,後改從譚說①。黃盛璋先生以其地在漢水上游,今豫、陝境內②。于省吾先生讀為「鄟」,地望未指明③。船越昭生先生認為其地在《水經注》所載的襄陽以下漢水東岸的觀城附近,這一帶有「騎亭」,為古代漢水渡口④。何琳儀先生讀為「襄」,並引《漢書　地理志》,江夏郡「襄,莽曰襄非」,以其地大致在今湖北鍾祥至沔陽(今仙桃市)之間的漢水沿岸⑤。

何浩先生也將此字讀為「黃」,並結合文獻材料提出除淮域外,漢水流域也存在一個黃國(西黃),或滅於楚成王之時。兩個黃國傳世文獻都作「黃」,但出土資料中分別作鄟、黃,區別明顯。古(西)黃國、鄂君啟節之「黃」當在今宜城東南的漢水以東、大富水以西,位於隨(曾)國西南。包山簡之黃君封地也不出漢水中游,在今鍾祥、天門一帶⑥。顏世鉉先生從此說,以黃君封地在今鍾祥市和潛江市之間的漢水沿岸⑦。劉信芳先生仍從譚說,

①　殷滌非、羅長銘:〈壽縣出土的「鄂君啟金節」〉,載《文物參考資料》,1958年第4期;譚其驤:〈鄂君啟節銘文釋地〉,收入所著《長水集》下,人民出版社1987年版,第193～211頁;譚其驤:〈再論鄂君啟節地理答黃盛璋同志〉,收入所著《長水集》下,人民出版社1987年版,第212～232頁;劉和惠:〈鄂君啟節新探〉,載《考古與文物》,1982年第5期;劉和惠:《楚文化的東漸》,湖北教育出版社1995年版,第142頁。
②　黃盛璋:〈關於鄂君啟節地理考證與交通路線的復原問題〉,載所著《歷史地理論集》,人民出版社1982年版,第263～285頁。
③　于省吾:〈「鄂君啟節」考釋〉,載《考古》,1963年第8期。
④　船越昭生:〈鄂君啟節について〉,載《東方學報》第43冊,1972年,第79頁。
⑤　何琳儀:〈鄂君啟舟節釋地三則〉,載《古文字研究》第22輯,中華書局2000年版,第143頁。
⑥　何浩:《楚滅國研究》,武漢出版社1989年版,第133～134頁、第219～222頁;何浩、劉彬徽:〈包山楚簡「封君」釋地〉,載湖北省荊沙鐵路考古隊:《包山楚墓》上冊,文物出版社1991年版,第569～579頁;劉彬徽:〈包山楚簡論述〉,原載《古文字研究》第20輯,收入所著《早期文明與楚文化研究》,嶽麓書社2001年版,第178～188頁。
⑦　顏世鉉:《包山楚簡地名研究》,臺灣大學中國文學研究所碩士論文,1997年,第82頁。

認為其地在河南新野一帶①。

今按，「邔」讀為「黃」之說可取。包山簡第189號簡有「鄴君」，封邑在「鄴」，《漢書 地理志》江夏郡有襄縣，二者當為前後相繼的同一地②。若讀為「襄」，則與同一篇簡文中另一「鄴君」封地重合，似不可取。考之鄂君啟舟節路線，由今襄陽順漢水南下，路過黃地，又入古夏水。據《水經注 夏水》（卷三二），夏水為長江分枝，流經今沙市至仙桃一帶，仙桃以下的漢水河段也稱夏水。「逾夏」指的是順夏水而下，此「夏」當指今仙桃以下的漢水河段。因此黃邑仍當在漢水中下游沿岸找尋，而非遠至豫、陝之境。比較而言，何浩先生的觀點相對合理。

兩晉南朝曾置上黃縣，《水經注 沔水中》（卷二八）載：「晉武帝平吳，割臨沮之北鄉，中廬之南鄉，立上黃縣。」《太平寰宇記》引南朝宋郭仲產《南雍州記》云：「晉平吳，割臨沮之北鄉立上黃縣。」③熊會貞《疏》云：「（上黃縣）晉屬襄陽郡，宋屬華山郡，齊、梁因。在今宜城縣西南。」④《讀史方輿紀要》「臨沮城」下附「上黃城」條云：「上黃城，在（南漳）縣東南五十里……後周廢。」⑤由此可知兩晉南朝的上黃縣約在今南漳縣東南、宜城市西某處，距漢水不遠。「上黃」之名由來不詳，或晉以前本有「上黃」地，或另有一「黃」地，在上黃之南（下），上黃因此得名。若此，則此「黃」地應該距上黃不遠，可能就在宜城南至鍾祥一帶的漢水沿岸。這也與何浩先生推定的今宜城東南的漢水

① 劉信芳：《包山楚簡解詁》，藝文印書館2003年版，第220頁。
② 參閱本節「鄴君」部分。
③ 樂史：《太平寰宇記》（卷一四五），山南東道四，襄州「南漳縣」條，中華書局2007年版，第2820頁；另請參閱劉緯毅：《漢唐方志輯佚》，北京圖書館出版社1997年版，第207頁。
④ 酈道元撰，楊守敬、熊會貞疏：《水經注疏 沔水中》（卷二八），江蘇古籍出版社1989年版，第1394頁。
⑤ 顧祖禹撰，賀次君、施和金點校：《讀史方輿紀要》（卷七九），湖廣五，南漳縣「臨沮城」附「上黃城」條，中華書局2005年版，第3716～3717頁。

以東、大富水以西，古隨（曾）國西南的說法基本一致。古（西）黃國以及楚國的黃君封地可能都在上黃至黃地一帶。鄂君商隊自漢水而下，也當路經此處。

綜上所述，至少在楚懷王時期楚國曾有鄀（黃）君，封地推定在今湖北宜城市南至鍾祥市一帶的漢水東岸。

六、葴沰（紀沮）君、葴陵（紀陵）君

包山簡文中有「葴沰君」（簡176）。葴，《釋文》隸作「芺」，其字多見於楚地出土文獻 [1]。除「葴沰君」之外，「葴鄀」之名最為常見。郭沫若先生釋為「茂鄀」；羅長銘先生釋為「栽鄀」；殷滌非先生釋作「芺鄀」；李零先生隸作「芺鄀」，讀為「紀鄀」；何琳儀先生釋為「葴鄀」，讀作「郊鄀」；黃錫全先生釋作「葴鄀」，認為指「紀鄀」，亦即「郊鄀」；陳漢平先生釋作「葳鄀」或「葴鄀」，也認為指「紀鄀」；蘇建洲先生認為當作「栽鄀」或「葴鄀」；李守奎先生仍作「葴鄀」；劉信芳先生釋作「芺鄀」 [2]。本文暫依「葴鄀」之說。雖然對字形的隸定不同，但近年來學者們基本同意「葴鄀」應指「紀鄀」，即江陵的紀南城。依據此說，則葴沰君封地當在紀鄀附近找尋。

何浩、劉彬徽先生讀「葴沰」為「椒沰」，即「湫沰」，椒與湫音近互通，「沰」當與水濱有關。《左傳　莊公十九年》載楚文王「及湫」，其地在鍾祥北，湫沰君封地應在古湫地一帶的近

① 參閱李守奎：《楚文字編》，華東師範大學出版社2003年版，第46~47頁。

② 郭沫若：〈關於鄂君啟節的研究〉，載《文物參考資料》，1958年第4期；殷滌非、羅長銘：〈壽縣出土的「鄂君啟金節」〉，載《文物參考資料》，1958年第4期；李零：〈楚國銅器銘文編年匯釋〉，載《古文字研究》第13輯，中華書局1986年版，第353~398頁；何琳儀：〈長沙銅量銘文補釋〉，載《江漢考古》，1988年第4期；黃錫全：〈「鄀鄀」辨析〉，載《楚文化研究論集》第2集，湖北人民出版社，1991年版；陳漢平：〈說栽鄀〉，載所著《金文編訂補》，社會科學出版社1993年版，第573~576頁；蘇建洲：〈說楚文字中的「紀鄀」〉，「簡帛研究網」，2003年3月6日；李守奎：《楚文字編》，華東師範大學出版社2003年版，第46~47頁；劉信芳：《包山楚簡解詁》，藝文印書館2003年版，第18頁。

水處①。

顏世鉉先生讀「葰泜」為「紀沮」，葰（紀）當與葰郢（紀郢，今紀南城）相關，沮指沮水，葰泜君封地可能在紀郢與沮水附近，約在今湖北江陵一帶②。

劉信芳先生釋為「菽泜君」，認為「菽」可讀為「湫」，戰國「菽郢」即春秋之「湫」，舊址即今宜城東南的「楚皇城」遺址。泜，可以理解為水邊或水中之洲，泜、激、渚一音之轉，菽泜可能是菽郢附近的近水之地③。

今按，「泜」也見於新蔡簡，記云：「及江、灘（漢）、泜（沮）、漳」（甲三：268）。傳世文獻中江、漢、沮（亦作「雎」）、漳並稱，為楚之望，而四水並稱同見於簡文，可證「泜」讀作「沮」是可信的。由此可知「葰泜」讀為「紀沮」比較合理。傳統觀點認為古沮水即今沮河，與漳河匯流後，稱沮漳河④。依此，則紀沮君的封地可能在紀南城以西的沮漳河下游，今荊州市荊州區西境至枝江市東境及當陽市東南境一帶。

另外，望山一號墓出土竹簡文字中有「葰陵君」，見於第116號簡⑤。該墓葬的年代約在戰國中期的楚威王時期或楚懷王前期⑥。葰

① 何浩、劉彬徽：〈包山楚簡「封君」釋地〉，載湖北省荊沙鐵路考古隊：《包山楚墓》上冊，文物出版社1991年版，第569～579頁；劉彬徽：〈包山楚簡論述〉，原載《古文字研究》第20輯，收入所著《早期文明與楚文化研究》，嶽麓書社2001年版，第178~188頁。
② 顏世鉉：《包山楚簡地名研究》，臺灣大學中國文學研究所碩士論文，1997年，第88～89頁。
③ 劉信芳：《包山楚簡解詁》，藝文印書館2003年版，第18、204頁。
④ 按，石泉先生談道，「古沮、漳應是漢水的支流，即現在發源于保康縣東（偏南），流經南漳北境和宜城平原上的蠻河流域；而與今之沮漳，除了名稱相同之外，在地望上全然是兩回事」。參閱石泉：〈齊梁以前古沮（雎）、漳源流新探〉，載《古代荊楚地理新探》，武漢大學出版社1988年版，第246~247頁。若依此說，則「紀沮」地望可能需要重新考慮。本文仍暫從傳統觀點。
⑤ 湖北省文物考古研究所：《江陵望山沙塚楚墓》附錄二〈望山一、二號墓竹簡釋文與考釋〉，文物出版社1996年版，第244頁。
⑥ 湖北省文物考古研究所：《江陵望山沙塚楚墓》，文物出版社1996年版，第208~210頁。

陵君當是這一時期的楚國封君 ①。

葴陵，也見於包山簡和《上博六　平王問鄭壽》篇。在包山簡文（簡166、簡167）中可能是楚縣之名②。在〈平王問鄭壽〉篇中，鄭壽回答楚平王說：「女（汝）毀新都、栽陵、臨昜（陽）」（簡1、簡2），整理者以為「新都栽陵」指新建的都城鄢陵 ③。凡國棟、胡瓊等先生已經指出其說不當 ④。新都為楚縣名，亦見於包山簡（簡102、簡113、簡165）⑤。栽陵，即望山簡所見的「葴陵」，至晚在楚平王時期已經存在，在懷王時期或已設縣。

葴陵應讀為「紀陵」，其地恐在紀南城附近的丘陵地帶。一般認為「紀南城」是因為城在紀山之南而得名，紀山在今紀南城北不遠處，附近有紀山鎮，屬沙洋縣，這一帶地勢較高，周圍有密集楚墓分布。我們懷疑「紀陵」可能在今紀山一帶，為紀陵君封地，此地距望山一號墓非常近，紀陵君和墓主可能生前有往來 ⑥。

綜上所述，至少在楚懷王時期，楚國有葴淠（紀沮）君，封地可能在今荊州區西境至枝江市東境及當陽市東南境一帶；至少在楚威王時期或楚懷王前期，楚國有葴陵（紀陵）君，封地可能在今紀南城以北的紀山一帶。

七、鄢君

包山簡文中有「鄢君」，見於簡189。鄢君當是楚懷王時封於鄢地

① 按，董珊先生談道，「『葴陵』又見《臨淄商王墓地》所出銅器銘文『葴陵夫人』」，參閱董珊：〈讀《上博六》雜記〉，「簡帛網」，2007年7月10日。
② 顏世鉉：《包山楚簡地名研究》，臺灣大學中國文學研究所碩士論文，1997年，第211頁。
③ 馬承源主編：《上海博物館藏戰國楚竹書》（六），上海古籍出版社2007年版，第258頁。
④ 凡國棟：〈《上博六》楚平王逸篇初讀〉，「簡帛網」，2007年7月8日；胡瓊：〈《上博六》零劄〉，「簡帛網」，2008年6月29日。
⑤ 顏世鉉：《包山楚簡地名研究》，臺灣大學中國文學研究所碩士論文，1997年，第190～192頁。
⑥ 按，石泉先生談道，「今宜城縣北與棗陽縣交界處也有『紀山』，屬大洪山脈的一部分」。參閱石泉：〈楚郢都、秦漢至齊梁江陵城故址新探〉，載《古代荊楚地理新探》，武漢大學出版社1988年版，第478頁。若依此說，則「紀陵」地望需要重新考慮。本書仍依傳統說法。

的封君。鄀之地望所在，有兩種觀點。劉信芳先生認為其封地難以確指，以「南陽穰縣」近是①。何浩、劉彬徽先生指出，包山簡從邑之「鄀」實為「襄」，並非漢代的「穰」。《漢書 地理志》江夏郡轄縣有「襄」，其地在今襄陽以東的棗陽縣東北。西漢時的襄縣，有可能沿襲了戰國時期楚地的舊稱，襄君的封地在此②。劉彬徽先生後改從穰縣說，以鄀君封地在河南鄧縣外城東南隅③。

今按，比較兩說，鄀君封地在西漢江夏郡襄縣的可能性更大。秦末項羽、劉邦政權中分別封有穰侯和襄侯，封地當分在穰、襄，足證二者非一地。穰侯即韓成，《史記 韓信列傳》（卷九三）載「韓王成以不從無功，不遣就國，更以為列侯④」，《漢書》作「不遣之國，更封為穰侯⑤」。《史記 高祖本紀》（卷八）又載有「襄侯王陵」，《集解》引臣瓚曰：「時韓成封穰侯，江夏有襄，是陵所封。」《索隱》：「此言襄侯，當如臣瓚解，蓋初封江夏之襄也。」⑥由此也可在文獻上將《漢書 地理志》襄縣的時代上推至秦。王陵為沛人，受封為襄侯，與楚國的鄀君家族不相關涉。

秦漢襄縣的地望，現已失考。何浩、劉彬徽先生以其地在今棗陽東北，未說明有何依據。《續漢書 郡國四》（卷一一二）南陽郡下有「襄鄉」縣，《元和郡縣圖志》云：「後漢分蔡陽立襄鄉縣。」⑦《水經注 沔水中》（卷二八）：「（溠水）水出於襄鄉縣東北陽中

① 劉信芳：《包山楚簡解詁》，藝文印書館2003年版，第181頁。
② 何浩、劉彬徽：〈包山楚簡「封君」釋地〉，載湖北省荊沙鐵路考古隊：《包山楚墓》上冊，文物出版社1991年版，第569～579頁。
③ 劉彬徽：〈包山楚簡論述〉，原載《古文字研究》第20輯，收入所著《早期文明與楚文化研究》，嶽麓書社2001年版，第178～188頁。
④ 司馬遷：《史記 韓信列傳》（卷九三），中華書局1982年版。
⑤ 班固：《漢書 韓王信傳》（卷三三），中華書局1962年版。
⑥ 司馬遷：《史記 高祖本紀》（卷八）司馬貞《索隱》，中華書局1982年版，第361頁。
⑦ 李吉甫：《元和郡縣圖志》（卷二一），山南道二，隨州「棗陽縣」條，中華書局1983年版，第542頁。

第三章 楚國封君匯考

山，西逕襄鄉縣之故城北。按《郡國志》，是南陽之屬縣也。」楊守敬《疏》云：「後漢置，縣屬南陽郡，後廢，在今棗陽縣東北。」[①]《嘉慶重修一統志》（下文簡稱「嘉慶《一統志》」）也說襄鄉故城在棗陽縣東北[②]。估計可能因後漢之襄鄉在棗陽東北，而誤認為前漢的襄縣也在此。西漢時期，今棗陽市西南有蔡陽縣，棗陽市南有春陵侯國，棗陽東南方有隨縣，都屬南陽郡，所以江夏郡的「襄縣」應不在此[③]。西漢江夏郡的大致範圍包括今鍾祥至潛江一帶以東，隨州至信陽一帶以南，大別山以西，幕阜山以北的地區[④]。楚鄳君封地、西漢襄縣當在此範圍內，但具體位置難以確定。

1997年9月，穀城縣博物館在該縣過山鎮的磚瓦廠徵集到一件有銘銅盞，銘文李學勤先生釋為「鄳王孫□嬭（羋）擇其吉金，自作飲盞」，熊北生等先生推定其年代在春秋晚期偏晚階段[⑤]。不知「鄳」是否與戰國時期楚國的鄳地有所關聯。謹志之。

八、蒮（權）君

《古璽彙編》0230號印，印文原釋「蒮之鉨[⑥]」。

鄭超先生辨識後認為該印右下有合文符號，右半部分為「蒮君」的合文，「蒮」讀為「權」。《左傳 莊公十八年》有「楚武王克權……遷權於那處」的記載，權、那處均在荊門東南，權君封地當居其一[⑦]。

---

① 酈道元撰，楊守敬、熊會貞疏：《水經注疏 沔水中》（卷二八），江蘇古籍出版社1989年版，第2384～2385頁。

② 《嘉慶重修一統志》（卷三四七），襄陽府古跡「襄鄉故城」條，中華書局1986年版。

③ 參閱王先謙：《漢書補注 地理志上》（卷二八上），書目文獻出版社1995年版，第687～690頁。

④ 參閱譚其驤主編：《中國歷史地理圖集》第2冊「西漢 荊州刺史部」之圖，中國地圖出版社1982年版，第22～23頁。

⑤ 熊北生、李廣安：〈湖北穀城過山出土春秋有銘銅盞〉，載《文物》，2002年第1期。

⑥ 羅福頤主編：《古璽彙編》，文物出版社1981年版，第39頁。

⑦ 鄭超：〈楚國官璽考述〉，載《文物研究》，1986年第2期，第87～94頁。

何浩先生談道，《左傳　莊公十八年》杜預注云：「權，國名，南郡當陽縣東南有權城。」杜注所說的當陽，並不在今荊門西南的當陽一帶。《水經注　沔水中》（卷二八）：「沔水自荊城東南流，逕當陽之章山東……沔水又東，又會權口。（權）水出章山，東南流，逕權城北，古之權國也。春秋魯莊公十八年，楚武王克權，權叛，圍而殺之，遷權於那處是也。東南有那口城。權水又東入沔。」魏晉六朝的當陽縣，位於今宜城西南，權城約在今宜城、鍾祥、荊門間，那處在今鍾祥胡集鎮東南。權邑近郢，此權君應是前278年頃襄王東遷之前的封君 [①]。

今按，該印文右下部確有合文符號，當如鄭超先生所釋。權之地望當以何浩先生所考為是。楚武王克權後置縣，權縣是楚國較早設立的一批縣。權君為戰國時期的楚封君，受封之時，權縣是否依然存在，目前還不得而知。

第二節　南陽盆地地區楚封君綜考

一、析君

前文已經對析君作過探討，所涉及的「析君戟」，出土於曾侯乙墓，為戰國早期、楚惠王晚期器。銘文自援部迤邐而至胡部，共七字：

斨（析）君墨脊（肩）之造戟

斨，原字形為「𣂺」，從片從斤，乃「析」之異體。何琳儀先生談

---

① 何浩：〈楚國封君封邑地望續考〉，載《江漢考古》，1991年第4期。

道：「斨，從斤，從片（半木之形），會以斧斤破木之意。析之異體。
《玉篇》：『斨，古文析。』」①

前文談道，傳世文獻中並沒有稱公孫寧為「析君」，所以還不能
直接將公孫寧認定為「析君」，只能說他與惠王晚期的析君墨脅（黑
肩）可能是前後承襲的關係，公孫寧也許是析邑的始封君，在受封之
時或受封後得受「君」號。

傳世青銅器有「朴君述鼎」，「朴」字字形如下。有學者釋
「比」，有學者釋「析」，認為此鼎為春秋中晚期器，析君為楚封在
析邑的封君②。黃盛璋先生釋「朴」，認為是春秋時濮國器③。

（蓋銘）　（器銘）④

今按，從器銘字形上看，右半部似「卜」，當以釋「樸」為是。
「朴君述鼎」屬春秋時器，器主名「述」，恐與春秋末年楚國析邑的始
封君公孫寧無關。

關於析邑地望，周維衍、徐少華等先生結合考古調查資料，認為
河南省西峽縣東北的蓮花寺崗古城遺址應是先秦析邑所在⑤。其說應可
憑信。

二、鄀（鄟）君

曾侯乙簡文載有「鄀君」，見於簡42、簡60、簡144、簡150、簡

① 何琳儀：《戰國古文字典》，中華書局1998年版，第770頁。
② 何浩：〈楚國封君封邑地望續考〉一文引述，載《江漢考古》，1991年第4期。
③ 黃盛璋：〈樸君述鼎國別、年代及其相關問題〉，載《江漢考古》，1987年第1期。
④ 巴納、張光裕：《中日歐美澳紐所見所拓所摹金文彙編》，第356號「辻君述鼎」，藝文印書館
　 1978年版，第402頁。
⑤ 周維衍：〈河南西峽縣古城遺址的考證〉，載《考古》，1961年第8期；徐少華：〈《水經
　 注　丹水篇》錯簡考訂——兼論古析縣、丹水縣的地望〉，載《中國歷史地理論叢》，1988
　 年第4期。

153、簡158、簡163、簡194、簡197。包山簡中也有「鄀君」的記載，見於簡68，《釋文》隸作「鄐君」。這兩個字字形如下：

（曾侯乙簡150）　　（包山簡68）

賈連敏先生談道，從字形上看，二者字形是相一致的，應該作為同一個字看待。「鄐」字的偏旁「𡘹」也見於金文，可釋為「瓚」。用作地名當隸為「酇」，「酇君」即封於「酇」的楚封君。《說文》六下「邑」部：「從邑、贊聲，南陽有酇縣。」其地望在今光化市（今屬老河口市）[1]。劉信芳先生也贊同這一說法，他說：「因簡文另有『鄀』字，字形不同，知釋『鄀』存有疑問。」[2]

今按，賈說應是。包山簡中另有隸作「鄀」字者，見於簡110、簡118、簡168、簡184。顏世鉉先生也指出包山簡中「鄀」字與「酇」字字形不同，指的是楚縣而非封邑，當與封君無關[3]。

此外，包山簡143記有「酇路尹」，指的是酇地的官員。顏世鉉先生認為這是與酇君封邑並處同一區域的楚縣[4]。這一說法有一定的道理。

《漢書　地理志》南陽郡下有酇侯國，其地望在清光化縣北[5]，即今老河口市北境。酇君封邑與楚酇縣地望當在此。

又，曾侯乙墓還出土一件有銘車軎[6]。據天虹（李天虹）先生所

① 按，賈連敏先生曾在1992年召開的中國古文字研究會第九屆學術討論會上對此作過討論，後來整理為〈古文字中的「裸」和「瓚」及相關問題〉一文發表于《華夏考古》，1998年第3期。
② 劉信芳：《包山楚簡解詁》，藝文印書館2003年版，第68頁。
③ 顏世鉉：《包山楚簡地名研究》，臺灣大學中國文學研究所碩士論文，1997年，第195～196頁。
④ 顏世鉉：《包山楚簡地名研究》，臺灣大學中國文學研究所碩士論文，1997年，第208頁。
⑤ 參閱王先謙：《漢書補注》，書目文獻出版社1995年版，第686頁。
⑥ 湖北省博物館：《曾侯乙墓》上，文物出版社1989年版，第317、319頁。

釋，銘文為「君軾銉（曹）」，認為是見於簡42、簡197的鄘君所贈廣車的車軸①。按此，車曹應是鄘君所贈②。

綜上所述可知，「鄘（鄭）君」見於曾侯乙簡和包山簡，應屬同一封君家族。鄭君家族至少始於惠王晚期，可能一直傳承到了懷王時期。其封邑在今湖北老河口市北境。至少在懷王時期，楚曾在同一地域可能設有鄭縣。

三、鄩君

曾侯乙簡文記有「鄩君」，見於簡53、簡142、簡163、簡172、簡173、簡185、簡203。「鄩君」應是楚封君，可能受封於楚惠王時期。「鄩」為封邑名，但不見於傳世文獻。

包山簡文載有「集陽公」與地名「集」，相關簡文如下：

簡164：……集辻令……

簡130：……期思少司馬……以足金六鈞聽命於葉，葉宦大夫、左司馬……弗受……期思少司馬……以足金六鈞賒葉，葉宦大夫、集陽公……受。

今按，「辻令」為集地官員，顏世鉉先生認為集為楚縣名③，是可信的。按此，見於曾侯乙簡的「鄩君」之封邑「鄩」與包山簡所見的集縣可能在同一地域，二者有可能是前後承襲的關係。也就是說，可能至懷王時期，鄩君已經不存，楚國或因其封邑設縣。當然也不排除鄩君一直存在到懷王時期，並與某個時期設置的集縣共處一地的可

① 天虹：〈曾侯乙墓出土車曹紐字補正〉，載《江漢考古》，1991第1期。

② 按，有學者說該車曹為「商君」所贈，參閱鄒芙都：《楚系銘文綜合研究》，巴蜀書社2007年版，第132頁。所言「商君」實為「鄘君」之誤。

③ 顏世鉉：《包山楚簡地名研究》，臺灣大學中國文學研究所碩士論文，1997年，第189～190頁。

能。不過從現有材料來看，鄸君不見於包山簡，似乎前一種的可能性略大一些。

簡130出現的「集陽公」，徐少華先生認為應是楚集陽之縣公，並指出「集」應是「集陽」的簡稱[①]。現在看來，此說似乎不確。從簡文內容來看，講的是期思少司馬以金賕於葉地，前一次「葉㚸大夫、左司馬」不接受，後一次「葉㚸大夫、集陽公」接受了賕金。「葉㚸大夫」指的應該是葉縣縣大夫，或縣尹[②]。左司馬應該是葉㚸大夫的屬官。由此可知，「集陽公」也應該是葉㚸大夫的屬官。如包山簡載有「顠（鄸）㚸大夫胡公」（簡47）[③]，指的應該是轄於鄸㚸的胡地官員，為鄸㚸大夫的屬官。因此，「集陽公」應該與楚集縣沒有關聯，可能是葉㚸下轄的邑公或里公。

與楚國「鄸（集）」地相關的記載，傳世文獻中比較缺乏。徐少華先生推測說：

我們認為可能是春秋時楚之「稷」地。集，古音在從紐緝韻入聲，「稷」在精紐職韻入聲，精、從為旁紐，職、緝可通轉，兩字音

---

① 徐少華：〈包山楚簡釋地六則〉，載《簡帛研究二〇〇一》，廣西師範大學出版社2001年版，第37～43頁。

② 關於「㚸」的具體性質，學界尚有爭論。陳偉先生談道將「㚸」、「這級政區看做戰國時的楚縣，應該說問題不大」，參閱陳偉：《包山楚簡初探》，武漢大學出版社1996年版，第100頁；羅運環先生認為，「㚸是一種比州大的食稅性質的大邑（也包含中等大的邑）」，參閱羅運環：〈釋包山楚簡䁡敔㚸三字及其相關制度〉，載《簡帛研究二〇〇二、二〇〇三》，廣西師範大學出版社2005年版，第11頁；朴俸柱先生認為「『縣』和『㚸』似是同級統治組織，但因為兩者的來源、內部結構、在楚國地方統治中的作用等相異，所以似按各自的性質、情況區別使用」。參閱朴俸柱：〈戰國楚的地方統治體制〉，載《簡帛研究二〇〇二、二〇〇三》，廣西師範大學出版社2005年版，第15頁；趙平安先生將該字釋為「宛」，讀為「縣」，參閱趙平安：〈戰國文字中的「宛」及其相關問題研究（附補記）〉，「簡帛網」，2006年4月10日。我們傾向於認同「㚸」、「縣」同級，性質基本一致的觀點，將其歸為縣一級政區，仍寫作「㚸」。

③ 按，顠（鄸），從吳良寶先生所釋。參閱吳良寶：〈試說包山簡中的「彭」地〉，載武漢大學簡帛研究中心主辦：《簡帛》第3輯，上海古籍出版社2008年版，第41～46頁。

近可互相假借……稷之地望，西晉杜預只言是「楚地」，未能指實；清代學者言在「南陽府桐柏縣境」，今人楊伯峻先生亦主此說，石泉先生則結合春秋吳師入郢之役的軍行路線和戰爭形勢，考訂「稷」應在今河南唐河縣境內，與清人之說略有區別而更為合理。①

今按，此說從音近可互相假借出發，將「集」與「稷」相聯繫，以其地或在今河南唐河縣，可為一說。除此說外，我們注意到《水經注 沔水中》（卷二八）有關於「集池陂」的記載，云：

沔水又東南逕陰縣故城西，故下陰也……沔水又東南得洛溪口，水出縣西北集池陂，東南流逕洛陽城，北枕洛溪，溪水東南注沔水也。

楊守敬注「陰縣故城」云：「漢縣，屬南陽郡，後漢因，魏屬南鄉郡，晉屬順陽郡，齊、梁因。在今光化縣西。」熊會貞注「洛溪」曰：「水在今光化縣境。」②依照這些考證，「集池陂」在清光化縣西北，約在今老河口市西北境。

酈道元記下的「集池陂」，其所在地域或許有與「集」相關的地名，而這些地名的歷史可以自南北朝上溯到什麼時期，目前還難以考證。至於它和楚「郹（集）」地之間是否有某種聯繫，更是浩渺難徵了。在沒有更為可信的說法之前，我們可以暫時將此地作為考索楚「郹（集）」地地望的一條線索。

綜合以上分析可知，楚惠王時期曾有「郹君」，受封於「郹」。傳承狀況不明，估計至遲在懷王時期，君可能已經不存，楚國或因其

---

① 　徐少華：〈包山楚簡釋地六則〉，載《簡帛研究二○○一》，廣西師範大學出版社2001年版，第37~43頁。

② 　酈道元撰，楊守敬、熊會貞疏：《水經注疏 沔水中》（卷二八），江蘇古籍出版社1989年版，第2357~2358頁。

封邑設縣。楚「鄁（集）」地地望，目前有兩種思路：其一，以「鄁（集）」為「稷」，地在今河南唐河縣；其二，「鄁（集）」地可能在南北朝時期的集池陂附近，即今湖北老河口市西北境。

四、𣏃（椰）君

楚系簡牘中有「𣏃君」的記載，見於曾侯乙簡65、簡201。也見於包山簡，内容如下：

簡143：……鄝寅屬敔𣏃君之𦊆邑人……

曾侯乙簡《釋文》將此字隸作「鄡」，《考釋》部分說：「從『邑』從『杲』。『杲』見於戰國貨幣文字，即『相』字。」包山簡《釋文》對此字未作隸定。

黃錫全先生將此字釋作「郹」[1]，以右邊偏旁所從作「果」。顏世鉉先生從字形上分析，認為不可釋作「郹」，但未提出新說[2]。李零先生認為，「所從𣎳乃『楤』字，『楤』即『楤櫨』之『楤』，見《玉篇》、《廣韻》、《集韻》。楤櫨是木瓜類植物（參《本草綱目》）。其字正像瓜在木上」[3]。劉信芳先生談道，「『鄡』字從邑，相聲，讀為『杞』，《漢書　地理志》南郡有『杞縣』，應即『杞君』封地所在。[4]」

陳偉先生指出《漢書　地理志》南郡下實為「邔」縣，非「杞縣」，以為李零先生的分析似較為合理[5]。蕭聖中先生贊同這一說

① 黃錫全：《〈包山楚簡〉部分釋文校釋》，收入所著《湖北出土商周文字輯證》附錄四，武漢大學出版社1992年版，第189頁。
② 顏世鉉：《包山楚簡地名研究》，臺灣大學中國文學研究所碩士論文，1997年，第102~103頁。
③ 李零：〈讀《楚系簡帛文字編》〉第88條，收入中國文物研究所編：《出土文獻研究》第5集，科學出版社1999年版，第147頁。
④ 劉信芳：《包山楚簡解詁》，藝文印書館2003年版，第142頁。
⑤ 陳偉：〈楚竹書《周易》文字試釋〉，「簡帛研究網」，2004年4月18日。

第三章　楚國封君匯考

法，並將「霰」字改隸作「椰」①。范常喜先生也認為此字當從李零先生所隸，並疑此地名即是楚國要塞「冥阨」（或作「黽塞」、「黽隘」、「鄳塞」、「鄳阨」），其地在今河南省信陽市西南②。

今按，「霰」隸作「椰」之說可從。范常喜先生以「椰」或是冥阨的觀點也頗有見地，然椰君封地乃要塞的可能性不大，「冥阨」當是冥地要塞之意，椰君封邑應位於冥地，即冥阨附近區域。

以冥阨在今河南信陽西南之說尚待商榷。後世學者多認為冥阨即後世之平靖關，為鄂豫交界三關之一。石泉先生結合春秋戰國楚與秦、吳戰爭的具體路線分析，認為冥阨應是楚方城的一個隘口，「即今河南確山縣西與泌陽縣東的長城山丘陵地一個隘口③」，此說可從。冥阨附近區域可能就是椰君封地。

包山簡稱椰君封地位於「鄝寏」。鄝，後世文獻也常寫作「蓼」，古有三個蓼國，其一位於南陽盆地，有學者稱之為「西蓼」，地望約在今河南唐河縣南的湖陽鎮一帶④。鄝寏指的可能是（西）蓼國故地一帶。若椰君封地在泌陽一帶的話，從相對位置來看，距故西蓼國頗近，二者似可互證。椰君封地可能在靠近西蓼故地的冥阨關口西側，今河南泌陽縣一帶。

新蔡簡中出現有「鄳（黽）尹」一詞，內容如下：

甲三193：鄳尹羕習之以新承惠☑

乙四129（零294、482）：☑〔王〕複於藍郢之歲……黽尹〔丹〕☑

① 蕭聖中：《曾侯乙墓竹簡釋文補正暨車馬制度研究》，武漢大學博士學位論文，2005年，第35頁。

② 范常喜：〈試說《上博五 三德》簡1中的「瞑」——兼談楚簡中的相關諸字〉，「簡帛網」，2006年3月9日。

③ 石泉：〈從春秋吳師入郢之役看古代荊楚地理〉，載所著《古代荊楚地理新探》，武漢大學出版社1988年版，第380頁。

④ 徐少華：《周代南土歷史地理與文化》上編，武漢大學出版社1994年版，第54～55頁。

「郾（鄳）尹」應是「郾（鄳）」地的縣尹。因「鄳」在明母真部，「冥」在明母耕部，音近，「冥阨」又名「鄳塞」證明了二者確可通用。「郾（鄳）」之地望可能也在冥阨一帶，或者關口東側的確山縣附近，與平夜君封邑相去不遠。

椰君並見於曾侯乙簡和包山簡，說明從惠王晚期至懷王時期可能一直存在。新蔡簡中「郾（鄳）尹」的記載則反映在戰國中期似乎存在著一個郾（鄳）縣。二者性質不同，一為封君封邑，一為楚縣。

綜上所述可知，楚椰君至少存在於惠王晚期至懷王時期，封邑可能在「冥阨」西側，約在今河南泌陽縣一帶。而在戰國中期，楚可能曾設置郾（鄳）縣，或在「冥阨」東側的河南確山縣附近。

五、樂君

曾侯乙簡文記有「樂君」，見於簡176。「樂君」應是楚封君名，封邑在「樂」地。何浩先生認為樂君封邑可能在漢之都縣地，晉安帝於此置樂鄉縣，在今漢水以西、蠻河以南的鍾祥、荊門之間。

今按，《漢書　地理志》南陽郡下有樂成侯國，與晉安帝所置的樂鄉相比，其時代更早，也許可以推測「樂成」之名與楚樂君封邑樂地有關，可能是前後承襲的關係。嘉慶《一統志》載：「樂成故城，在鄧州西南三十里。漢縣，後漢省，《漢書　地理志》：『南陽郡，樂成侯國。』按唐襄陽郡有樂成鄉，即此。」[1] 據此，西漢樂成侯國當在今河南鄧州市西南，譚圖也將其地望定位於此[2]，然此說恐有誤。

樂成乃許延壽之侯國，漢宣帝元康三年（前63年）封，《漢書外戚恩澤侯表》（卷十八）載：「號諡姓名：樂成敬侯許延壽……始封：三月乙未封，十年薨。子：甘露元年，恩侯湯嗣，六年薨……平氏。」王先謙注曰：「平氏、樂成並南陽縣。樂成蓋析平氏置，《史

---

① 《嘉慶重修一統志》（卷二一一），南陽府古跡「樂成故城」條，中華書局1986年版。
② 譚其驤主編：《中國歷史地圖集》第2冊「西漢　荊州刺史部」地圖，中國地圖出版社1982年版，第22～23頁。

表》作樂平。」①說的是《漢書》將樂成侯國歸入平氏，是因為樂成乃析平氏而置。對許延壽所封之侯國，《史記　建元以來侯者年表》（卷二〇）記云：「樂平。許翁孫。以平恩侯許廣漢少弟故為侯，封二千戶……以早病死。子湯代立。」太史公以時人記時事，云許延壽所封侯國名「樂平」，應更為可靠。疑如王先謙所言，此「樂平」即《漢書》所記之「樂成」，蓋因析置自平氏縣而有樂平、樂成兩種稱呼。

除樂成、樂平之名外，這一地域在西漢時期還有地名「樂鄉」。《漢書　地理志》南陽郡「復陽」縣下班固原注說：「故湖陽樂鄉。」漢平氏縣在今桐柏縣西北約八十里的平氏鎮一帶，復陽縣位於今桐柏縣城與平氏鎮之間，桐柏縣西北二三十里處②。二漢縣相去不遠。班固記「復陽」舊為樂鄉，其地又在平氏、樂成附近，估計樂鄉的得名恐怕也與樂平、樂成相關。

由此可知，漢樂成侯國所在地本屬平氏，地望在漢平氏縣一帶。另外，漢復陽縣原名樂鄉，得名恐也與樂成相關，可以推測樂成侯國地望當在漢平氏縣與復陽縣之間，即今桐柏縣西北一帶。

這一地域附近曾有「濼水」，在《水經注　比水》（卷二九）中酈道元云：「余按呂忱《字林》及《難字》、《爾雅》竝言濼水在比陽……音藥」。濼，從水，藥聲。藥，從艸，樂聲。藥、樂（快樂之「樂」）都是入聲字，上古音分別在藥部喻紐和藥部來紐，疊韻，聲紐為舌音準雙聲，是可通的。漢比陽故城在今河南泌陽縣西③。楊守敬按曰：「《隋志》，梁有《難字》一卷，張揖撰。又釋玄應多引周

---

① 王先謙：《漢書補注》，書目文獻出版社1995年版，第264頁。
② 按，復陽地望參閱徐少華：〈古復國復縣考〉，載《中國歷史地理論叢》，1996年第1期，另請參閱譚其驤主編：《中國歷史地圖集》第2冊「西漢　荊州刺史部」地圖，中國地圖出版社1982年版，第22～23頁。
③ 參閱酈道元撰，楊守敬、熊會貞疏：《水經注疏　比水》（卷二九），江蘇古籍出版社1989年版，第2477頁。

成《難字》，揖、成並魏人。《爾雅》無灤字，此恐有誤。《南都賦》李《注》引字書，灤水出沘陽，蓋合《字林》、《難字》等書言之。」①根據這些記載可知，至少在魏晉時期今泌陽縣附近有灤水，按泌陽南不遠即桐柏山，灤水或發源於此。若是，則其流域範圍概不出今泌陽縣南、唐河縣西、桐柏縣北之間的三角地區，這一地區也正是樂平、樂鄉、樂成的所在地，它們之間的得名也當有關聯。

從西漢時期今桐柏西北一帶曾有樂平、樂鄉、樂成等地名以及水名「灤水」來看，這些名稱可能出於同源。結合楚國「樂君」封邑所在的樂地來分析，這一區域可能本為楚國樂地，曾為樂君封邑，至西漢時期，仍有沿用，或又分化出與樂相關的不少小地名。

班固提到在西漢南陽郡湖陽縣原有「樂鄉」，有可能是轄於縣的鄉里組織，目前還不清楚它與三國至隋唐時期的樂鄉城、樂鄉縣是否有某種關聯。

另外，秦封泥有「樂成」、「樂成丞印」②。有學者認為秦南陽郡置有樂成縣③。此說恐不妥。其一，上文指出，樂成蓋為漢宣帝年間析平氏而置，當不能早至秦代。其二，張家山漢簡所記南陽郡屬縣中，不見有樂成，似乎可證漢初其地尚未從平氏縣析出。《漢書　地理志》河間國轄有「樂成」，高祖時封丁禮為樂成節侯，其地當襲自故秦。秦封泥之「樂成」概指河間之樂成。

綜上所述可知，在惠王晚期，楚國曾有樂君，傳承狀況不明。其封邑「樂」應該在西漢南陽郡平氏縣、樂成侯國及古灤水一帶，約在今桐柏縣西北境至泌陽縣之間。

① 酈道元撰，楊守敬、熊會貞疏：《水經注疏　比水》（卷二九），江蘇古籍出版社1989年版，第2480頁。
② 周曉陸、路東之：《秦封泥集》，三秦出版社2000年版，第295～296頁。
③ 後曉榮：《秦代政區地理》，社會科學文獻出版社2009年版，第270頁。

六、斲君

曾侯乙墓曾出土一件有銘戟，銘文整理者釋作「斲君作之[①]」斲君當為楚惠王晚期之封君，封於斲地。

斲字字形如下：

劉彬徽先生初釋為「掷[②]」，後改從整理者所釋，並談道：「此戟形制與曾侯乙戟同，年代均為戰國早期。」[③]鄒芙都先生也以此字為不識[④]。何浩先生認為可能與《玉篇》「邑」部所收之「邧」字有關，其地望尚無從考索[⑤]。李守奎先生釋「掷」，說「斲疑為斮之訛」[⑥]。

今按，依劉彬徽先生初釋和李守奎先生之說，可釋為「掷君」。《說文》一下「屮」部：「斮，斷也。」《玉篇》（卷一三）「屮」部：「斮，斷也。今作折。」折、析字義相通。《說文》六上「木」部：「析，破木也。一曰折也。」「掷君」可能指的是「析君」。從時代上看，此戟與前文提到的析君戟均出土於曾侯乙墓，時代相當，器主或都是析君黑肩。

還有一種可能，「斲」，或從斤聲。楚有「沂」地，《說文》十一上「水」部說「從水斤聲」，也許與「斲」地有某些關聯。

《左傳 宣公十一年》載「令尹蔿艾獵城沂」，又定公五年有秦

---

① 湖北省博物館：《曾侯乙墓》上，文物出版社1989年版，第268頁。

② 劉彬徽：〈湖北出土西周金文國別年代考述〉，載《古文字研究》第13輯，中華書局1986年版，第239~352頁。

③ 劉彬徽：《楚系青銅器研究》，湖北教育出版社1995年版，第338頁。

④ 鄒芙都：《楚系銘文綜合研究》，巴蜀書社2007年版，第135頁。

⑤ 何浩：〈楚國封君封邑地望續考〉，載《江漢考古》，1991年第4期。

⑥ 李守奎：《楚文字編》，華東師範大學出版社2003年版，第405頁。

人救楚，「自稷會之，大敗夫概王於沂」。沂邑當近稷，石泉先生綜合比較《左傳》、《戰國策》、《淮南子》諸書，結合秦楚與吳師作戰之形勢，認為沂應即今唐河縣西南之沂河，沂邑當在沂河河濱附近 ①。㷉地或也在此區域。

綜上，在惠王晚期楚國曾有「㷉君」，可能指的是析君黑肩，封邑在析，可能與公孫寧家族有關。還有可能指的是「沂君」，受封和存續情況不明，其封邑或在今河南唐河縣西南一帶。

七、南君

江陵九店東周墓M168出土一件有銘戈，在援部和胡部上鑄有銘文，發掘報告隸定為「南君廬（陽）邢之中戈」，墓葬年代約為戰國晚期早段 ②。劉彬徽先生將此戈時代推定在戰國中期（楚系第六期）③。《近出殷周金文集錄》認為其時代為春秋晚期 ④。曹錦炎先生將戈銘改隸為「南君廬邑子之中戈」，說：「『邑子』二字為合文，下有合文符號」，「這是楚國地方封君『南君』所用之戈」⑤。韓自強先生釋作「南君廬郘之車戈」，廬郘讀為「陽易」，器主之名 ⑥。鄒芙都先生仍從發掘報告所釋，但認為戈的時代應為戰國早期，是早期器埋入晚期墓葬，也說南君可能是楚封君，以南地待考 ⑦。

今按，春秋晚期，楚國封君數量極少，因此南君戈的時代仍當以推定在戰國早中期為宜。南君封地當在「南」，學者們以其地待考。

---

① 石泉：〈從春秋吳師入郢之役看古代荊楚地理〉，載所著《古代荊楚地理新探》，武漢大學出版社1988年版，第397～398頁。

② 湖北省文物考古研究所編著：《江陵九店東周墓》，科學出版社1995年版，第224、415頁。

③ 劉彬徽：〈楚系金文訂補（之一）〉，載《古文字研究》第23輯，中華書局、安徽大學出版社2002年版，第89～93頁。

④ 劉雨、盧岩：《近出殷周金文集錄》第4冊，1167號「南君廬邢戈」，中華書局2002年版，第195頁。

⑤ 曹錦炎：〈廬庶劍小考〉，載《楚文化研究論集》第5集，黃山書社2003年版，第332頁。

⑥ 韓自強：〈新見六件齊、楚銘文兵器〉，載《中國歷史文物》，2007年第5期。

⑦ 鄒芙都：《楚系銘文綜合研究》，巴蜀書社2007年版，第136頁。

第
三
章

楚
國
封
君
匯
考

曾侯乙簡文中載有地名「南陵」，内容如下。考慮到竹簡的年代距南
君戈的年代不遠，南地或許與南陵有所關聯。

　　簡73：南●陵連敖……①

　　蕭聖中先生對曾侯乙73簡補正說：「南陵是地名，又見包山簡
102：『南陵大宰。』包山簡另有東陵連囂之名，與此類似。」② 從包
山簡内容來看，連敖前綴有地名時，連敖為該地官吏，而地名基本上
都是縣名 ③。由此可知，南陵也當是楚縣。蕭聖中先生提到的見於包
山簡的「南陵大宰」，内容如下：

　　簡102：上新都人……訟新都南陵大宰……

　　另外，簡155載有「南陵公」。按楚縣大夫多稱公的慣例，疑南陵
公指南陵縣公。新都也是楚縣之一 ④。從簡文内容可知，南陵大宰為
南陵的地方官員，南陵、新都並稱，二者當相距不遠。張家山漢簡457
簡記有「南陵」，反映出漢初有南陵縣，晏昌貴先生指出漢初的南陵
縣當沿襲自楚縣之舊，其地距離位於今新野縣東的新都縣不遠 ⑤。此說
應是。《漢書　地理志》南陽郡下有新都縣，當繼承自楚，地在今新

① 按，從蕭聖中先生所釋。參閱蕭聖中：《曾侯乙墓竹簡釋文補正暨車馬制度研究》，武漢大
　學博士學位論文，2005年，第37頁。
② 蕭聖中：《曾侯乙墓竹簡釋文補正暨車馬制度研究》，武漢大學博士學位論文，2005年，第
　37頁。
③ 參閱文炳淳：《包山楚簡所見楚官制研究》，臺灣大學中國文學研究所碩士學位論文，1997
　年，第135～137頁；顏世鉉：《包山楚簡地名研究》，臺灣大學中國文學研究所碩士論文，
　1997年，第115頁。
④ 參閱顏世鉉：《包山楚簡地名研究》，臺灣大學中國文學研究所碩士論文，1997年，第190～
　191頁。
⑤ 晏昌貴：〈張家山漢簡釋地六則〉，載《江漢考古》，2005年第2期。

野縣東①。楚南陵縣和南君封地也許都在這一帶。當然，「南」與「南陵」有別，南君封地是否果在南陵一帶還有待於進一步的驗證。

綜上所述，在戰國中前期楚國曾有南君，受封於南地，其地望或在今河南新野縣東境一帶。

八、弽旮（射皋）君

「弽旮君」見於包山簡38、簡60，《釋文》作「徟旮君」。「弽」字字形如下。

（簡38）　（簡60）　（鄂君啟舟節）

此字也見於鄂君啟舟節銘文，朱德熙、李家浩先生將鄂君啟舟節銘文中的該字隸定為「弽」，釋為「躲」，讀為「射」②。學者們多引此說將包山簡中所見的此字隸定為「弽」③。

「弽旮君」當是懷王時期封君，「弽旮」為封地名。「弽旮」地望所在，主要有兩種觀點。顏世鉉先生引用朱德熙、李家浩先生將「彭弽」可以考定為「彭澤」的看法，認為「弽」可通「澤」；又引用楚帛書中已見的「砍」通「皋」之例，認為「旮」可通「皋」或「高」，把「弽旮」讀為「澤皋」，地望在彭蠡澤，或又讀為「澤九」，地望在今九江市附近，並總結認為當在今江西省鄱陽湖和長江交匯處一帶④。劉信芳

---

① 王先謙：《漢書補注　地理志上》（卷二八上），書目文獻出版社1995年版，第690頁。
② 朱德熙、李家浩：《鄂君啟節考釋（八篇）》，收入朱德熙：《朱德熙文集》第5卷《古文字論集》，商務印書館1999年版，第189~202頁。
③ 參閱黃錫全：《湖北出土商周文字輯證》附錄四〈《包山楚簡》部分釋文校釋〉，武漢大學出版社1992年版，第187頁；何琳儀：〈包山楚簡選釋〉，載《江漢考古》，1993年第4期；陳偉：《包山楚簡初探》附錄二「釋文」，武漢大學出版社1996年版；劉信芳：《包山楚簡解詁》，藝文印書館2003年版，第49頁。
④ 顏世鉉：《包山楚簡地名研究》，臺灣大學中國文學研究所碩士論文，1997年，第71~74頁。

先生將「弞叴」讀為「橐皋」，他說，「弞字從弓，矢聲，讀為氏」，並將簡139中的「坪弞」讀為「平氏」，為《漢書　地理志》南陽郡屬縣 [1]。又談道，「『橐』從石得聲，『石』古音在魚部，禪紐……而『氏』古音在支部禪紐，古音支、魚二部為近旁轉，知『橐』、『弞』為一音之轉。『叴』從『九』得聲，與『皋』古讀亦通，如『皋陶』亦作『咎繇』，『咎』讀其九切。《春秋　哀公十二年》：『公會吳於橐皋。』杜預《注》：『橐皋在淮南逡道縣東南。』《釋文》：『橐，章夜反。』《漢書　地理志》：九江郡『橐皋』，師古《注》引孟康曰：『音柘姑。』姑、叴亦一音之轉。其地即今安徽巢湖西北四十餘里之『柘皋』」 [2]。

今按，劉信芳先生將簡139中的「坪弞」讀為「平氏」，「平氏」地在今河南南陽唐河縣東南，與簡文涉及的「舒慶命案」中相關的陰、宛等地相去都很近 [3]。不過，「弞叴」之「弞」沒有必要輾轉讀為「澤」或「橐」，仍當以讀「射」為是。而「叴」可通「皋」、「高」之說是可取的。

我們認為「弞叴」當讀為「射皋」。「坪弞（射）」、「射皋」相去不遠，二者的得名都與今河南新野、唐河附近的古射（謝）水、古謝城及射（謝）國有關。

謝，從言，射聲，當是「射」之分化字。根據徐少華先生的研究，周代南土有謝國，西周金文銘文中稱之為「射」，其字從弓從矢，可隸定為「弞」。謝國為西周南方古國，周宣王向南方用兵，亡南國之師後，曾將元舅申伯改封於謝地 [4]。

謝國故地有謝（射）水與古謝城。謝水見於《水經注　比水》

① 劉信芳：《包山楚簡解詁》，藝文印書館2003年版，第135頁。
② 劉信芳：《包山楚簡解詁》，藝文印書館2003年版，第49～50頁。
③ 劉信芳：《包山楚簡解詁》，藝文印書館2003年版，第135頁。
④ 徐少華：《周代南土歷史地理與文化》，武漢大學出版社1994年版，第47～50頁。

（卷二九），云：

比水又西南流，謝水注之。水出謝城北，其源微小，至城漸大。城周迴側水，申伯之都邑，《詩》所謂申伯番番，既入於謝者也。世祖建武十三年，封樊重少子丹為謝陽侯，即其國也。然則是水即謝水也。高岸下深，浚流徐平……其城之西，舊棘陽縣治，故亦謂之棘陽城也。謝水又東南逕新都縣，左注比水。

按比水下游約當今唐河下游，謝水為其支流。酈道元所說的東漢光武帝建武十三年所封的「謝陽侯」，《後漢書 樊宏傳》（卷三二）作「射陽侯」，楊守敬注云：「蓋射、謝通用，射水即謝水，射陽即謝陽也。」[1] 由此也可以看出直至東漢時期，謝水、射水之名還是通用的。古謝城曾為古謝國及漢晉棘陽縣所在，關於兩者的關係，徐少華先生曾有詳細的討論，他說：

古謝國在西周早中期，以今南陽市一帶為中心……西周晚期，謝國勢衰，因申、呂南遷，據有其地，謝國遂南移於今唐河（古比水）以西，新野縣東境張樓村附近的古謝城（漢晉棘陽縣）一帶。[2]

他還指出，謝國地後來入楚，古謝城至遲在戰國中期已改稱黃棘，漢置棘陽縣，城址仍見存，在河南新野縣東45里的張樓村一帶，東臨唐河 [3]。

① 酈道元撰，楊守敬、熊會貞疏：《水經注疏 比水》（卷二九），江蘇古籍出版社1989年版，第2483頁。
② 徐少華：《周代南土歷史地理與文化》，武漢大學出版社1994年版，第53頁。
③ 徐少華：《周代南土歷史地理與文化》，武漢大學出版社1994年版，第51～54頁。另請參閱國家文物局主編：《中國文物地圖集 河南分冊》「新野縣文物圖」，中國地圖出版社1991年版，圖版第224頁，《文物單位簡介》，第544頁。

第三章 楚國封君匯考

「皋」，指的是澤曲之地。屈原《離騷》「步余馬於蘭皋兮」句下王逸注曰：「澤曲曰皋。」洪興祖補注曰：「皋，九折澤也。」[①]「射皋」指的應該是射水曲折流經的地方。據前引《水經注·比水》（卷二九），謝（射）水較為短小，又說「水出謝城北，其源微小，至城漸大。城周迴側水……」可見，謝（射）水在謝城附近水流較大，且曲折迂迴，繞城而流，其附近或可成澤，可稱為射皋。射皋地望當在古謝城附近，即今新野縣東境的唐河西岸一帶。另外，「坪㦰（射）」也可能在射水、古謝國一帶，如果讀為「平氏」的話，距射皋也不遠，或許是可信的。

綜上所述可知，㦰㠯君至少曾在戰國中期存在過，其封地「㦰㠯」當讀為「射皋」，地在古射（謝）水、謝國附近，今河南新野縣東境的唐河西岸一帶。

九、陰侯

包山簡文中有「陰侯」，內容如下：

簡51：九月己酉之日，陰侯之正差……受期，乙丑之日不……，阩門又敗……

簡132：……陰侯之東郭之里……

簡133：……陰侯之慶李百宜君……

「陰侯」當是楚懷王時期受封於陰地的封君。除「陰侯」外，簡131—139「舒慶命案」中載有「陰人」等，此「陰」當指陰縣[②]。楚陰縣與陰侯封地當在同一地域範圍內。

陰之地望，學者們一般認為即《左傳·昭公十九年》楚工尹赤遷

---

① 洪興祖撰：《楚辭補注》，中華書局1983年版，第16頁。
② 參閱顏世鉉：《包山楚簡地名研究》，臺灣大學中國文學研究所碩士論文，1997年，第174頁。

陰人所至之「下陰」、漢晉之陰縣，其地在今湖北老河口市西北、丹江口市東南的漢水中游東岸，此說當無疑義 ①。

楚陰縣設立於春秋時期，徐少華先生曾談道：「據文獻記載，楚於春秋晚期魯昭公十九年（前523年）遷陰人於下陰之後不久，即於陰地設縣，以管理南遷的陰戎之民。至於在陰地封侯置君，應是進入戰國以後的事。」② 楚陰縣在春秋晚期至楚懷王時期一直存在，陰侯當是戰國時分陰縣部分而封。

除陰地之外，包山簡還記載了地名「邻」，如：

簡23：八月己巳之日，邻少司敗臧未受期，九月癸丑之日不……，陕門又敗……

包山簡《考釋》說：「邻，疑讀如陰」。學者多從之，認為指代陰縣 ③。獨劉信芳先生質疑說：「邻，或釋為『陰』，非是，簡文另有地名『陰』……邻、陰不是一字。疑『邻』讀為『黔』，《戰國策　楚策一》：『楚地西有黔中，巫郡。』《史記　楚世家》：『秦因留楚王，要以割巫，黔中之郡。』」④

今按，以音聲求之，邻可以讀為陰，但兩者不一定就是同一地。簡23與簡51均為受期簡，分別記載了兩個日期，前者的兩個日期相差44

① 何浩、劉彬徽：〈包山楚簡「封君」釋地〉，載湖北省荊沙鐵路考古隊：《包山楚墓》上冊，文物出版社1991年版，第569～579頁；徐少華：〈包山楚簡釋地五則〉，載《江漢考古》，1996年第4期；顏世鉉：《包山楚簡地名研究》，臺灣大學中國文學研究所碩士論文，1997年，第76～77頁；劉信芳：《包山楚簡解詁》，藝文印書館2003年版，第57頁。
② 徐少華：〈包山楚簡釋地五則〉，載《江漢考古》，1996年第4期。
③ 徐少華：〈包山楚簡釋地五則〉，載《江漢考古》，1996年第4期；顏世鉉：《包山楚簡地名研究》，臺灣大學中國文學研究所碩士論文，1997年，第76～77頁；何琳儀：〈鄂君啟舟節釋地三則〉，載《古文字研究》第22輯，中華書局2000年版，第141頁。另外曾侯乙簡中有「邻連嚻（敖）」（簡12），有學者認為指陰地官吏。按邻、邻簡文字形差異明顯，「邻連嚻（敖）」與陰、邻兩地應當無關。
④ 劉信芳：《包山楚簡解詁》，藝文印書館2003年版，第38頁。

第三章　楚國封君匯考

天，後者則相差16天。雖然這不能作為證明邟、陰兩地距離郢都遠近的直接證據，但兩者期日間隔相差過大，為一地的可能性較弱。至於「邟」是否指代楚國的黔中尚有待於進一步的討論。

綜上所述，至少在楚懷王時期曾有陰侯，封地在今湖北老河口市西北、丹江口市東南的漢水中游東岸，這一帶還設有陰縣，兩者並存。

十、鄂君

傳世文獻中記載有鄂君子晳（或作皙），為楚國封君之一，其事見於《說苑　善說》（卷一一）：

> 襄成君始封之日……莊辛遷延盥手而稱曰：「君獨不聞夫鄂君子晳之泛舟於新波之中也？乘青翰之舟……榜枻越人擁楫而歌……鄂君子晳，親楚王母弟也。官為令尹，爵為執圭……」

此為頃襄王時楚大夫莊辛之語。所言之鄂君，字子晳，乃楚王之子，封於鄂。

除鄂君之外，楚共王之子、靈王之弟公子黑肱的字也是子晳，在靈王末年的軍事政變中，其兄公子比（字子干）曾稱王，子晳為令尹，旋即畏罪自殺。有些學者認為鄂君子晳即公子黑肱[①]，此說恐不當。首先，子晳（公子黑肱）為令尹時間非常短，據《史記　楚世家》：「子比為王十餘日，子晳不得立，又俱誅。」子晳為令尹估計僅有十餘天；又，公子比死後被稱作「訾敖」，並無諡號，也就沒有

---

① 如游國恩：《楚辭概論》談道：「據《楚世家》：『（楚）康立，十五年卒……康王寵弟公子圍、子比、子晳、棄疾。』《說苑》謂鄂君子皙是楚王的母弟，官為令尹，爵為執珪，然則這楚王必是楚康王無疑。」（臺灣商務印書館股份有限公司1985年版，第30頁）又如盧元駿注譯：《說苑今注今譯　善說》（卷一一）注：「鄂君子皙，楚共王之子，曾為令尹，封于鄂。」（臺灣商務印書館股份有限公司1985年版，第367頁）

合法的地位，同樣，子晰令尹的地位恐亦不合楚之禮法。其次，從現有材料看，楚封君的出現應不會早於春秋晚期，傳世和出土文獻也無明確能證明子晰（公子黑肱）曾受封為鄂君的證據。所以我們認為《說苑》所載的鄂君子晰與楚共王子子晰無涉，當為楚惠王至頃襄王間某楚王之子。莊辛為頃襄王時期的老臣，在《說苑　善說》中他勸襄成君時說：「君獨不聞夫鄂君子晰之泛舟於新波之中也？」「獨不聞」三字似乎體現出鄂君子晰在當時影響頗大，他有可能和莊辛、襄成君為同時期之人，或略早一些。

　　1957年安徽壽縣曾出土「鄂君啟金節」，製作時間是「大司馬昭陽敗晉師於襄陵之歲」，該年份也見於包山簡，一般認為指前322年 ①，由此可知鄂君啟是楚懷王時期的封君。

　　包山簡文也記有「鄂君」，作「噩君」、「鄴君」，相關簡文如下：

　　簡76：十月乙未之日，噩君之司敗舒丹受期，爨月辛丑之日不……阰門又敗……
　　簡164：…… 鄴君之人……
　　簡193：……噩君之人……

　　包山簡《考釋》說：「噩，讀作鄂。鄂君，楚國封君。」噩、咢、鄴、鄂字均可互通，何浩、劉彬徽兩位先生也有詳論②。鄂君啟和包山簡所載之鄂君均為楚懷王時封君，不少學者認為可能是同一個人③。

①　參閱劉彬徽：〈從包山楚簡紀時材料論及楚國紀年與楚曆〉，載湖北省荊沙鐵路考古隊：《包山楚墓》上冊，文物出版社1991年版，第533～547頁。
②　何浩、劉彬徽：〈包山楚簡「封君」釋地〉，載湖北省荊沙鐵路考古隊：《包山楚墓》上冊，文物出版社1991年版，第569～579頁。
③　參閱何浩、劉彬徽：〈包山楚簡「封君」釋地〉，載湖北省荊沙鐵路考古隊：《包山楚墓》上冊，文物出版社1991年版，第569～579頁；顏世鉉：《包山楚簡地名研究》，臺灣大學中國文學研究所碩士論文，1997年，第98～100頁；劉信芳：《包山楚簡解詁》，藝文印書館2003年版，第73～74頁。

此說應該是可信的。

鄂君封邑「鄂」之地望，說法不一。

（一）**東鄂說**。郭沫若先生認為「鄂即今之武昌」[①]，混淆了今古武昌的差別，譚其驤先生已予以糾正，指出「鄂是現今湖北的鄂城縣」[②]，故城在鄂城縣治，即今之鄂州市所在，並有詳論[③]。黃盛璋先生認為在「鄂城縣西南郊西山下的鄂王城」[④]。何浩、劉彬徽、劉和惠等先生均贊同東鄂說[⑤]。

（二）**西鄂說**（南陽說）。日本學者船越昭生先生認為鄂指西鄂，在今河南省鄧縣一帶[⑥]。陳偉先生將舊釋「沽（湖）」字者改釋作「油」，讀作淯，古淯水過南陽西鄂故城，城址在今南陽市北[⑦]。朱德熙、湯余惠、何琳儀、顏世鉉等先生贊同此說[⑧]。

（三）**中鄂說**。谷口滿先生對前兩說作了細緻的辨析，他將包山第76簡中的「十月乙未之日」和「夐月辛丑之日」分別記為第一期日與第二期日，第一期日是左尹官署向鄂君官署發出命令的日期，第二期

---

① 郭沫若：〈關於鄂君啟節的研究〉，載《文物參考資料》，1958年第4期。

② 譚其驤：〈鄂君啟節銘文釋地〉，收入所著《長水集》下，人民出版社1987年版，第193～211頁。

③ 譚其驤：〈再論鄂君啟節地理答黃盛璋同志〉，收入所著《長水集》下，人民出版社1987年版，第212～232頁。

④ 黃盛璋：〈再論鄂君啟節交通路線復原與地理問題〉，載《安徽史學》，1988年第2期。

⑤ 何浩、劉彬徽：〈包山楚簡「封君」釋地〉，載湖北省荊沙鐵路考古隊：《包山楚墓》上冊，文物出版社1991年版，第569～579頁；劉彬徽：《楚系青銅器研究》，湖北教育出版社1995年版，第345～346頁；劉和惠：《楚文化的東漸》，湖北教育出版社1995年版，第141頁。

⑥ 船越昭生：〈鄂君啟節について〉，載《東方學報》第43冊，1972年。

⑦ 陳偉：〈《鄂君啟節》之「鄂」地探討〉，載《江漢考古》，1986年第2期。

⑧ 朱德熙、李家浩：《鄂君啟節考釋（八篇）》，收入朱德熙：《朱德熙文集》第5卷《古文字論集》，商務印書館1999年版，第189～202頁；湯余惠：《戰國銘文選》，吉林大學出版社1993年版，第46頁；何琳儀：〈鄂君啟舟節釋地三則〉，載《古文字研究》第22輯，中華書局2000年版，第141頁；顏世鉉：《包山楚簡地名研究》，臺灣大學中國文學研究所碩士論文，1997年，第99頁。近有學者認為位於今南陽的鄂國地望不在西鄂故城，而在南陽市區東北部的十里廟一帶，參閱柴中慶：〈南陽鄂國地望考〉，載《楚文化研究論集》第7集，嶽麓書社2007年版，第46～50頁。可為一說。

日是命令中規定的出廷日期，加起來共7天（間隔6天），暗示從郢都（紀南城）到鄂君封邑7天內可以往返，按每天行30公里計，鄂君封邑當距郢都不遠，可能在120公里範圍內，又結合鄂君啟節，他提出「鄂」當在漢水中游一條支流流域的某個地方，而非遠至今鄂州或南陽[1]。

（四）其他說法。 張中一先生認為鄂君是楚王熊渠所封中子「鄂王」紅之後裔，鄂在長江、湘江匯合處的洞庭湖畔[2]。

今按，受期簡兩個日期的間隔對推算楚都與受期人所在地之間的大致距離有一定的幫助，可以作為考定地望的參考，但運用時需要謹慎。從包山簡的相關記載來看，同一個受期人所在地，相關的時間間隔有時候差距很大。

如簡59和簡78，受期人所在地應該都是長䊸（沙）[3]，其地望在今湖南省長沙市一帶[4]，簡59記載的兩個日期分別是九月戊午之日和十月壬午之日，間隔24天，而簡78記載的兩個日期是爨月己亥之日和甲辰之日，間隔只有5天。若當時的左尹官署在今江陵紀南城，則距今長沙直線距離約有250公里，按照谷口先生設定的每天30公里的速度，24天往返是可能的，而5天內則應該沒有可能性。另外，簡34和簡39，受期人為同一人，所在地也一致，受期的內容也大致相同，簡34記載的兩個日期是八月辛巳之日和己丑之日，間隔8天，而簡39記載的是八月

① 谷口滿：〈鄂君啟節鄂地探索〉，載《歷史》第89輯《東北史學會50周年紀念號》，1997年，第158～177頁。另請參閱其文〈再論楚郢都的地望問題——紀南城是否春秋時期的郢都？〉，載《楚文化研究論集》第6集，湖北教育出版社2005年版，第463～475頁。
② 張中一：〈《鄂君啟金節》路線新探〉，載《求索》，1989年第3期。
③ 按，䊸，黃錫全先生引郭沫若先生之說，讀為沙，參閱黃錫全：《湖北出土商周文字輯證》附錄四：「《包山楚簡》部分釋文校釋」，武漢大學出版社1992年版，第187～196頁；湯余惠先生、何琳儀先生等從此說，參閱湯余惠：〈包山楚簡讀後記〉，載《考古與文物》，1993年第2期；何琳儀：《戰國古文字典》，中華書局1998年版，第882～883頁。本文亦從之。
④ 參閱徐少華：〈包山楚簡釋地八則〉，載《中國歷史地理論叢》，1996年第4期；顏世鉉：《包山楚簡地名研究》，臺灣大學中國文學研究所碩士論文，1997年，第146～149頁。

第三章　楚國封君匯考

己丑之日和九月戊申之日，間隔19天，從這兩支簡的內容似乎很難判斷受期人所在地與左尹官署之間的距離遠近①。

所以我們認為，依據受期簡兩個日期之間的間隔來推算受期人所在地與楚都之間的距離需要十分謹慎，在受期人所在地相同的情況下，至少兩條簡文記載的間隔時間相差不大，才可作為論證的依據。如下文談道的受期人所在地位於邸陽君之州的情況，根據簡27和簡32的記載，兩個日期間隔分別是2天和3天，相差不大，是可以作為判斷距離楚都遠近的論據的。受期地為鄂君封地的記載僅見於簡76，包括兩個日期的話共計7天，正如不宜認為從楚都至長沙只需要5天一樣，似乎不宜據此認為從楚都至鄂君封地往返只需要7天。所以對於中鄂說，我們認為論據還比較薄弱。

綜合比較其他說法，不少學者認為依據西鄂說，可以對鄂君啟節記載的地名和交通路線圖有一個比較恰當的解釋，本文也認為此說有較強的可信性，可以將鄂君啟，可能也是包山簡所見的鄂君的封邑定於此。此處原為西周鄂國都城所在，在今南陽市北四十餘里，白河（古淯水）西岸一帶②。鄂曾聯合夷人伐周，周夷王滅之。楚興之後，據有鄂地。懷王晚期垂沙之戰後，宛、葉之地先屬韓，後入秦，位於宛、葉之西的鄂地也當不復屬楚，鄂君啟可能因此喪失位於今南陽北的封邑。

另外，關於鄂君啟和子晳之間的關係，殷滌非先生從《說苑》所載〈越人歌〉的歌詞內容分析，認為當為楚懷王時作品，並說：「疑鄂君子晳與鄂君啟當系一人，或啟為王子之名，子晳為王子之字……

---

① 按，藤田勝久先生談道除了距離遠近外，處理案件時間的長短對間隔的天數也有影響。參閱藤田勝久：〈包山楚簡及其傳遞的楚國資訊——紀年與社會體系〉，載卜憲群、楊振紅主編：《簡帛研究二〇〇四》，廣西師範大學出版社2006年版，第13～34頁。
② 參閱徐少華：《周代南土歷史地理與文化》，武漢大學出版社1994年版，第25～26頁。

大約啟即楚懷王的兒子。」[①]楊寬先生贊同這一說法，說：「鄂君子晰和鄂君啟可能是一人，啟是名，子晰是字，『啟』和『晰』的字義相通，時代又相當。[②]」何浩先生則推測鄂君啟可能是子晰之子[③]。

今按，《說苑・善說》中莊辛說鄂君子晰曾「泛舟於新波之中」，「越人擁楫而歌」，這段描述很有可能發生在鄂君子晰的封地之內，若然，則表明其封地附近水域不少，且有大量越人雜居其間。從戰國中後期的民族文化狀況來看，南陽附近不可能有大量的越人，而東鄂所在的今鄂州一帶當時河湖不少，也有越人分布[④]。今鄂州附近的大冶縣銅綠山古銅礦遺址，有學者認為在西周至春秋早期是由越人開採的[⑤]，而鄂州至大冶一帶也有不少戰國中晚期的楚墓和城址[⑥]，如大冶鄂王城遺址就可能是「戰國時期楚人利用當地越人先進銅礦生產技術，所建立的銅礦生產活動的重要場所[⑦]」。由此看來，今鄂州至大冶一帶在戰國中後期應該還有不少越人，楚越雜居必不少見，也許鄂君子晰的封地在此區域。

關於鄂君子晰和鄂君啟的關係，估計有兩種可能：其一，或許果如殷滌非、楊寬等先生所言，二者為同一人，垂沙之戰前，其封地「鄂」位於今南陽市北。垂沙之戰後，喪失封地的鄂君啟（子晰）家族及其封地內的楚人輾轉播遷，可能被重新分封在今鄂州市一帶，仍稱鄂君，並以地名「鄂」，其泛舟新波，邂逅越人的故事發生在遷邑

① 殷滌非、羅長銘：〈壽縣出土的「鄂君啟金節」〉，載《文物參考資料》，1958年第4期。
② 楊寬：《戰國史》附錄二〈戰國封君表〉，上海人民出版社2003年版，第692頁；又見楊寬、吳浩坤主編：《戰國會要・職官十五》（卷六六），上海古籍出版社2005年版，第580頁。
③ 何浩：〈戰國時期楚封君初探〉，載《歷史研究》，1984年第5期。
④ 劉玉堂：〈論湖北境內古越族的若干問題〉，載《民族研究》，1987年第2期；劉玉堂：〈揚越與楚國〉，載張正明主編《楚學論叢》，《江漢論壇》專刊，1990年，第203～272頁。
⑤ 舒之梅：〈試論越文化對楚文化的影響〉，載《民族研究》，1986年第4期。
⑥ 湖北省鄂城縣博物館：〈鄂城楚墓〉，載《考古學報》，1983年第3期；大冶縣博物館：〈鄂王城遺址調查簡報〉，載《江漢考古》，1983年第3期。
⑦ 朱繼平：《鄂東楚文化的歷史進程與特徵》，武漢大學碩士學位論文，2005年，第41頁；另請參閱朱繼平：〈「鄂王城」考〉，載《中國歷史文物》，2006年第5期。

後的鄂地。《史記》張守節《正義》引劉伯莊云：「（鄂）地名，在楚之西，後徙楚，今東鄂州是也。」① 似乎反映了鄂君遷邑的史實。秦漢統一後，為了區別，故將南陽之鄂稱西鄂，《漢書　地理志》南陽郡西鄂縣下應劭注曰「江夏有鄂，故加西也」反映了這一現象。其二，如果鄂君子晳和啟不是同一人，那麼前者可能是後者的後人，同屬鄂君家族，在垂沙之戰後鄂君遷邑至今鄂州一帶。

此外，位於湖南省常德市德山經濟開發區河家坪村的寨子嶺一號楚墓曾出土一枚「噩邑大夫鉨」銅印。發掘報告稱，銅印「無論從印章或印文看，製作都不規整，應為死後倉促仿鑄一印用作隨葬，以此證明墓主生前曾有過的身分」。「從墓室的規模，棺槨的層數及殘存的仿銅陶禮器組合和其他隨葬品看，均與士大夫級的墓相當」②。同墓還出土有針刻銘文的扣器漆盒，龍朝彬先生據此推斷該墓時代應是在前265年之後，屬戰國晚期中段，並認為「噩邑大夫」當為鄂君之屬官，在白起拔郢，鄂君喪失封邑後，「以其不低的爵位作為軍事、行政長官留駐於常德③」。陳松長先生也認為該墓是戰國晚期的楚墓，並說「這裡所謂鄂邑，當指楚國大夫的家邑」④。周世榮先生說「邑」也可能是「邑」，與印文中的「噩」組成「鄸（鄂）」字 ⑤。

今按，從印文字形看，第二字釋「邑」無誤。「噩邑大夫」當非鄂君之屬官，而是楚鄂縣縣尹（大夫）。楚鄂縣地望，也許在「東鄂」。從現有材料看，楚國封君的封邑與楚縣重名的現象比較普遍，

---

① 司馬遷：《史記　楚世家》（卷四〇），張守節《正義》，中華書局1982年，第1692頁。

② 常德市文物處：〈湖南常德寨子嶺一號楚墓〉，載湖南省文物考古研究所，湖南省考古學會合編：《湖南考古2002》，嶽麓書社2004年版，第402～410頁。

③ 龍朝彬：〈湖南常德出土「秦十七年太后」扣器漆盒及相關問題探討〉，載《考古與文物》，2002年第5期。

④ 陳松長：〈湖南新出戰國楚璽考略（四則）〉，載張光裕主編：《第四屆國際中國古文字學研討會論文集》，香港中文大學中國語言及文學系，2003年，第597～602頁。

⑤ 周世榮：〈《湖南常德寨子嶺一號楚墓》幾個問題補正〉，載《楚文化研究論集》第7集，嶽麓書社2007年版，第458～464頁。

且大多數可能同處一地，它們名稱有別，涇渭分明，當時的人應該不會混淆，故鄂縣與鄂君啟封邑同在今南陽市北也有一定的可能，然這種可能性並不大。垂沙之戰後楚失南陽之鄂，楚鄂縣若在南陽則已不復存在；前278年白起拔郢，東至竟陵，並未到達今鄂州一帶，楚鄂縣在此方能為楚所控。墓主「噩宮大夫」當為今常德人，死後歸葬故里，故銅印出土於此。若這一推測可以成立的話，鄂君家族遷邑後的封地和楚鄂縣的關係估計有兩種可能：其一，二者並存於同一地域；其二，鄂君家族的封地可能後來被收回，改設鄂縣。

綜合以上的分析，我們認為，懷王時期的鄂君啟，也即見於包山楚簡的鄂君，受封時其封邑應該在西鄂，今河南南陽市以北一帶。垂沙之戰，鄂君家族喪失封邑後，可能又被重新封於今鄂州市一帶，遷邑之後的新封地仍稱鄂。鄂君子晳和鄂君啟可能為同一人，或前者為後者的後人。《說苑》所載的鄂君子晳所在之地可能是家族播遷後重新受封的鄂地，即今鄂州市一帶。出土銅印所見的「噩宮大夫」，指鄂縣大夫，管理今鄂州至大冶一帶的鄂縣。

此外還有一個問題需要注意，就是東鄂說所說的東鄂的具體位置。黃盛璋先生提到在鄂州附近有兩個鄂王城，都是先秦城址，其一在鄂城縣（今鄂州市）西南二里，其二是馬跡鄉的鄂王城，即前文已經提到的位於今大冶市高河鄉胡彥貴村的鄂王城[①]。從近年來的考古調查和發掘情況來看，在鄂州市鄂城區南兩公里的地方曾發掘出30座墓葬，大部分為楚墓，其時代從戰國中期一直延續到秦漢之際或西漢初，但未提及周圍是否有城址[②]。如果鄂州西南二里果真存在一戰國城址的話，這些墓葬安葬的應該是此城的貴族、居民。在大冶市高河鄉的鄂王城，城址見存，面積約十二萬平方公

---

① 黃盛璋：〈再論鄂君啟節交通路線復原與地理問題〉，載《安徽史學》，1988年第2期。
② 湖北省鄂城縣博物館：〈鄂城楚墓〉，載《考古學報》，1983年第3期。

第
三
章

楚
國
封
君
匯
考

尺，以戰國遺存居多^①。兩處相距約四十公里，並不太遠，可能都是鄂地所在，或許其中之一為鄂君封邑，另一個為楚鄂縣城址。

十一、陽君

包山簡中有「陽君」的記載，作「�昜君」或「𡎴君」^②，應是楚懷王時期的封君。

簡163：……𡎴君之人……

簡176：……𡎴君之人……

江陵天星觀一號墓所出竹簡中有「陽令」，乃助喪官員之一^③。何浩、劉彬徽先生認為陽令為陽縣主管官員，《漢書 地理志》南郡「臨沮」縣下記載有入沔的陽水，自今宜城東南，流經宜城、鍾祥境，楚陽縣及陽君封地，或有可能在漢代的陽水流域，今鍾祥西北境與宜城交界的漢水西側^④。顏世鉉先生贊同此說^⑤。劉彬徽先生後來進一步指出，「據《漢書 地理志》注，有流經江陵入沔的陽（或寫作揚）水。戰國陽君封地或許在楚郢都江陵以東近漢水處之某地^⑥」。劉信芳先生懷疑陽君封地在《漢書 地理志》潁川郡下的「陽城」縣，即今河南登封東南^⑦。

---

① 大冶縣博物館：〈鄂王城遺址調查簡報〉，載《江漢考古》1983年第3期；國家文物局主編：《中國文物地圖集 湖北分冊》「大冶市文物圖」，西安地圖出版社2002年版，圖版第128～129頁，《文物單位簡介》，第47頁。

② 按，「陽」在楚系文字中常加土繁化，作「𡎴」。參閱何琳儀：《戰國古文字典》，中華書局1998年版，第661、666頁。

③ 湖北省荊州地區博物館：〈江陵天星觀1號楚墓〉，載《考古學報》，1982年第1期。

④ 何浩、劉彬徽：〈包山楚簡「封君」釋地〉，載湖北省荊沙鐵路考古隊：《包山楚墓》上冊，文物出版社1991年版，第569～579頁。

⑤ 顏世鉉：《包山楚簡地名研究》，臺灣大學中國文學研究所碩士論文，1997年，第98頁。

⑥ 劉彬徽：〈包山楚簡論述〉，原載《古文字研究》第20輯，收入所著《早期文明與楚文化研究》，嶽麓書社2001年版，第178～188頁。

⑦ 劉信芳：《包山楚簡解詁》，藝文印書館2003年版，第171頁。

今按，位於今登封的古陽城，其地在戰國中晚期屬韓，登封說似不確 ①。我們注意到楚國有地名「陽丘」，見於《左傳 文公十六年》，又見於鄂君啟車節銘文，地在「鄂市」與「方城」之間，譚其驤先生認為應該在秦陽城縣、漢堵陽縣，今河南方城縣東6里，陳偉先生贊同此說 ②。應該是可信的。何浩、劉彬徽先生認為包山簡中的陽君封地「陽」和鄂君啟節中的「陽丘」都是楚懷王時期的地名，應該不在一處 ③。我們認為陽君封地是有可能在楚陽丘附近地區的。從先秦時期的「陽丘」，到秦代的「陽城」，再到漢代的「堵陽」，說明這一地域內地名的更換基本是以「陽」字為中心的，也許是因為當地地名不少與「陽」有關。前文已經提到，「樂君」封地有不少與「樂」字相關的地名，如樂平、樂鄉、樂成等，它們可能同出一源。陽丘、陽城、堵陽之名的出現可能與之類似。當然，這並不是說陽君封地就一定在陽丘，而是可能在其附近地域某個以「陽」為名的地方，在懷王時期，這兩個地方是有可能並存的。較之陽君封地在陽水之說，此說所依據的史料時代較早，似乎更顯恰當一些。

《史記 春申君列傳》（卷七八）中黃歇提到「陽文君」，為楚懷王之子，頃襄王之弟。黃歇建議楚太子完回國，否則頃襄王病卒後陽文君之子可能即楚王位，他說：

秦之留太子也，欲以求利也。今太子力未能有以利秦也，歇憂之甚。而陽文君子二人在中，王若卒大命，太子不在，陽文君子必立為後，太子不得奉宗廟矣。

---

① 參閱本章第三節「陽城君」部分。
② 譚其驤：〈鄂君啟節銘文釋地〉，收入所著《長水集》下，人民出版社1987年版，第193～211頁；陳偉：〈《左傳》文公十六年伐楚之戎地望辨析〉，載《江漢論壇》，1988年第12期。
③ 何浩、劉彬徽：〈包山楚簡「封君」釋地〉，載湖北省荊沙鐵路考古隊：《包山楚墓》上冊，文物出版社1991年版，第569～579頁。

學者們或以為「陽文」為陽文君之封邑，但其地待考[1]。不過還可以提出另一種推測，「文」有可能是謚號，「陽文君」本即「陽君」，封於「陽」地。陽文君或許在頃襄王時期卒歿，謚「文」，所以對太子完的王位沒有威脅，黃歇說要提防陽文君之子，而未提及陽文君本人，其原因可能在此。

從時代上看，懷王諸子之一受封為陽君，包山簡所見的「陽君」與黃歇提到的「陽文君」有可能是同一人。簡文之「陽君」可能受封未久，頃襄王時期，隨著秦軍東侵，楚王東遷，其封邑亦當陷落，其家族或隨楚王東遷。封邑喪失後，陽君之子可能未保有或繼承其封號，而是留居陳郢，所以在頃襄王病危之際，黃歇擔心太子不返回楚國的話，陽文君之子可能會即位為王。

綜上所述可知，「陽君」或是楚懷王之子，受封於懷王時期，謚「文」，封地在河南方城縣以東一帶。頃襄王時期，隨著秦軍侵楚，「陽君」喪失封邑。

十二、新野君

包山簡文中有「新埜君」，內容如下：

簡172—173：……新埜君之州加公……

《考釋》說：「新埜，地名。埜為野之古文。」何浩、劉彬徽先生說，《漢書　地理志》、《續漢書　郡國志》南陽郡均轄有新野縣，當沿襲楚地舊稱。漢新野故城在今河南新野縣南，楚新野君封邑當在此[2]。

---

① 石泉主編：《楚國歷史文化辭典》「陽文」條，武漢大學出版社1997年修訂版，第172頁。

② 何浩、劉彬徽：〈包山楚簡「封君」釋地〉，載湖北省荊沙鐵路考古隊：《包山楚墓》上冊，文物出版社1991年版，第569~579頁，載劉彬徽：〈包山楚簡論述〉，原載《古文字研究》第20輯，收入所著《早期文明與楚文化研究》，嶽麓書社2001年版，第178~188頁。

顏世鉉、劉信芳等先生都贊同此說 [1]。

今按，新野君封地在今新野縣南，當無疑問。顧祖禹《讀史方輿紀要》載：「新野故城，在縣治南。漢置縣於此……唐末縣廢，元始複置縣。今城周四里，即元時故址云。」[2] 兩漢新野縣當承襲自楚國的新野邑。

第三節　淮河流域楚封君探疑

一、棠君與䣙君

前文我們已經就《左傳　昭公二十年》所見「棠君尚」的性質作了分析，雖然從楚國封君出現和發展的歷史過程來看，平王時期出現封君的可能性相對較小，但也不宜輕易否定。包山楚簡載有「䣙君」與地名「䣙」，一些學者推測「棠」和「䣙」或指一地，是有一定道理的 [3]。如果「䣙」與「棠」所指代的是同一地的話，有必要重新對棠邑地望進行考證和梳理。

「棠」地望所在，有三種說法。

（一）**江蘇六合說**。《左傳　襄公十四年》（前559年）有「子囊師於棠，以伐吳」的記載，後世多認為此「棠」與「棠君」之棠為一地，唐《括地志》云：「揚州六合縣，本春秋時棠邑，伍尚為大夫也。」[4] 宋羅泌《路史》載：「堂，棠也。伍尚封號棠君，今揚之六

---

① 顏世鉉：《包山楚簡地名研究》，臺灣大學中國文學研究所碩士論文，1997年，第88頁；劉信芳：《包山楚簡解詁》，藝文印書館2003年版，第200頁。

② 顧祖禹撰，賀次君、施和金點校：《讀史方輿紀要》（卷五一），河南六，鄧州新野縣「新野故城」條，中華書局2005年版，第2423頁。

③ 參閱本書第二章第二節。

④ 李泰撰，賀次君輯校：《括地志輯校》（卷四），揚州「六合縣」條，中華書局1980年版，第215頁。

合。」①宋程公說《春秋分記》：「襄十四年，楚子囊師於棠，昭二十年棠君尚。楚邑也，今真州六合縣。」②嘉慶《一統志》所敘頗詳，言：「堂邑故城，在六合縣北，春秋時，楚棠邑，後又屬吳。《左傳　襄公十四年》：『楚子囊師於棠，以伐吳。』又伍尚為棠邑大夫。《史記　刺客傳》：『專諸，吳棠邑人是也。』」③劉信芳先生贊同此說，認為簡文「鄝」之地望與「鄝君」封邑所在之「棠」，在今江蘇六合縣④。

（二）**河南遂平說**。《左傳　定公五年》（前505年）有吳夫概王奔楚為堂谿氏的記載，故另有一些學者認為棠君之「棠」與子囊「師於棠」之棠恐非一地，棠即後來封予吳夫概的棠谿。清沈欽韓首倡此說：「顧棟高謂是江寧府六合縣故棠邑者，非也，此當與楚近。《讀史方輿紀要》：『棠谿城，在汝寧府遂平縣西北百里。』《史記正義》：『故城在豫州郾城縣西八十里。』」⑤《左傳　昭公二十年》楊伯峻注云：「棠，地名。《路史　國名紀三》謂今之江蘇南京市之六合縣，恐不確。沈欽韓《地名補注》謂即棠谿城，據《讀史方輿紀要》，在今河南遂平縣西北百里，或然。」⑥東漢應劭《風俗通義》有《姓氏篇》，雖已亡佚，但後人多有輯佚，其中一條佚文是關於「堂氏」的，吳樹平先生《風俗通義校釋》一書據邵思《姓解》三輯錄云：「（堂氏），楚伍尚為棠邑大夫，即棠谿也。伍尚時有以棠為氏

① 羅泌：《路史　國名紀三》（卷二六），載《四庫全書》，第383冊，臺灣商務印書館影印文淵閣本1983年版，第287頁。
② 程公說：《春秋分記　疆理書第十一》（卷三五）「棠有二」條，載《四庫全書》，第154冊，臺灣商務印書館影印文淵閣本1983年版，第377頁。
③ 《嘉慶重修一統志》（卷七四），江寧府古跡「堂邑故城」條，中華書局1986年版。
④ 劉信芳：《包山楚簡解詁》，藝文印書館2003年版，第45頁。
⑤ 沈欽韓：《春秋左氏傳地名補注》（卷一〇）之昭公二十年「棠君尚」條，《叢書集成》（初編），中華書局1985年新一版，第101頁。
⑥ 楊伯峻：《春秋左傳注》，中華書局1990年版，第1408頁。

120

者，後人寫字訛，乃有棠姓。」①徐少華先生也據此論曰：「應劭為東漢後期南頓人，故居去棠谿不遠，其說當更可信。清人沈欽韓、今人楊伯峻先生均采此說，是正確的。」②並認為「鄘君」封邑應該在棠谿，即今河南遂平縣西北一帶③。

（三）**安徽六安說**。石泉先生在對江蘇六合說表示懷疑的基礎上提出此說，他談道：

棠邑果在今江蘇六合縣境，則楚地且深入吳之內地矣。夫即以舊說為據，則今巢湖以南、無為以至長江皆目為吳楚必爭之地矣，而楚安得複於吳邊境之後據有棠邑？果有之，則將為吳人腹心之疾，吳人當屢攻此地以絕後顧之憂，而史所載吳楚戰役僅此一見，明其非衝要之區也。夫楚之鳩茲、衡山並不在江南，棠之不能在江蘇六合，理同也。

考《一統志》（卷一三三）於記六安州古跡「六縣故城」條注引《寰宇記》云：「今縣北十三里有古城，名六合城。」而顧氏《大事表》引《寰宇記》云：「六合，古棠邑。」則以情理推之，棠邑或亦當在今六安以北之地也。至專諸所居之棠邑，當非此棠邑，何則？據《史記　刺客列傳》，伍胥初奔吳識專諸之時，楚之棠則未聞墜陷於吳。考《漢書　地理志》載，臨淮郡有堂邑縣，臨淮郡地望在淮東，為吳之內地，專諸居地當在此。《史記　刺客列傳》、《索隱》亦定其在此也。④

①　吳樹平：《風俗通義校釋　佚文》，天津人民出版社1980年版，第482頁。
②　徐少華：《周代南土歷史地理與文化》，武漢大學出版社1994年版，第281頁。
③　徐少華：〈包山楚簡釋地十則〉，載《文物》，1996年第12期。
④　石泉：〈從春秋吳楚邊境戰爭看吳楚之間疆界所在〉，載所著《古代荊楚地理新探　續集》，武漢大學出版社2004年版，第307頁。

第三章　楚國封君匯考

今按，河南遂平說中吳樹平所收佚文並非應劭原文，輯文後半段乃邵思之語，應劭並無棠邑即棠谿之論。理由有三：

其一，檢邵思《姓解》（卷三）「堂」條原文，其云：「風俗通楚伍尚為棠邑大夫即棠谿也今揚州六合縣是其地伍尚時有以棠為氏者後人寫字訛乃有堂姓。」①吳氏輯文較之略去「今揚州六合縣是其地」一句，又將此句前後兩段並認為是應劭所言，謬甚。

其二，吳氏在所輯此條下云：「按此條《廣韻》卷二，唐第十一引作『堂，楚邑大夫五尚為之，其後氏焉』。」②以為《姓解》和《廣韻》所引不同，實誤。王利器先生《風俗通義校注》也輯錄了關於棠氏的佚文，云：「堂氏，堂，楚邑，大夫五尚為之，其後氏焉。」此條佚文輯自《廣韻》下平聲卷二《唐第十一》、《姓解》三、《姓氏急就篇》上、《續事始》等史籍篇章。又加按語引《姓解》云：「《風俗通》：『楚伍尚為堂邑大夫。』即棠谿也。今揚州六合縣是其地。伍尚時，有以棠為氏者，後人寫字訛，乃有堂姓。」③比較《姓解》、《廣韻》等所引與吳樹平所輯我們不難發現：只有《姓解》有「即棠谿也……」的記載，其他諸書均無④，此應為邵思自己的觀點，王利器先生參閱諸本，認為《姓解》所引《風俗通》僅有前小半句，故其標點方式可信，《姓解》引應劭語實與其他諸書基本一致，諸誤會皆因吳氏所輯太過粗糙，隨意篡改，導致邵思之言竄入，使後人以為此本為應劭原文而致。

其三，《括地志》引應劭云：「吳王闔廬弟夫概奔楚，封之於堂谿氏。本房子國，以封吳，故曰吳房。」⑤結合前引王利器輯文

---

① 邵思：《姓解》（卷三），《叢書集成》（初編），中華書局1985年新一版，第121頁。按，原文據古逸叢書刻本影印，無標點，為方便下文比較，此處也直錄而不加標點。

② 吳樹平：《風俗通義校釋 佚文》，天津人民出版社1980年版，第482頁。

③ 吳樹平：《風俗通義校釋 佚文》，天津人民出版社1980年版，第522頁。

④ 參閱周祖謨：《廣韻校本》下平聲卷二《唐第十一》，中華書局2004年版，第180頁。

⑤ 司馬遷：《史記》（卷三一）《吳太伯世家》張守節《正義》引，中華書局1982年版，第1467頁。

可見，應劭在論述棠谿和棠君時分而言之，並未談及二者之間有何聯繫。棠谿地望一般認為在河南遂平①，《姓解》認為棠和棠谿均在六合，似有混淆之嫌。

其四，《括地志》一方面認為棠和棠谿地望不同，另一方面又有許多引用應劭之處，如若應劭認為「棠即棠谿」，《括地志》亦應有所參考或提及，但從現存的記載來看沒有這些內容，這從側面反映應劭應無「棠即棠谿」的觀點。

從上述分析可見，河南遂平說是清代以來才出現的觀點，並無充分的證據支撐；而江蘇六合說，誠如石泉先生所言，因六合處吳內地，楚之棠邑於此的可能性不大。石泉先生提出楚之棠邑或在今安徽六安，與吳之堂邑並非一地，此說最足憑信，今略加補證。

《左傳　襄公十四年》所載吳楚之戰原文如下：

秋，楚子為庸浦之役故，子囊師於棠，以伐吳。吳人不出而還。子囊殿，以吳為不能而弗儆。吳人自皋舟之隘要而擊之。楚人不能相救。吳人敗之，獲楚公子宜谷。

此處出現兩個地名：棠、皋舟之隘，石泉先生以為「皋舟之隘」，「地亦不可考，當在棠邑左近也」②。今檢《太平寰宇記》，「六安縣」條下載：

皋陶塚，在縣北十五里……今縣北十三里有二古城，一為六合

① 按，棠谿地望所在，各類文獻的記載雖多有抵牾之處，但不出遂平、西平附近。徐少華先生曾仔細辨明，認為「吳夫概王所封之古堂谿城、漢晉堂谿亭，當位於今河南遂平縣西北境地，去西平縣西南界不遠」，參閱徐少華：《周代南土歷史地理與文化》，武漢大學出版社1994年版，第155頁。應可憑信。
② 石泉：〈從春秋吳楚邊境戰爭看吳楚之間疆界所在〉，載所著《古代荊楚地理新探　續集》，武漢大學出版社2004年版，第307頁。

城，一為白莎城。上有皋陶廟，東五里有皋陶塚。《左傳》：文公五年，「楚人滅六與蓼。臧文仲聞而歎曰：『哀哉！皋陶、庭堅不祀忽諸。』」①

六為皋陶之後，蓼為庭堅之後②，六國故地以「皋」、「皋陶」命名者必不少。若「棠」即六合城，則皋陶廟當距之不遠，「皋舟之隘」或亦在此附近，因此得名。六合、皋陶廟與棠、皋舟之隘似可互證。

《讀史方輿紀要》六安州下載有「白沙城」，云：「白沙城，在縣北十三里。志云：其地有兩城，一名白沙，一名六合，相傳漢高與項羽相距處。」③由此觀之，白沙、六合二城似互為遙望，兩城之間或有隘口，敵對兩軍方可各占一城，成對峙態勢。比對襄公十四年吳楚之戰，若子囊所師之棠果在六合城，則其軍必分在六合、白沙二城而成遙相呼應之勢，吳人所自之「皋舟之隘」當即兩城間之隘口，切斷兩城聯繫，故有「要（腰）而擊之」、「楚人不能相救」之語。因此，從地形、城址分布上看，此說也頗合當時情形。又，既傳此二城為劉項對峙處，其出現當早於秦，或為楚滅六、蓼後所城。

《史記　刺客列傳》（卷八六）載：

專諸者，吳堂邑人是也。伍子胥之亡楚而如吳也，知專諸之能……伍子胥知公子光之欲殺吳王僚，乃曰：「彼光將有內志，未可說以外事。」乃進專諸於公子光。

---

① 樂史：《太平寰宇記》（卷一二九），淮南道七，壽州六安縣「皋陶塚」條，中華書局2007年版，第2533頁。

② 參閱徐少華：〈古蓼國歷史地理考異〉，載《歷史地理》第14輯，上海人民出版社1998年版，第202～210頁。

③ 顧祖禹撰，賀次君、施和金點校：《讀史方輿紀要》（卷二六），南直八，六安州「馬頭山」附「白沙城」條，中華書局2005年版，第1291頁。

太史公明言專諸乃吳之堂邑人，非楚之棠，而棠君伍尚乃伍胥之兄，可知專諸、伍尚為同時期人，專諸為吳人，自不可出生於楚之棠，故棠君之「棠」與專諸之「堂邑」非一地明矣。

綜而言之，楚滅六、蓼之後，或曾在今六安北築二城，其一名六合城，又名棠，當為軍事要塞，子囊曾師於此，並與吳戰，「棠君尚」之「棠」、戰國時鄝縣與鄝君封邑可能都在此地附近。後經歷代傳承，多誤以楚之棠在江蘇六合，加之吳有堂邑，複又將三者混而論之，以為漢之堂邑侯國亦在一處。

除了認為「棠」、「鄝」可能指一地外，還有學者有不同的觀點。何浩、劉彬徽先生談道：

《說文‧邑部》：「鄝，地名。從邑，尚聲。」段注：「《廣韻》曰：鄝，地名。《說文》作鄝。」……可見鄝即黨字。《讀史方輿紀要》卷七十九襄陽府「光化縣」條說：「黨子口，在縣西北八十里……」黨子口位於湖北均縣、光化間的故均水東岸。這裡北出商、鄧，南接谷、房，控扼漢、丹，原為古代水陸津要之地。據此分析，鄝君封地，似應在此。[1]

今按，此說主要從音韻、訓詁學角度出發，兼與明清輿地著作相比對，可為一說，但似乎缺少早期文獻的支持，我們仍傾向於認同「棠」、「鄝」一地的觀點。

結合楚平王時期的棠君尚和楚懷王時期的鄝縣、鄝君，我們或許可以作出這樣的推測：1.若棠君即棠尹，伍尚為棠縣縣尹，則棠縣至少自平王始一直存在，即懷王時期的鄝縣，楚子囊曾陳兵此地與吳對

---

① 何浩、劉彬徽：〈包山楚簡「封君」釋地〉，載湖北省荊沙鐵路考古隊：《包山楚墓》上冊，文物出版社1991年版，第569～579頁。

峙，軍事上有一定的重要性，楚有於此設縣的可能。2.從現有材料來看，縣與封邑同名且同處一地者並不鮮見，鄔君封邑與鄔縣應同在鄔（棠）或其附近。3.若棠君為伍尚封號，棠為其封邑，則伍尚應是目前可知的楚國最早的封君，伍尚被殺後，封邑有可能被收歸中央，改設棠（或堂、鄔）縣，包山楚簡所見之鄔君乃後來所封。還有一種可能，棠邑也許仍由伍尚後代繼承，以邑為氏，包山楚簡所見之鄔君或為伍尚後代，不過從平王至昭王前期的政治形勢來看，這種可能性似乎不大。鄔君更有可能是後來所封，另有其人。

二、魯陽君

前文在討論惠王封公孫寬時曾引述了賈逵和韋昭注，注文認為《國語　楚語下》所說的「魯陽文子」即「魯陽公」，何浩先生以其說不確，認為《墨子》中的「魯陽文君」和《國語》所見「魯陽文子」都指公孫寬，而「魯陽公」見於曾侯乙簡和《淮南子》，當指魯陽縣公，與公孫寬恐非一人[①]。下面我們對此略加補證。

「魯陽文君」見於《墨子　耕柱》（卷一一）和《墨子　魯問》（卷一三）兩篇。所記載的內容都是魯陽文君與墨子的對話。在〈耕柱〉篇中墨子先向魯陽文君講述了大國攻小國的弊處：

> 子墨子謂魯陽文君曰：「……今大國之攻小國也，攻者農夫不得耕，婦人不得織，以守為事；攻人者，亦農夫不得耕，婦人不得織，以攻為事……」

又勸說楚國不要覬覦宋鄭之間的「間邑」：

> 子墨子謂魯陽文君曰：「今有一人於此，羊牛犓豢，維人但割

---

① 何浩：〈魯陽君、魯陽公及魯陽設縣的問題〉，載《中原文物》，1994年第4期。

而和之，食之不可勝食也。見人之作餅，則還然竊之，曰：『舍余食。』不知日月安不足乎，其有竊疾乎？」魯陽文君曰：「有竊疾也。」子墨子曰：「楚四竟之田，曠蕪而不可勝辟，評靈數千，不可勝，見宋、鄭之間邑，則還然竊之，此與彼異乎？」魯陽文君曰：「是猶彼也，實有竊疾也。」

　　墨子在此處作了一個比喻，一人雖有食之不勝的羊牛等，卻仍然覬覦他人之餅，是謂有「竊疾」，而楚國譬如此人，地方廣闊，不可勝辟，卻覬覦著地方狹小的宋、鄭之間的「間邑」。關於「間邑」所指，孫詒讓注解說：「『間邑』言空邑，與《王制》『間田』義同。」①

　　墨子提到的宋、鄭之間的「間邑」，當即《左傳》所說的宋、鄭之間的「隙地」。《左傳　哀公十二年》（前483年）載：

　　宋、鄭之間有隙地焉。曰彌作、頃丘、玉暢、嵒、戈、錫。子產與宋人為成，曰，「勿有是」。及宋平、元之族自蕭奔鄭，鄭人為之城嵒、戈、錫。九月，宋向巢伐鄭，取錫，殺元公之孫，遂圍嵒。十二月。鄭罕達救嵒。丙申，圍宋師。

　　哀公十三年又載：

　　十三年春，宋向魋救其師。鄭子賸使徇曰：「得桓魋者有賞。」魋也逃歸。遂取宋師於嵒，獲成讙、郜延。以六邑為虛。

　　記述的是兩國先就隙地達成一致意見，後又展開爭奪之事。杜

---

①　孫詒讓：《墨子·間詁》，中華書局2001年版，第437頁。

預注曰：「隙地，間田。」顯然，杜預所說的「間田」和孫詒讓引《禮記　王制》所說的「間田」所指應該一致。陳偉先生曾就宋、鄭之間「隙地」的性質作過仔細分析，認為隙地「恐怕具有重要的戰略地位或者經濟意義，而不大可能是一般意義上的荒地①」。這一觀點是可取的。墨子以楚田之「曠蕪」與宋、鄭之「間邑」，即隙地作對比，反映了「間邑」應該不是荒蕪之地。如果說「隙地」是「間田」的話，那麼「間邑」應當是指已經在隙地上築有城邑之後的狀態了。《左傳　哀公十二年》記載了位於隙地內的六地，並說鄭人在其中三地築城，第二年，即魯哀公十三年，提到了「六邑」，可能反映了六地在這一年都處在築有城邑的狀態之下。墨子所說的「宋、鄭之間邑」，說的應當是魯哀公十三年之後，即六地可能都有城邑，且不屬於宋、鄭任何一方，故楚國有覬覦之心。

〈魯問〉篇中有一章講的是墨子勸阻魯陽文君攻鄭之事，云：

　　魯陽文君將攻鄭，子墨子聞而止之……魯陽文君曰：「先生何止我攻鄭也？我攻鄭，順於天之志。鄭人三世殺其父，天加誅焉，使三年不全，我將助天誅也。」子墨子曰：「鄭人三世殺其父而天加誅焉，使三年不全。天誅足矣……」

這段文字中提到了鄭人三世殺其父的事情。清人蘇時學說「父」當做「君」，並引《史記　鄭世家》，認為指的是鄭人弒哀公而立聲公弟丑，韓武子伐鄭而殺幽公，以及子陽之黨共弒繻公三件事情②。黃式三則補充蘇說，認為「三年不全」指的是「鄭繻公被弒後三年

① 陳偉：〈關於宋、鄭之間「隙地」的性質〉，載《九州》第3輯，商務印書館2003年版，第172～179頁。
② 孫詒讓：《墨子閒詁》引蘇時學語，中華書局2001年版，第468頁。

也①」。孫詒讓以此二說並可疑，他說：

考文君即公孫寬，為楚司馬子期子。據《左傳》，子期死白公之難，在魯哀公十六年，次年寬即嗣父為司馬，則白公作亂時，寬至少亦必已弱冠。鄭繻公之弒，在魯穆公十四年，上距哀公十六年已八十四年，文子若在，約計殆逾百歲，豈尚能謀攻鄭乎？竊疑此「三世」，並當做「二世」，蓋即在韓殺幽公後。幽公之死當魯元公八年，時文子約計當七十餘歲，於情事儻有合耳。②

今按，孫氏之說指出了蘇、黃說的矛盾所在，即與公孫寬時代不合。但以「三世」為「二世」之誤卻也未必妥當。魯陽文君說鄭人三世弒君，而蘇說中提到的鄭幽公卻不是被鄭人弒殺，而是死於韓武子伐鄭，所以魯陽文君所說之事當另有所指。根據《史記　鄭世家》（卷四二），鄭共公之前鄭人弒君有以下這幾次：

1.「昭公二年……冬十月辛卯，渠彌與昭公出獵，射殺昭公於野。」

2.「靈公元年……夏，（子公與子家）弒靈公。」

3.「釐公五年，鄭相子駟朝釐公，釐公不禮。子駟怒，使廚人藥殺釐公，赴諸侯曰『釐公暴病卒』。」

4.「哀公八年，鄭人弒哀公而立聲公弟丑，是為共公。」

其中關於釐（僖）公的死因，鄭人對諸侯稱「暴病卒」，《春秋　襄公七年》記載此事時，也用了「卒」字，說：「鄭伯髡頑如會，未見諸侯，丙戌，卒於鄵。」如果將此例排除在外的話，那麼魯陽文君所說的可能是指鄭昭公、靈公、哀公被弒之事，而根據黃說對

---

① 孫詒讓：《墨子閒詁》引黃式三語，中華書局2001年版，第468頁。
② 孫詒讓：《墨子閒詁》，中華書局2001年版，第468～469頁。

「三年不全」的解釋，可以推測墨子和魯陽文君的對話可能發生在鄭哀公被弒後約三年，即前453年，楚惠王三十六年。

另外，據上引孫詒讓的解釋，魯陽文君公孫寬在白公之亂的時候至少已弱冠，那麼他與墨子對話時約四十六七歲，正值壯年，是有可能有伐鄭之志的。另外，《墨子　耕柱》篇中墨子與魯陽文君的對話也當在墨子游於魯陽之時，約前五世紀中葉，墨子提到的宋、鄭之間的「間邑」，在魯哀公十三年（前482年）之後也許繼續維持著無主的狀態，至墨子游於魯陽時才會被提到，而魯陽文君欲伐鄭或者也與爭奪宋、鄭間的「間邑」有關。

綜合以上分析可知，《國語　楚語下》所說的魯陽文子和《墨子》中墨子游於魯陽之時所見到的魯陽文君時代大致相當，應該是同一人，即楚國司馬公孫寬，諡號曰「文」。

除魯陽文子（君）外，傳世和出土文獻中還有「魯陽公」，指代的應是魯陽縣公，而非魯陽君。

《淮南子　覽冥訓》（卷六）載：「魯陽公與韓構難，戰酣日暮，援戈而撝之，日為之反三舍。」高誘注曰：「魯陽，楚之縣公，楚平王之孫，司馬子期之子，《國語》所稱魯陽文子也。楚僭號稱王，其守縣大夫皆稱公，故曰魯陽公。」其說與賈逵注基本一致，但更詳細，似當本自賈注。因魯陽文子（君）在先秦文獻中屢見，生平翔實，而魯陽公僅在此被簡略提及，所以賈逵等注解家可能會將此魯陽公附同於魯陽文子（君）。

根據何浩、李學勤等先生的分析，《淮南子》所說的魯陽公與韓交戰之事當在楚悼王時期，應無疑問。何浩先生還引用曾侯乙簡中出現的「魯陽公」來說明魯陽設縣肯定是在惠王晚期的前433年之前 ①。

---

① 何浩：〈魯陽君、魯陽公及魯陽設縣的問題〉，載《中原文物》，1994年第4期。李學勤：〈論包山簡魯陽公城鄭〉，載《清華大學學報》（哲學社會科學版），2004年第3期。

「魯陽公」見於曾侯乙簡162和簡195。或又作「魯公」，見於簡119。內容如下：

簡162：……魯陽公之……
簡195：旅陽公之路車三乘……
簡119：……旅公三乘路車。

曾侯乙簡《考釋》談道，簡119和簡195所記應是一事，「『旅公』即『旅陽公』之省」，又說，「『旅』與『魯』古音相近可通……疑『旅陽公』即162號簡『魯陽公』的異文」。包山簡的記載印證了這個觀點。

簡2：魯陽公以楚師後城鄭之歲……
簡4：……旅陽公以楚師後城鄭之歲……

楚人以大事紀年。簡文記載的魯陽公城鄭之歲，一般認為是楚懷王九年，前320年[①]。說明魯陽曾長期設縣。

綜合以上分析，楚魯陽公最遲出現於前433年，最晚至少延續到前320年。魯陽公指的是魯陽縣公，所以魯陽設縣也當在這一時間段。魯陽文子（君）即公孫寬，當在平定白公之亂（前479年），繼父職為司馬後受封於魯陽，至少曾生活至前453年，卒年不詳，是否有後人襲封亦不確。

《墨子 魯問》（卷一三）還曾記云：「魯陽文君曰：『魯四境之內，皆寡人之臣也。今大都攻其小都……』」結合《國語 楚語下》

---

① 王紅星：〈包山簡牘所反映的楚國曆法問題〉，劉彬徽：〈從包山楚簡紀時材料論及楚國紀年與楚曆〉，並載湖北省荊沙鐵路考古隊：《包山楚墓》上冊，文物出版社1991年版，第521~547頁。

所說的惠王「與之魯陽」的記載可知，公孫寬受封之時，封邑應包括魯陽全境。若此，則他受封之時魯陽並未設縣。關於作為封邑的魯陽和魯陽縣之間的關係，有兩種看法。其一，至少在前453年之前，魯陽一直為公孫寬封邑。從前453年至前433年之間，可能因魯陽文君卒而無後嗣承襲封邑，或因某種原因魯陽文君封邑被奪（可能性不大，因為魯陽文君諡「文」，當為正常去世），封邑被收回，然後設縣，縣大夫稱魯陽公。其二，公孫寬之後，其家族一直襲有封邑和「君」號，只是未見有相關的記載。而在前453年至前433年之間某一時間楚在魯陽同時設縣，與封邑並存，有可能是分魯陽境內「大都」、「小都」（當是大小城邑之意）中的一部分而置。

楚魯陽地望，學術界看法基本一致。《漢書　地理志》南陽郡下有魯陽縣，王先謙補注說：「戰國楚地，魏武侯取之。」[①]何浩先生說楚地魯陽在「古汝水上游支流滍水（今沙河）北岸」，「在今河南魯山」[②]。《中國文物地圖集　河南分冊》說魯陽故城在魯山縣城關一帶，為東周城址，面積10萬平方公尺，文化層厚2～4公尺[③]。楚魯陽地望在此，應無疑義。

三、平夜君

曾侯乙簡、新蔡簡和包山簡都見有「坪夜君」，一般讀為「平夜君」。曾侯乙簡的記載見於簡67、簡160、簡161、簡191。包山簡的相關內容可舉例如下：

簡181：……平夜君之州加公……

簡240：……舉禱文平夜君子良……

---

① 王先謙：《漢書補注　地理志上》（卷二八上），書目文獻出版社1995年版，第689頁。

② 何浩：〈魯陽君、魯陽公及魯陽設縣的問題〉，載《中原文物》，1994年第4期。

③ 國家文物局主編：《中國文物地圖集　河南分冊》「魯山縣文物圖」，中國地圖出版社1991年版，圖版第88～89頁，《文物單位簡介》，第90頁。

新蔡葛陵楚墓為平夜君成之墓，墓中出土竹簡對平夜君成與其先祖有較明確的記載，出土青銅器有「平夜君成之用戟」、「平夜君成之用戈」等①。

　　另外，散見青銅器有「平夜君成之載鼎②」、「平夜君成之饋鼎」等③。前文我們已經談道，包山簡所載的「文平夜君子良」，何浩先生推測認為就是《左傳　哀公十七年》所說的子良，為昭王之子，惠王之弟，亦即曾侯乙簡所記助喪之平夜君④。而包山簡181所提到的平夜君當是懷王時期的封君。

　　新蔡簡的出土驗證了何浩先生的推論，簡文記載的平夜君成祭禱的先王包括荊王（及荊王以下至文王）、文王（及文王以下至聲王）、平王、昭王、惠王、簡王、聲王，祭禱的先祖有文君、文夫人、子西君、王孫厭、盛武君令尹之子墩。子良應該是受封於平夜的首位封君，「文」是他的諡號。子良二傳至平夜君成⑤。新蔡簡的年代

①　河南省文物考古所：《新蔡葛陵楚墓》，大象出版社2003年版，第54、58頁。

②　按，羅振玉《三代吉金文存》（卷三）之十一收有此鼎銘文，以鼎文首字不識，名之「囗夜君鼎」，參閱羅振玉：《三代吉金文存》，中華書局1983年版，第260、286頁。其子羅福頤釋為「埇夜君成之載鼎」，參閱羅福頤：《三代吉金文存釋文》（卷三）《鼎中》之六百五十五，問學社1983年版，第8頁。饒宗頤承此說並多有發明，參閱饒宗頤：〈說竟重、重夜君與重皇〉，載《文物》，1981年第5期；〈關於重字與平夜君問題〉，載《文物》，1995年第4期等。裘錫圭采嚴一萍舊說，釋此字作「坪」，讀為「平」，參閱裘錫圭：〈談談隨縣曾侯乙墓的文字資料〉，載《文物》，1979年第7期；〈談曾侯乙墓鐘磬銘文中的幾個字〉（與李家浩合寫），收入湖北博物館等編《曾侯乙編鐘研究》，湖北人民出版社1992年版，第515～528頁，此說屢為近年來出土材料證實無誤。

③　按，李學勤先生談及此鼎，云為美國紐約蘇富比行圖錄「*The Robert Hatfield Ellsworth Collection: Chinese Archaicand Gilt Bronze*」一書所收。參閱李學勤：〈論葛陵楚簡的年代〉，載《文物》，2004年第7期。

④　何浩：〈文坪夜君的身分與昭氏的世系〉，載《江漢考古》，1992年第3期。

⑤　參閱河南省文物考古所：《新蔡葛陵楚墓》，大象出版社2003年版，第183～184頁；劉信芳：〈新蔡葛陵楚墓的年代以及相關問題〉，載《長江大學學報》（社會科學版），2004年第1期。或說平夜君成為子良之子。參閱宋華強：〈平夜君的世系及新蔡簡下限的考訂〉，載武漢大學簡帛研究中心編：《簡帛》第2輯，上海古籍出版社2007年版，第371～385頁。

下限，學者們認為是肅王四年（前377年）[①]，或說在前398年[②]，或認為在前401年到前395年之間[③]。如果依據第一說，從平夜君成卒歿至包山簡的年代，即懷王時期，至少已有五十年以上；若依後兩說，則至少有七十年以上。

關於平夜君成去世時的年齡，整理者通過鑒定後認為約在35至40歲之間，最多不超過45歲[④]。由此估計，承襲平夜君稱號和封邑的平夜君成之子，大概在十幾、二十歲左右。所以平夜君成之子襲為封君後，如果一直至懷王時期仍然在世的話，大概至少在70歲，或者90歲以上。從當時人的平均壽命估計，這種可能性不是很大，所以我們推測包山簡181中所出現的懷王時期的平夜君可能是平夜君成之孫。若此，平夜君家族世系序列如下：

（昭王→）平夜文君子良→王孫厭→平夜君成→？→平夜君某（見於包山簡）

楚懷王之後，平夜君封號和封邑是否繼續沿襲，目前還不得而知。《古璽彙編》第0102號為一方戰國璽印，裘錫圭、李家浩先生將印文釋作：「坪夜大夫□鈢」，並談道：「見於印文的『坪夜大夫』也無疑就是坪夜之地的大夫」[⑤]。

前文中已經談道，楚縣縣尹也稱縣大夫。我們懷疑此印為楚平夜

① 劉信芳：〈新蔡葛陵楚墓的年代以及相關問題〉，載《長江大學學報》（社會科學版），2004年第1期；李學勤：〈論葛陵楚簡的年代〉，載《文物》，2004年第7期。

② 劉彬徽：〈葛陵楚墓的年代及相關問題的討論〉，載《楚文化研究論集》第7集，嶽麓書社2007年版，第377～381頁。

③ 宋華強：〈平夜君成的世系及新蔡簡下限的考訂〉，載武漢大學簡帛研究中心編：《簡帛》第2輯，上海古籍出版社2007年版，第371～385頁。

④ 河南省文物考古所：《新蔡葛陵楚墓》，大象出版社2003年版，第38頁。

⑤ 裘錫圭、李家浩：〈談曾侯乙墓鐘磬銘文中的幾個字〉，收入湖北博物館等編《曾侯乙編鐘研究》，湖北人民出版社1992年版，第515～528頁。

縣大夫之璽印。如果這一推測不誤的話，似乎說明楚曾在平夜設縣。平夜縣和平夜君封邑應在一處。它們之間的關係有兩種可能：其一，在懷王時期或懷王之後的某個時期，因某種原因平夜君封邑被收回，平夜改設為縣。其二，在平夜君子良受封之後的某個時期，楚國中央政府分平夜一部分設縣，與平夜君封邑並存。根據下文的論述，我們推測平夜設縣很有可能是吳起變法削弱封君勢力的一個舉措，設縣時間或在平夜君成去世前後，當是分平夜君封地所設。

平夜君的封邑所在，距離平夜君成的墓葬大概不會太遠。裘錫圭先生曾談道：「『夜』、『輿』古音相近，『平夜』可以讀為『平輿』，平輿也是楚邑。[①]」「夜」為鐸部喻紐，「輿」為魚部喻紐，聲紐相同，魚、鐸部音可對轉，故「平夜」可讀作「平輿」。新蔡葛陵楚墓資料發表之後，整理者說：「『坪夜君』即『平輿君』的封邑應在今平輿一帶，而位於今天新蔡縣和平輿縣交界附近的『新蔡葛陵楚墓』和『葛陵故城』正是歷史上『坪夜君』的陵墓和封邑。[②]」據此，平夜君封邑當在今新蔡縣西北境。楚平夜縣地望大概也在此附近。

四、郷君、羕陵君

曾侯乙墓簡載有「郷君」，見於簡119、簡192，為曾侯乙助喪者之一。《考釋》云：「『郷』，從『邑』『羕』聲，即《左傳》昭公十三年『楚子……使監馬尹大心逆吳公子居養』之『養』，其地在今河南沈丘縣東，臨安徽省界首縣」。何浩先生談道，「羕、漾、郷、養古代通用」[③]。顏世鉉先生也說：「《說文》說漾，古文作瀁。所以羕、養、漾、郷都可以互相通用。」[④]學術界同意這個看法。

楚「郷君」至遲在惠王晚期已經出現，可能是惠王所封。《考

① 裘錫圭：〈談談隨縣曾侯乙墓的文字資料〉，載《文物》，1979年第7期。
② 河南省文物考古所：《新蔡葛陵楚墓》，大象出版社2003年版，第179頁。
③ 何浩：〈羕器、養國和楚國養縣〉，載《江漢考古》，1989年第2期。
④ 顏世鉉：《包山楚簡地名研究》，臺灣大學中國文學研究所碩士論文，1997年，第85～86頁。

第三章　楚國封君匯考

釋》提到《左傳 昭公十三年》載，奔楚的吳國二公子掩餘、燭庸受封於養。在本書第二章中我們曾對此有詳細論述。何浩先生認為鄴君的封地，本為養國故地，地望在河南沈丘東 ①。徐少華先生把鄴邑地望定位得更為精準一些，他提到鄴當在清代沈丘東，「清沈丘縣在今河南沈丘縣東南之沈丘集，則位於沈丘集東或東北的楚養邑當在今安徽界首至太和縣一帶 ②」。

近年來隨著新發現的㣿（養）國銅器和墓葬資料的公佈，學者們對㣿國的歷史及地望展開了新的討論 ③。徐少華先生在最近的一篇文章中對此問題進行了全面而詳細的梳理和考證，他認為㣿國應在淮河上游地區的今桐柏、泌陽一帶，中心約在桐柏縣月河鎮附近；位於今安徽界首附近的楚養邑，可能是由於魯昭公十四年（前528年）楚平王「滅養氏之族」後，將養氏移民安置於此而得名；《續漢書 郡國二》（卷一一〇）潁川郡「襄」縣下司馬彪原注提到的「養陰里」，地在今河南省寶豐縣與郟縣間，可能是由於魯昭公三十年楚昭王以界首附近的養邑封吳國二公子，再遷養人而得名。關於吳公子和簡文中所見「鄴君」的關係，有兩種可能：其一，吳公子受封後，其後人承襲封地，稱「鄴君」；其二，吳公子封邑被收回，改封其他貴族 ④。這些解釋和推測都是可以成立的。

① 何浩：〈㣿器、養國和楚國養縣〉，載《江漢考古》，1989年第2期。

② 徐少華：〈包山楚簡釋地五則〉，載《江漢考古》，1996年第4期。

③ 參閱董全生、張曉軍：〈從金文㣿、邥看古代的養國〉，載《中原文物》，1996年第3期；南陽市文物研究所、桐柏縣文管辦：〈桐柏月河一號春秋墓發掘簡報〉，載《中原文物》，1997年第4期；河南省文物考古研究所、桐柏縣文物管理委員會：〈河南桐柏月河墓地第二次發掘〉，載《文物》，2005年第8期；董全生、趙成甫：〈桐柏月河一號春秋墓相關問題研究〉，載《中原文物》，1997年第4期；雷英：〈小議養器與養國〉，載《中原文物》，2007年第1期；王鳳劍、牛珊珊：〈從南陽出土養器談古代養國〉，載《楚文化研究論集》第7集，嶽麓書社2007年版，第509～515頁；徐少華：〈㣿國銅器及其歷史地理探析〉，載《考古學報》，2008年第4期。

④ 徐少華：〈㣿國銅器及其歷史地理探析〉，載《考古學報》，2008年第4期；徐少華：〈包山楚簡釋地五則〉，載《江漢考古》，1996年第4期。

包山簡文載有「羕陵君」和「羕陵公」，相關內容如下：

簡86：……羕陵君之陳[開]邑人……
簡177：……羕陵公之人……

除見於包山簡的「羕陵公」之外，現存青銅器還有「羕陵公戈」，為戰國晚期器[①]。何浩、徐少華先生都認為羕陵公指的是楚羕陵縣縣公[②]。應該可信。

黃盛璋先生認為「羕陵」當在「養陰里」[③]。學界對此觀點多有辯駁，「養陰里」所在的地區在戰國中晚期已經不再屬楚，黃說應不妥[④]。關於羕陵縣及其與「羕陵君」、「鄝君」的關係，何浩、劉彬徽先生談道：「羕陵君的封地，自必是在羕陵縣境之內。至於鄝君與羕陵君的封地是不是同在一地，羕陵君是否屬於鄝君的後裔而襲其封爵者，限於資料，還難下斷語。」[⑤]劉彬徽先生後來指出，羕陵君封地應在豫東沈丘、界首之間的楚養邑[⑥]。徐少華先生認為羕陵君和鄝君可能是前後繼承的一系，封地在今安徽界首附近，羕陵縣與羕陵君封

① 參閱武漢市文物商店：〈武漢市收集的幾件重要的東周青銅器〉，載《江漢考古》，1983年第2期；劉彬徽：《楚系青銅器研究》，湖北教育出版社1995年版，第368頁；鄒芙都：《楚系銘文綜合研究》，巴蜀書社2007年版，第218~218頁。

② 何浩：〈羕器、養國和楚國養縣〉，載《江漢考古》，1989年第2期；徐少華：〈包山楚簡釋地五則〉，載《江漢考古》，1996年第4期。

③ 黃盛璋：〈鄝器與鄝國地望及與楚之關係考辨〉，載《江漢考古》，1988年第1期；黃盛璋：〈新發現的「羕陵」金版及其相關的羕器、曾器銘文中諸問題的考索〉，載國家文物局古文獻研究室編：《出土文獻研究續集》，文物出版社1989年版。

④ 參閱徐少華：《周代南土歷史地理與文化》，武漢大學出版社1994年版，第216~218頁；吳良寶：〈包山楚簡釋地三篇〉，載中國文字學會、河北大學漢字研究中心編：《漢字研究》第1輯，學苑出版社2005年版。

⑤ 何浩、劉彬徽：〈包山楚簡「封君」釋地〉，載湖北省荊沙鐵路考古隊：《包山楚墓》上冊，文物出版社1991年版，第569~579頁。

⑥ 劉彬徽：〈包山楚簡論述〉，原載《古文字研究》第20輯，收入所著《早期文明與楚文化研究》，嶽麓書社2001年版，第178~188頁。

第三章　楚國封君匯考

地可能不在同一區域，而在今桐柏一帶的蓈國故地 ①。

除「蓈陵」外，包山簡中還有地名「鄝」，內容如下：

簡177：……鄝辻令誅……

簡184：……鄝人……

簡186：……鄝邱公虓……蓈陵少旬尹燒。

劉信芳先生談道，

包山簡除「蓈陵」外，又有地名「鄝」，見簡177、184、186。其中簡177記有「蓈陵公」，又記有「鄝辻令誅」；簡186記有「蓈陵少旬尹燒」，又記有「鄝正公虓」，足證「蓈陵」、「鄝」是兩處地名。②

今按，此說較為可信。「蓈陵」、「鄝」均見於包山簡，應是同期存在的兩地。簡177載有「鄝辻令」，應是鄝地的官員。至於「鄝」的性質以及與曾侯乙簡所見的「鄝君」之關係，目前尚無法判明。不過「鄝」為楚縣的可能性比較大。若「鄝」為縣邑，則其地望有可能與曾侯乙簡所見「鄝君」封邑在同一處，在今河南沈丘縣沈丘集東至安徽太和縣一帶。而蓈陵與「鄝」地不在一處，可能如徐少華先生所言，在今桐柏一帶的蓈國故地。從現有材料看，名稱相同的「某縣」和「某君（侯）」封地基本在同一區域，因此我們認為至少在包山簡所反映的楚懷王時期，蓈陵縣與蓈陵君封地應該是並存的，其地望大約都在蓈國故地的桐柏一帶。

---

① 徐少華：〈蓈國銅器及其歷史地理探析〉，載《考古學報》，2008年第4期。
② 劉信芳：《包山楚簡解詁》，藝文印書館2003年版，第19頁。

此外，包山簡文中還記有「鄒（或作『隟』）公賜」（簡128、簡141、簡143）。《考釋》說：「隟，鄒字異體。」徐少華先生認為是兼陵公的簡稱[①]。劉信芳先生說，「鄒」字與「鄒」字有別，「『鄒公賜』為左尹官署的屬官，非鄒之地方官[②]」。今按，應以劉信芳先生之說為是。簡文中「鄒（隟）公賜」共出現三次，每次都出現於左尹之後，應是左尹屬官，與地名之「鄒」無涉。

綜合以上分析可知，其一，最遲在惠王晚期，楚國有「鄒君」，受封於「鄒」，地望約在今安徽界首至太和縣一帶，受封者可能是奔楚的吳國二公子掩餘、燭庸之後，或另有他人。惠王時期之後的「鄒君」傳承狀況不明，頗疑至懷王時期，「鄒君」也許已經不存，鄒地設縣。其二，至遲在懷王時期，楚有「兼陵君」和「兼陵縣」，二者應並處於兼陵，地望可能在兼國故地，以今河南桐柏縣月河鎮為中心的地區。

五、陽城君

曾侯乙簡文中有關於楚「陽城君」的記載，見於簡119、簡163、簡166、簡193。此「陽城君」應是惠王晚期楚國封君。《考釋》說：「《呂氏春秋　上德》有『陽城君』，曾參與謀害吳起事件。這件事發生在楚悼王剛死的時候，上距曾侯乙之死約四十二年，不知簡文的『陽城君』跟楚悼王時的『陽城君』會不會是一個人。」

《考釋》引述的《呂氏春秋　離俗覽　上德》（卷一九）篇關於楚陽城君的故事內容如下：

墨者鉅子孟勝，善荊之陽城君。陽城君令守於國，毀璜以為符，約曰：「符合聽之。」荊王薨，群臣攻吳起，兵於喪所，陽城君與

---

① 　徐少華：〈包山楚簡釋地五則〉，載《江漢考古》，1996年第4期。
② 　劉信芳：《包山楚簡解詁》，藝文印書館2003年版，第118頁。

焉，荆罪之。陽城君走，荆收其國。孟勝曰：「受人之國，與之有符。今不見符，而力不能禁，不能死，不可。」……孟勝死，弟子死之者百八十。

吳起變法，關係到封君利益。支持吳起的悼王死後，吳起受到攻擊，陽城君當參與此事。所說的「國」大概指的是陽城君的封邑「陽城」。

簡文所見之陽城君與《呂氏春秋》所記載的陽城君關係尚不明確，可能如《考釋》所言，二者所指為同一人，也有可能是前後承襲的關係。楚陽城君存續時間，上限至少在前433年，下限至悼王去世之年，即前381年。

「陽城君走，荆收其國」之後，陽城可能設縣。包山簡中有「陽城公」（簡120、簡121），說明至少在楚懷王時期，陽城已為楚縣。相關簡文記述了下蔡人在下蔡、陽城之間賣馬，並涉案殺人之事。

何浩、徐少華、劉信芳等先生都引用宋玉〈登徒子好色賦〉「惑陽城、迷下蔡」的詩句，以與簡文互證，認為楚「陽城」地當近於下蔡①。這一觀點應當無誤。但學者們關於陽城地望具體所在則有不同看法，因為先秦以「陽城」為名的城邑不少。徐少華先生曾結合前人研究略作總結說：

一是秦漢潁川郡之陽城縣，故址在今河南登封縣東南的告城鎮；二是秦南陽郡之陽城，漢改為堵陽，在今河南方城縣東；三是漢汝南郡之陽城縣，學術界將其定於今河南商水縣西南；四是《大明一統

---

① 何浩：〈楚國封君封地地望續考〉，載《江漢考古》，1991年第4期；徐少華：〈包山楚簡釋地五則〉，載《考古》，1999年第11期；劉信芳：《包山楚簡解詁》，藝文印書館2003年版，第109～110頁。

志》所載位於安徽宿州南之陽城。①

　　除第四個陽城地望僅見於晚期文獻外，其餘三個陽城都見於東周秦漢時期的史料。我們下面先對前三個陽城略作補述。

　　其一，秦漢潁川郡之陽城縣，原屬鄭，後為韓國所有。《戰國策　趙策一》（卷一八）「秦王謂公子他」章有「韓恐，使陽城君入謝於秦」的記載，此陽城君為戰國晚期韓桓惠王時的封君，其封地應在這個陽城，秦漢以其為縣。

　　其二，秦曾於今河南方城縣東置陽城縣，《史記　曹相國世家》（卷五四）載有「從南攻犨，與南陽守齮戰陽城郭東」，《集解》引應劭注曰：「今赭陽。」②赭陽即《漢書　地理志》所說「堵陽，莽曰陽城」之堵陽，王莽改曰陽城乃複秦之舊名。張家山漢簡《二年律令》有「陽成」（簡457），晏昌貴先生認為即此陽城③。說明秦至漢初其名未變，「堵陽」之名後出。

　　其三，《漢書　地理志》汝南郡下載有陽城侯國，《中國歷史地圖集》（以下簡稱譚圖）將其定在今河南商水縣西稍偏南④。

　　何浩先生先認為楚陽城君封地在今河南方城東，後重新定位於今河南商水縣西南，認為即《漢書　地理志》汝南郡所轄之「陽城」，並說「漢代陽城原為戰國時的地名，西漢不過是沿襲楚地的舊稱⑤」。劉信芳先生也認為可能在《漢書　地理志》汝南郡之「陽城⑥」。

①　徐少華：〈包山楚簡釋地五則〉，載《考古》，1999年第11期。
②　司馬遷：《史記　曹相國世家》（卷四五）裴駰《集解》引，中華書局1982年版，第2024頁。
③　晏昌貴：〈張家山漢簡釋地六則〉，載《江漢考古》，2005年第2期。
④　譚其驤主編：《中國歷史地圖集》第2冊「西漢　兗州、豫州、青州、徐州刺史部」地圖，中國地圖出版社1982年版，第19～20頁。
⑤　何浩：〈楚國封君封地地望續考〉，載《江漢考古》，1991年第4期。
⑥　劉信芳：《包山楚簡解詁》，藝文印書館2003年版，第109～110頁。

第三章　楚國封君匯考

今按，檢歷代注疏與地志，關於《漢書　地理志》汝南郡之陽城侯國的地望所在，頗有與商水縣西南之說不相合之處。

《明一統志》（卷三一）「汝寧府」載：「陽城故城，在府界。漢置縣，屬汝南郡，東漢省入汝陽。」①《讀史方輿紀要》也有類似的說法：「陽城縣城，在府界。漢縣，屬汝南郡，東漢初岑彭封此，後省入汝陽。」②明清汝寧府駐汝陽縣，即今汝南縣，按此說，「陽城故城」應當在今汝南縣。王先謙則在《漢書　地理志》汝南郡「陽城侯國」條下引《一統志》說：「故城今汝陽縣界。」③也認為「陽城故城」在清汝陽縣，今汝南縣。那麼為什麼又有觀點認為《漢書　地理志》汝南郡之陽城在今商水縣西呢？我們認為《明一統志》和《讀史方輿紀要》的記載起到了一定的誤導作用。兩書並謂西漢汝南郡之陽城在東漢時省入「汝陽」，今檢《續漢書　郡國志》與譚圖，東漢並無汝陽郡④，只有汝陽縣，在今河南省商水縣境。學者們可能因此將汝南郡之陽城定在兩漢汝陽縣西，今商水縣西。可以說《明一統志》和《讀史方輿紀要》的記載有易於混淆之處。

隋唐以前，汝陽縣（南北朝時汝陽郡治）地望均與兩漢同，在今商水縣。但到了明清時期，汝陽縣治則位於今汝南縣。因此可以有兩種推測：其一，如果《明一統志》和《讀史方輿紀要》所說的「東漢省入汝陽」果真可信的話，那麼西漢的陽城縣（侯國）應當位於東漢汝陽縣附近，即今商水縣，而兩書所提到的「陽城故城」在今汝南縣，應當不是西漢陽城縣（侯國）故址所在。其二，如果《明一統

---

① 李賢等撰：《明一統志》（卷三一），汝寧府古跡「陽城故城」條，《四庫全書》，第472冊，臺灣商務印書館影印文淵閣本1983年版，第786頁。

② 顧祖禹撰，賀次君、施和金點校：《讀史方輿紀要》（卷五〇），河南五，汝陽縣「陽城縣城」條，中華書局2005年版，第2359頁。

③ 王先謙：《漢書補注　地理志上》（卷二八上），書目文獻出版社1995年版，第682頁。

④ 另請參閱李曉傑：《東漢政區地理》「汝南郡沿革」部分，山東教育出版社1999年版，第25～29頁。

志》和《讀史方輿紀要》誤認為晚期的汝陽縣和兩漢汝陽都在今汝南縣的話，可能因為他們所見到的「陽城故城」位於隋唐後汝陽縣附近，所以臆測說「東漢省入汝陽」，不足憑信。若此，那麼兩書所提到的「陽城故城」應即西漢陽城縣（侯國）所在，東漢省並，仍為汝南郡所領。

比較這兩種推測，可以肯定的是，明清汝陽縣，今汝南縣，境內有「陽城故城」。所謂「東漢省入汝陽」之說不見於明以前的史料，可能是汝陽地名移位後明清人的臆測，不太可信。因此還是第二種推測的可信性略大，《漢書　地理志》汝南郡之陽城侯國地望，當以王先謙說為是，或不在商水縣西南，而在今河南汝南縣境內。

如果這一推測可以成立的話，西漢陽城侯國在今汝南縣，距離楚之下蔡所在的今安徽鳳台縣還是比較遠，似乎不是楚陽城縣所在。

徐少華先生認為楚陽城縣當在今安徽宿州南。他說：

安徽宿州南的陽城，位於下蔡以北（略偏東）一百多里，從相互之間的距離和關係來看，與簡文所載的情況較為接近。《大明一統志》（卷七），鳳陽府古跡「陽城」條說：「在宿州南，秦縣，陳勝生於此，漢屬汝南郡。」關於此陽城是秦縣、陳勝生地的說法，曾受到學術界的較多辯駁，尤其是作為漢汝南郡陽城侯國之論，更是出於附會，宿州一帶在漢時為沛郡轄地，與汝南郡之陽城應無關聯。但是《大明一統志》關於宿州南有古陽城的記載，對於我們認識和解決戰國中晚期淮河中游地區確有一處陽城或陽城縣存在的史實提供了一個有益的啟示，所言位於宿州南之古陽城，很可能就是包山簡文和宋玉〈好色賦〉所載戰國中晚期與下蔡相互關聯的楚之陽城，從當時的疆域形勢或相互關係來看，唯此陽城更符合實際。①

① 　徐少華：〈包山楚簡釋地五則〉，載《考古》，1999年第11期。

第三章　楚國封君匯考

的確，從地理形勢言之，陽城位於宿州南之說最為合理。但是，此說可依據的史料較少，時代也偏晚，是否可信仍有待驗證。在沒有更為可靠說法的情況下，本文暫且採用此說。

另外，《呂氏春秋　開春論　貴卒》（卷二一）篇載吳起變法「令貴人往實廣虛之地，皆甚苦之。荊王死，貴人皆來」。這些襲殺吳起的貴族中包括了陽城君，不知道他是否也曾因為這一變法政策而往實廣虛之地，導致封邑被遷徙。若是，則或仍以陽城來命名新的封邑，而封邑的地望則需要重新考慮。目前對此還缺乏充分資料來證實，暫且存疑。

綜上所述，楚陽城君至少在前433年至前381年之間存續。陽城君封邑被收歸之後，至遲至懷王時期曾設縣。楚陽城地望也許在今安徽宿州南。西漢汝南郡陽城侯國大概在今河南汝南縣境，與楚陽城關係尚不明晰。

六、盛君

隨州擂鼓墩二號墓曾出土一有銘銅簠，銘文內容如下：[①]

盛君縈之御簠。

關於「盛君縈簠」的年代，劉彬徽先生談道：「器上紋飾為細密蟠繞龍紋，流行於春秋晚期至戰國早期，迄今所見材料尚未見有晚至戰國中期的，看來此簠鑄造年代要略早於所在墓葬的年代，定為戰國早期為宜。」[②]關於「盛君縈」的身分，主要有四種觀點。其一，饒

---

① 參閱湖北省博物館、隨州市博物館：〈湖北隨州擂鼓墩二號墓發掘簡報〉與劉彬徽：〈隨州擂鼓墩二號墓青銅器初論〉兩文，並載《文物》，1985年第1期。銘文隸定參閱劉彬徽：《楚系青銅器研究》，湖北教育出版社1995年版，第336頁；鄒芙都：《楚系銘文綜合研究》，巴蜀書社2007年版，第137頁。

② 劉彬徽：《楚系青銅器研究》，湖北教育出版社1995年版，第336頁。

宗頤先生認為「盛」即郕國之「郕」，楚滅郕後以其國君為封君，擂鼓墩二號墓應即郕國國君、楚封君盛君縈之墓①。其二，吳郁芳先生認為盛、成、曾義通，盛君即曾君，盛君縈即曾君縈②。其三，黃錫全先生認為盛君可能是地處今山東的郕地人或齊之郕地的封君③。其四，何浩、賓暉（劉彬徽）先生認為盛為地名，名縈之封君應為楚貴族，非楚成氏之後，更非成國國君④。

今按，從戰國早期楚國的形勢來看，當時已經出現不少封君，而曾侯乙簡中又有許多封君名可以佐證之，故以何、劉二先生之說較為可信，「盛」當是盛君縈之封邑所在地。

除青銅銘文外，出土新蔡楚簡中也有相關的記載，內容如下：

乙一：13文夫人，舉禱各一佩璧。或舉禱於盛武君、令尹之子墩，各大牢，百☒

整理者談道：「盛武君應是封於盛的封君。」⑤ 這一觀點是可取的。「盛武君」之「武」，應與「平夜文君」、「魯陽文君」之「文」類似，都是諡號。又談道：「盛武君令尹之子墩在祭禱中位列文夫人之後，他與墓主平夜君成應有密切的關係，是何種關係不易推斷。」⑥ 簡文中，祭禱「盛武君、令尹之子墩」時，用牲為「各大牢」，由「各」字來看，祭禱對象恐非一人⑦。在墓主平夜君成祭禱

---

① 饒宗頤：〈談盛君簠——隨州擂鼓墩文物展側記〉，載《江漢考古》，1985年第1期。
② 吳郁芳：〈擂鼓墩二號墓簠名「盛君縈」小考〉，載《文物》，1986年第2期。
③ 黃錫全：《湖北出土商周文字輯證》，武漢大學出版社1992年版，第113頁。
④ 何浩、賓暉：〈盛君縈及擂鼓墩二號墓墓主的國別〉，載《楚文化研究論集》第1集，荊楚書社1987年版，第224～234頁。
⑤ 河南省文物考古所：《新蔡葛陵楚墓》，大象出版社2003年版，第183頁。
⑥ 河南省文物考古所：《新蔡葛陵楚墓》，大象出版社2003年版，第184頁。
⑦ 按，凡祭禱文書中用牲之前有「各」字時，祭禱物件一般為兩個或兩個以上。此觀點承陳偉先生示下，謹志謝忱。

的先祖中，有子西君，即令尹子西，我們懷疑令尹之子燉或是子西之子，平夜始封君子良的堂兄弟。

「武」應為諡號，「盛武君」也可稱作「盛君」，與銘文所見「盛君縈」可能有密切聯繫。從時代上看，新蔡簡祭祀的「盛武君」也許與平夜文君是同一時代的，都是戰國早期的人物，而「盛君縈簠」年代也與之相近，說不定二者所指為同一人。即使不是同一人，二者也應該都是盛地的封君，可能屬於同一封君家族。

下面來分析盛君的封邑所在。

盛、成、郕，上古音均在禪紐耕部，雙聲疊韻可通用。楚系簡牘中有「郕」、「成陽」、「城父」等地名，相關內容如下：

曾侯乙簡：

簡153：郕馬尹……
簡210＋52：……郕司馬一馬，郕馬尹一馬，大☒ [1]

包山簡：

簡145：……成陽辻尹成以告子司馬。

《上博六 平王與王子木》篇：

簡1：競平王命王子木至城父……[2]

---

[1] 按：此處從蕭聖中先生的編連和釋讀。參閱蕭聖中：《曾侯乙墓竹簡釋文補正暨車馬制度研究》，武漢大學博士學位論文，2005年，第10頁。
[2] 馬承源主編：《上海博物館藏戰國楚竹書（六）》，上海古籍出版社2007年版，第268頁。

何浩先生認為盛君封邑可能在《左傳 定公五年》所記地名「成臼」，即今鍾祥市北豐樂河入漢處附近區域①。顏世鉉先生贊同此說，並認為包山楚簡之「成陽」，曾侯乙簡之「郕」，也應在這一帶②。

今按，《戰國策 楚策四》（卷一七）「莊辛謂楚襄王」章有「秦果舉鄢、郢、巫、上蔡、陳之地，襄王流掩於城陽」的記載，城陽應即包山楚簡之「成陽」，漢汝南郡有成陽縣，均為一地，故城即今河南信陽市北五十餘里的楚王城③。

曾侯乙簡之「郕」，應是傳世文獻所載楚之「成縣」。《呂氏春秋 審應覽 重言》（卷一八）：「荊莊王立三年，不聽而好讔。成公賈入諫。」《說苑 辨物》（卷一八）：「王子建出守於城父，與成公乾遇於疇中，問曰：『是何也？』成公乾曰：『疇也。』」其事亦見於《上博六 平王與王子木》篇④。成公賈、成公乾應均為成縣縣公。成縣所在，顧久幸先生以為在成臼附近⑤，徐少華先生認為成公當即城父縣公，故太子建方能遇之於疇中，成縣（城父）地望在今寶豐縣以東、平頂山市以北⑥。此說更為合理，應可憑信。

此外，楚國還有一處「城父」，又名「夷」，原屬陳。《左傳 僖公二十三年》載：「楚成得臣帥師伐陳……遂取焦、夷。」杜預注：「夷，一名城父。」地望在今安徽亳州市東南。兩「城父」同名，但前一個又常稱「成（縣）」，或許當時以此來區分。

① 何浩：〈楚國封君封邑地望續考〉，載《江漢考古》，1991年第4期。
② 顏世鉉：《包山楚簡地名研究》，臺灣大學中國文學研究所碩士論文，1997年，第126頁。
③ 參閱徐少華：〈包山楚簡釋地十則〉，載《文物》，1996年第12期。
④ 參閱陳偉：〈讀《上博六》條記〉，「簡帛網」，2007年7月9日。
⑤ 顧久幸：〈春秋楚晉齊三國縣制的比較〉，載河南省考古學會等編：《楚文化覓蹤》，中州古籍出版社1986年版，第215～229頁。
⑥ 徐少華：《周代南土歷史地理與文化》，武漢大學出版社1994年版，第278、285頁；徐少華：〈上博簡《申公臣靈王》及《平王與王子木》兩篇疏正〉，載《古文字研究》第27輯，中華書局2008年版；徐少華：〈上博楚簡所載申公、城公考析〉，載陝西師範大學中國歷史地理研究所等編：《歷史地理學研究的新探索與新動向》，三秦出版社2008年版，第26~30頁。

第三章 楚國封君匯考

我們曾認為盛君封邑在楚城陽附近①。但未見有「城陽」稱「成」或「盛」的例證，而新出材料「平王與王子木」篇則證實了位於今河南的城父又稱「成」這一說法較為可靠，加之盛、成、郕可通用，盛君封邑「盛」與「城父」（成縣）、曾侯乙簡所見的「郕」實指一地的可能性相對增加了一些。簡文「郕」地設有司馬等官，其性質可能是楚縣，這與城父（成）曾設縣的記載也相一致。這樣看來，位於河南的楚城父一帶春秋至戰國早期曾設縣，又稱成縣，而戰國早中期楚國的「盛君」封地也可能在此附近，不知是改縣為盛君封地還是二者在戰國時期曾並存過。

　　綜上所述可知，在戰國早中期，楚國曾有「盛君」家族，為楚封君，其中有一代封君名「縈」，又有一代封君諡「武」，可能與平夜君家族有比較密切的聯繫。盛君的封邑在楚城父，今河南寶豐縣以東、平頂山市以北的可能性比較大。

七、鄯（艾）君

　　1971年江陵拍馬山M10出土一楚式戈，上有銘文四字，發掘簡報釋作「都君用寶」，並將此墓年代定為春秋晚期②。黃盛璋先生認為當讀作「鄯君作造」，墓葬年代在戰國早期③。李零先生認為銘文第一、三字不識，第四字疑是「寶」、「有」二字合文，墓葬年代也定在戰國早期④。

　　何琳儀先生釋作「鄯君凤寍」，讀為「艾君鳳寶有」，墓葬年代定在戰國早期⑤。何浩先生仍暫從簡報所釋，認為都君封邑在今鍾

---

①　拙文：〈新蔡葛陵楚簡地名雜識三則〉，載丁四新主編：《楚地簡帛思想研究（三）》，湖北教育出版社2007年版，第580～587頁。

②　湖北省博物館等：〈湖北江陵拍馬山楚墓發掘簡報〉，載《考古》，1973年第3期。

③　黃盛璋：〈江陵拍馬山鳥篆銘文戈新釋〉，載湖北省社會科學院歷史研究所編：《楚文化新探》，湖北人民出版社1981年版，第156~159頁。

④　李零：〈楚國銅器銘文編年匯釋〉，載《古文字研究》第13輯，中華書局1986年版，第353~398頁。

⑤　何琳儀：〈戰國兵器銘文選釋〉，載《考古與文物》，1999年第5期。

祥西北蠻河以南的麗陽驛附近①。黃錫全先生認為可暫從何說釋為「藝」，讀為「汉」，「汉君」即楚汉地封君。古楚地有水，經今之漢川入漢水，漢川也因此曾名汉川或义川②。

今按，漢川漢代為安陸縣地，南朝為梁安郡地，西魏改名汉川，沿用至宋初方改名义川，但為時不久，太平興國二年（977年）改為今名③。黃說略顯薄弱。今仍從何琳儀先生「艾君」之說，年代應以定在戰國早期比較合適。

何琳儀先生認為「艾」在今江西修水縣西百里，艾君鳳可能是吳公子慶忌的繼承人④。《左傳　哀公二十年》有與吳公子慶忌相關的記載，云：「吳公子慶忌驟諫吳子，曰：『不改，必亡。』弗聽。出居於艾，遂適楚。聞越將伐吳，冬，請歸平越，遂歸。欲除不忠者以說於越，吳人殺之。」杜預注：「艾，吳邑。豫章有艾縣。」從這段記載來看，慶忌適楚的時間很短，且艾地應屬吳，恐與戈銘所見的「艾君」關係不大。

今檢地志，《魏書　地形志》載潁州轄有財丘、梁興二郡，領縣四，其一為梁興縣，魏收注曰：「蕭衍置，魏因之。有艾亭丘。⑤」「艾亭丘」地名的得名也許有一定的淵源，不知是否與楚國艾君的封邑有某些關聯。

關於南北朝時期梁興縣所轄的艾亭丘的地望，嘉慶《一統志》潁州府古跡「古艾亭」條有記載，云：「古艾亭，在阜陽縣西南一百七十里，汝河之南，與河南汝寧府新蔡縣接界，《魏書　地形

---

① 何浩：〈楚國封君封邑地望續考〉，載《江漢考古》，1991年第4期。

② 黃錫全：《湖北出土商周文字輯證》，武漢大學出版社1992年版，第154～155頁。

③ 顧祖禹撰，賀次君、施和金點校：《讀史方輿紀要》（卷七六），湖廣二，「漢川縣」條，中華書局2005年版，第3350頁。

④ 何琳儀：〈戰國兵器銘文選釋〉，載《考古與文物》，1999年第5期。

⑤ 魏收：《魏書　地形志中》（卷一○六）「潁州」條，中華書局1974年版，第2562頁。

第三章　楚國封君匯考

志》『梁興』有艾亭邱。」①按今阜陽市西南有艾亭鎮（駐地又名艾亭集），現屬臨泉縣，西側及西北側臨洪河，隔河與新蔡縣相望，此處當是「艾亭丘」地望所在。

如果「艾亭丘」之名是從先秦兩漢時代沿襲下來的話，那麼也許與楚國艾君的封地有些相關，艾君的封邑或就在古艾亭附近，即今安徽臨泉縣艾亭鎮一帶。

綜上所述可知，戰國早期楚國可能曾有「艾君」，或名「鳳」，傳承狀況不明。封邑「艾」地望不明，也許在今安徽臨泉縣艾亭集一帶。

八、晉（葉）侯

《上博四 柬大王泊旱》篇載有「晉侯」，為楚國太宰，相關內容如下：

簡10：……君王當以問大宰晉侯，彼聖人之子孫……

簡19：……陵尹、釐尹皆絧其言以告大宰：君聖人虞良長子……

簡22：……令尹子林問於大宰子步…… ②

劉信芳先生撰文指出，「虞良」即傳世文獻常見的葉公「諸梁」。此「太宰」是葉公諸梁之子，受封為「晉侯」，為楚封君。郭店簡《緇衣》「晉公」，今本《禮記 緇衣》作「葉公」，因而可以考慮釋簡文「晉侯」為「葉侯」③。

---

① 《嘉慶重修一統志》（卷一二八），潁州府古跡「古艾亭」條，中華書局1986年版。

② 參閱馬承源主編：《上海博物館藏戰國楚竹書（四）》，上海古籍出版社2004年版，第203～214頁。另參考了陳劍、劉信芳等先生的斷句，參閱陳劍：〈上博竹書《昭王與龔之脽》和《柬大王泊旱》讀後記〉，「簡帛研究網」，2005年2月15日；劉信芳：〈上博藏竹書《柬大王泊旱》聖人諸梁考〉，載《中國史研究》，2007年第4期。簡22「圡」字，陳斯鵬先生釋「步」，參閱陳斯鵬：〈《柬大王泊旱》編連補議〉，「簡帛研究網」，2005年3月10日。今從之。

③ 劉信芳：〈上博藏竹書《柬大王泊旱》聖人諸梁考〉，載《中國史研究》，2007年第4期。

今按，劉說有一定的合理性。晉（葉）侯封地在葉。前文我們曾推測，葉公終老於葉，《戰國策》記載葉公子高「食田六百畛」，估計是在引退後惠王賜予養老的，該田應該在他曾長期任職的葉地，葉公引退後可能仍為葉縣縣公，其家族兼在縣內有食田[①]。現在看來，這一推測是可以成立的，葉公之子應在楚惠王後期至簡王時受封為葉侯，其封地當承襲自家族食田，或在食田的基礎上有所增益。楚葉縣在戰國時期長期存續，包山簡130的「葉宮大夫」當是葉縣的地方官員。葉縣與葉侯封地應並在葉地。楚葉縣地望在今河南葉縣南境的舊縣鄉，葉侯封地也應在這一帶[②]。

九、工（江）君

《戰國縱橫家書　麛皮對邯鄲君》章中出現了兩次「工（江）君奚洫曰」，整理小組注云：「江君奚洫，當即昭奚恤，是楚宣王時楚國的相。封於江地，在今河南省正陽縣。」[③]《戰國策　楚策一》中對其事蹟記載較多。

江，本為嬴姓國名，楚穆王三年（前623年）滅於楚，出土青銅器有作「邛」、「沿」者，即江國[④]。可見工、邛、沿均可讀為「江」，工君即「江君」應無懸念。江君封地可能就在江國故地，即今河南省正陽縣東南、淮水北岸[⑤]。何浩先生也將江君封邑定在此處，應無疑問[⑥]。

此外，宣王時期楚國有大夫江乙，乃由魏奔楚之魏人，曾多次向宣王進讒言離間宣王與昭奚恤之間的關係。江乙，《戰國策　楚策一》

---

① 參閱本書第二章第二節。
② 國家文物局主編：《中國文物地圖集　河南分冊》「葉縣文物圖」，中國地圖出版社1991年版，圖版第90～91頁，《文物單位簡介》，第96頁。
③ 馬王堆漢墓帛書整理小組編：《戰國縱橫家書》，文物出版社1978年版，第120頁。
④ 參閱徐少華：《周代南土歷史地理與文化》，武漢大學出版社1994年版，第105~110頁。
⑤ 徐少華：《周代南土歷史地理與文化》，武漢大學出版社1994年版，第112頁。
⑥ 何浩：〈戰國時期楚封君初探〉，載《歷史研究》，1984年第5期。

第三章　楚國封君匯考

又作江尹，范祥雍先生注曰：「昭奚恤曾封於江，故曰江君。疑江乙為江尹，在其屬下，嘗得罪有隙，故屢構之於宣王。」①如果江乙果真曾任江尹的話，則說明楚曾於江地設縣，江乙曾任縣尹。或因江乙任職之江縣和昭奚恤的封邑並在一處，嘗有矛盾，故多次詆毀昭奚恤。

綜上，楚宣王時令尹昭奚恤受封於工（江），應是始封君，傳承狀況不詳。封邑在楚江地，故江國，今河南省正陽縣東南。或許在同一時期楚曾在同一地域置江縣。

十、州侯

楚國封君的稱號除了「君」之外，還有一些稱「侯」。《戰國策　楚策四》「莊辛謂楚襄王曰」章記載說：「君王左州侯、右夏侯、輦從鄢陵君與壽陵君。」可見州侯、夏侯與鄢陵君、壽陵君性質應該相同，都是楚國的封君。出土文獻中也見有「陰侯」等稱「侯」的封君。下面我們先來探討州侯。

《戰國策　楚策一》（卷一四）「江乙為魏使於楚」章：

江乙為魏使於楚……江乙曰：「州侯相楚，貴甚矣而主斷，左右俱曰『無有』，如出一口矣。」

《戰國策　楚策四》（卷一七）「莊辛謂楚襄王曰」章：

莊辛謂楚襄王曰：「君王左州侯、右夏侯、輦從鄢陵君與壽陵君，專淫逸侈靡，不顧國政，郢都必危矣。」

《楚策一》記載了楚宣王時期江乙為魏使出使楚國的一些見聞，當時州侯為令尹，而江乙奔楚後的令尹是昭奚恤，說明州侯作令尹的

---

① 范祥雍：《戰國策箋證　楚策一》（卷一四），上海古籍出版社2006年版，第762頁。

時間當在昭奚恤之前。《楚策四》記載的是楚頃襄王時期的州侯，與夏侯、鄢陵君、壽陵君一起受寵於王，《荀子　臣道篇》曾評論說：「齊之蘇秦，楚之州侯，秦之張儀，可謂態臣者也。」王先謙集解曰：「皆變態佞媚之臣。」[1]《楚策一》之州侯深受宣王重用而「相楚」，居令尹之職，並受封、食邑於州，應是第一代州侯。頃襄王時之州侯或為其後人，承襲其封號與封邑。

州侯的封邑應在楚國的州地。包山簡文記有「州」地，內容如下：

簡114：州莫敖疥、州司馬庚為州貸越異之黃金七益以翟種……

從簡文來看，莫敖、司馬當是州地的地方官員，州可能是楚縣[2]。另外，《古璽彙編》0184號載曰「州鉢[3]」，顏世鉉先生認為是楚州縣地方官吏之印[4]，比較可信。

包山簡103至簡119為貸金文書，所貸均為「越異之黃金」，貸金者基本上都是淮河上中游地方的官吏[5]。由此推測，楚州縣也當位於淮河流域。前文談道，《左傳　昭公二十五年》載有「州屈」，清人高士奇談道，「或曰，州屈在今鳳陽府附郭鳳陽縣西[6]」，目前還不清楚其說是否有更早的淵源。不過從地理位置上看，若州屈在今鳳陽的話，則正好位於淮河中游，很有可能是楚州縣的前身。

① 王先謙撰：《荀子集解　臣道篇第十三》（卷九），中華書局1988年版，第248～249頁。
② 參閱顏世鉉：《包山楚簡地名研究》，臺灣大學中國文學研究所碩士論文，1997年，第129頁。
③ 羅福頤主編：《古璽彙編》，文物出版社1981年版，第31頁。
④ 顏世鉉：《包山楚簡地名研究》，臺灣大學中國文學研究所碩士論文，1997年，第129頁。
⑤ 參閱徐少華：〈包山楚簡釋地四則〉，載《武漢大學學報》（哲學社會科學版），1998年第6期。
⑥ 高士奇：《春秋地名考略　楚下》（卷九），載《四庫全書》，第176冊，臺灣商務印書館影印文淵閣本1983年版，第600頁。

第三章　楚國封君匯考

從《戰國策》文記載來看，一併提到的夏侯、鄢陵君、壽陵君，根據本文的分析，封地都在淮河流域，估計州侯也不例外。其封地有可能和州縣位於同一地域。

綜上所述，楚國曾有封君「州侯」，至少分別存在於楚宣王和頃襄王時期，二者或屬同一家族，後者為前者的後人。其封邑在州地，地望有可能與包山簡所記的楚州縣在同一地域，約當今安徽鳳陽以西一帶。

十一、安（鄢）陵君

安陵君的受封過程，《戰國策　楚策一》（卷一四）「江乙說於安陵君」章有詳細記載，內容如下：

江乙說於安陵君曰：「君無咫尺之地，骨肉之親，處尊位，受厚祿，一國之眾見君，莫不斂衽而拜，撫委而服。何以也？」曰：「王過舉而已。不然，無以至此。」江乙曰：「以財交者，財盡而交絕；以色交者，華落而愛渝。是以孌女不敝席，寵臣不避軒。今君擅楚國之勢，而無以深自結於王，竊為君危之。」安陵君曰：「然則奈何？」「願君必請從死，以身為殉，如是必長得重於楚國。」曰：「謹受令！」三年而弗言。江乙復見曰：「臣所為君道，至今未效。君不用臣之計，臣請不敢復見矣。」安陵君曰：「不敢忘先生之言，未得間也。」

於是，楚王游於雲夢……仰天而笑曰：「樂矣，今日之遊也！寡人萬歲千秋之後，誰與樂此矣？」安陵君泣數行而進曰：「臣入則編席，出則陪乘。大王萬歲千秋之後，願得以身試黃泉，蓐螻蟻，又何如得此樂而樂之？」王大說，乃封壇為安陵君。

安陵君名壇（又作「纏」、「繵」），為楚宣王之嬖臣，擔心失寵後難以繼續享有厚祿尊位，聽從江乙的勸告，進言宣王說願意以身

殉王，得封為安陵君。從現有材料看，雖然悼王時期曾試圖削弱封君的勢力，但至宣王時期，封君又開始大量出現，江乙說「如是必長得重於楚國」，大概指的是受封為君後，能夠長久地保持爵祿，反映出封君的地位又重新向悼王之前爵高祿厚狀態回歸的趨勢。

除安陵君之外，前文引述的《戰國策 楚策四》「莊辛謂楚襄王曰章」記載了頃襄王四寵臣，其中之一為「鄢陵君」。《新序 雜事二》（卷二）「莊辛諫楚襄王曰」章有類似記載，內容如下：

> 莊辛諫楚襄王曰：「君王左州侯，右夏侯，從新安君與壽陵君同軒，淫衍侈靡，而忘國政，郢其危矣。」

從文意來看，「新安君」，應即「鄢陵君」。安、鄢上古音均在匣紐元部，雙聲疊韻可互通。「鄢陵君」也可作「安陵君」。傳統觀點基本贊同這一觀點，如石光瑛先生注《新序》此條說：「焉安古字通用，故鄢亦作安。」[1]吳良寶先生也認為「『安』與『鄢』可通假，因此安陵也可作鄢陵」這一觀點是可取的[2]。如此看來，楚宣王時受封的安陵君「長得重於楚國」的願望得到了一定程度的實現，頃襄王時之鄢（安）陵君很有可能是他的後人，仍為楚王之幸臣。

此外，包山楚簡中見有「安陵莫敖」（簡105）、「安陵公」（簡117），從這些官員名稱來看，安陵應該是楚縣。這說明懷王時期楚曾在安陵設縣，在同一時期，應該與安陵君的封邑並在同一地域。

《續漢書 郡國二》（卷一一〇）汝南郡召陵縣下說「有安陵鄉」，征羌侯國下說有「安陵亭」，二者所指應相距不遠，徐少華先

---

① 劉向編著，石光瑛校釋：《新序校釋 雜事二》（卷二）「莊辛諫楚襄王曰」章，中華書局2001年版，第242頁。

② 吳良寶：〈說包山楚簡中的「安陵」及相關問題〉，載《簡帛》第1輯，上海古籍出版社2006年版，第39～44頁。

第三章 楚國封君匯考

生經過仔細考證後說：「據《元和郡縣圖志》載，故城在唐郾城縣東南75里，本秦之安陵縣。唐郾城縣即今河南省郾城縣，則位於唐郾城縣東南75里的楚安陵、西漢安陵亭、東漢征羌城當在今郾城縣東南70里左右，秦於此置安陵縣，當是沿楚安陵而來。」① 何浩先生也有類似觀點②。

吳良寶先生談道，《戰國策　韓策三》（卷二八）「建信君輕韓熙」章提到魏地「鄢」地在今河南省柘城縣，楚懷王六年（前323年）楚國破魏得襄陵，位於襄陵以南的該「鄢」地至少此後即屬楚，包山簡所見的安陵地望也許有可能在這個鄢地③。

今按，吳良寶先生之說也有一定的道理。如果我們將宣王和頃襄王時期的安（鄢）陵君看作同一家族封君的話，其封邑應當一直在楚地，遷至新屬楚的鄢地的可能性似乎不大，應仍以徐少華先生之說為是。

綜上所述，楚安（鄢）陵君始受封於宣王時期，至少存續至頃襄王時期。封邑地望約在今河南省郾城縣東南。此外，至少在懷王時期楚曾設安陵縣，當與安（鄢）陵君封邑在同一地域。

十二、邸陽君

江陵天星觀一號墓墓主為邸陽君番勒，隨葬竹簡中有不少「為邸陽君番勒貞」的相關記載。發掘報告稱墓葬年代約在前340年，當楚宣王、威王之際④。李學勤先生考證認為簡文中的兩條紀年材料反映的分別是前340年和前339年，發掘報告的推測大致不誤⑤。何琳儀先

---

① 徐少華：〈魏安陵君及其歷史地理分析〉，載《湖北大學學報》（哲學社會科學版），1992年第5期。

② 何浩：〈楚國封君封邑地望續考〉，載《江漢考古》，1991年第4期。

③ 吳良寶：〈說包山楚簡中的「安陵」及相關問題〉，載《簡帛》第1輯，上海古籍出版社2006年版，第39～44頁。

④ 湖北省荊州地區博物館：〈江陵天星觀1號楚墓〉，載《考古學報》，1982年第1期。

⑤ 李學勤：〈試說江陵天星觀、秦家嘴楚簡的紀年〉，載卜憲群、楊振紅主編《簡帛研究二〇〇四》，廣西師範大學出版社2006年版，第1～6頁。

生說：「勅，從力，乘聲。疑勝之異文。」①李零先生以為「勅」同
「勝」字②。晏昌貴先生從之③。乘、勝上古音都在船紐蒸部，雙聲
疊韻，此說可從。

此外，包山簡文中也有一些關於邸陽君的記載，可舉例如下：

簡27：八月癸酉之日，邸陽君之州里公鄧嬰受期，乙亥之日不以
死於其州者之察告，阩門又敗……

簡32：八月戊寅之日，邸陽君之州里公鄧嬰受期，辛巳之日不以
所死於其州者之居處名族致命，阩門又敗……

簡98：……邸陽君之人佁公番申……

包山簡記載的邸陽君應當是宣王時邸陽君番勝之後。番，傳世文
獻也作「潘」。根據徐少華先生的研究，西周至春秋時期有番國，己
姓，他贊同番勝為番國之後的觀點，並談道：「番勅作為楚之封君，說
明番國貴族入楚後，仍受到重用。」④這一觀點應該可信。簡98所見
的番申，應該是邸陽君封邑內的屬官，他與邸陽君同氏，體現了番氏
在封邑內的重要地位。

邸陽君封邑邸陽地望，何浩先生初將其定在「今河南固始、淮濱
間⑤」，後據《水經注　潁水》（卷二二）「（潁水）又東逕南頓縣故
城北，又東南逕銅陽城北，又東逕邸鄉城北，又東逕固始故城北」，
以及《續漢書　郡國志》的相關記載，指明漢晉以前的固始縣，「在
今項城與臨泉之間的潁河以南，即今河南沈丘東南的沈丘集」，

① 何琳儀：《戰國古文字典》，中華書局1998年版，第147頁。
② 李零：〈讀《楚系簡帛文字編》〉第108條，載中國文物研究所編：《出土文獻研究》第5
　集，科學出版社1999年版。
③ 晏昌貴：〈天星觀「卜筮祭禱」簡釋文輯校（修訂稿）〉，「簡帛網」，2005年11月2日。
④ 徐少華：《周代南土歷史地理與文化》，武漢大學出版社1994年版，第132～133頁。
⑤ 何浩：〈戰國時期楚封君初探〉，載《歷史研究》，1984年第5期。

第三章　楚國封君匯考

「『邸鄉城』是在故沈丘城（今沈丘集）西，銅城東北的泥河、汾河之間，邸陽則當在漢、晉邸鄉之北的今沈丘南境」①。顏世鉉先生也據此將邸陽君地望定在今沈丘縣南部②。

今按，據前引《水經注　潁水》（卷二二），邸鄉城當在銅陽城與固始故城之間。銅陽城，即漢汝南郡銅陽縣，在今安徽臨泉縣西銅城鎮，與河南沈丘縣毗鄰③。將邸鄉城地望定位於今臨泉縣城西與銅城鎮之間應更為合適。

何琳儀先生談道：「楚簡『邸昜』，讀『辰陽』，地名……《漢書　地理志》武陵郡『辰陽』，在今湖南辰溪西南。」④

今按，「辰陽」見於《楚辭》（卷四），屈原的《九章　涉江》：「朝發枉陼（渚）兮，夕宿辰陽。」枉渚、辰陽都在沅水流域，西漢辰陽縣在今辰溪縣西南⑤。

劉信芳先生認為何浩、劉彬徽之說證據過於單薄，提出「邸陽」疑是《左傳　僖公三十三年》（楚成王四十五年，前629年）所載「晉陽處父侵蔡，楚子上救之，與晉師夾泜而軍」中「泜」水之陽，「泜水」今名大沙河，源於河南魯山縣西，邸陽君之封地在今河南襄城至郾城一帶的大沙河北岸⑥。

今按，《說文》六下「邑」部：邸，「從邑氐聲」，《說文》十一上「水」部：泜，「從水氐聲」，當可通用。楚成王四十五年，晉、陳、鄭聯軍攻許，楚令尹子上伐陳、蔡以救之，《說苑　權謀》

① 何浩、劉彬徽：〈包山楚簡「封君」釋地〉，載湖北省荊沙鐵路考古隊：《包山楚墓》上冊，文物出版社1991年版，第569～579頁。
② 顏世鉉：《包山楚簡地名研究》，臺灣大學中國文學研究所碩士論文，1997年，第67～68頁。
③ 按，銅陽城地望，可參閱《嘉慶重修一統志》（卷一六八），汝寧府古跡「銅陽故城」條，中華書局1986年版；酈道元撰，楊守敬、熊會貞疏：《水經注疏　汝水》（卷二一），江蘇古籍出版社1989年版，第1787頁。
④ 何琳儀：《戰國古文字典》，中華書局1998年版，第1212頁。
⑤ 王先謙：《漢書補注　地理志上》（卷二八上），書目文獻出版社1995年版，第751頁。
⑥ 劉信芳：《包山楚簡解詁》，藝文印書館2003年版，第41～42、92頁。

（卷一三）：「楚攻陳，晉救之，夾泜水而軍。」後子上移師攻鄭，晉轉又侵蔡以救之，子上復移師救蔡，故又有《左傳》所載「與晉師夾泜而軍」，《說苑》、《左傳》所載實為同一事件。

谷口滿先生將包山簡27、簡32所載之八月癸酉之日、八月戊寅之日記為第一期日，將乙亥之日、辛巳之日記為第二期日，第一期日是左尹官署向邸陽君官署發出命令的日期，第二期日是命令中規定的出廷日期，二者分別相差三四天，在將當時郢都定在江陵紀南城的前提下，受期簡的記載暗示從郢都的左尹官署隔日即可到達邸陽君封邑。又，天星觀一號墓在江陵附近，推測邸陽君封邑也在這一帶，因此死後安葬於此[①]。

今按，前引簡27和簡32為受期簡，受期人所在地是邸陽君之州。陳偉先生曾談道，「『受期』各簡日期Ⅰ與日期Ⅱ的間隔，一般當是根據該地距離國都（左尹官署所在）遠近而確定的[②]」。他指出，根據受期簡日期Ⅰ和日期Ⅱ的間隔天數來看，包山簡中所見的楚國的州，大概距離楚都都不遠，「戰國時的封君也往往任有官職……作為封君享有封邑，那些封君之州則應是有關封君出任官職的俸邑[③]」。這一說法是比較翔實可信的。從簡文記載內容，我們似乎只能說左尹官署隔日即可到達邸陽君之州，而不是到達邸陽君封邑。谷口先生在肯定這一觀點的前提下，提出邸陽君封地或管轄地與州臨近或是在同一邑，以此來解釋邸陽君番勝葬於楚都附近的

① 參閱谷口滿：〈再論楚郢都的地望問題——紀南城是否春秋時期的郢都？〉，載《楚文化研究論集》第6集，湖北教育出版社2005年版，第463～475頁；另參Taniguchi，Mitsuru（谷口滿）：*Chu Bamboo Slips from the Warring States Period and the Historical Geography of the Chu State*，ACTA ASIATICA（THE TOHO GAKKAI）80.2001；谷口滿：〈包山楚簡「受期」類釋地三則〉，載《簡帛》第1輯，上海古籍出版社2006年版，第33～37頁。谷口先生對「邸」字未作隸定，為行文方便，本文在陳述時改用「邸」字。
② 陳偉：《包山楚簡初探》，武漢大學出版社1996年版，第57頁。
③ 陳偉：《包山楚簡初探》，武漢大學出版社1996年版，第92頁。

第三章　楚國封君匯考

原因①。何浩、劉彬徽先生認為邸陽君番勝在王廷供職，所以死後葬於江陵②。從墓葬中出土的簡牘內容來看，不少是貞問「侍王」和疾病的，似乎反映了邸陽君和楚王關係密切，他也許長居於郢都或其所食稅之州，除了任職需要外，可能還是為了方便侍王和治病。以他和楚王關係的密切性來說，是有可能決定死後葬於都城附近的，這或許也有陪伴楚王的意味，如前文所述的安陵君受封前許諾的那樣，「願得以身試黃泉，蓐螻蟻」。加之番勝長時間居住在都城一帶，可能更願意長眠於此。所以我們認為，在目前沒有看到楚國封君死後必須歸葬封地的相關材料的情況下，不能認為邸陽君番勝安葬之地即是其封邑所在③。結合邸陽君可能是番國貴族後裔的身分，加之在番國故地後世有「邸鄉城」等地名來看，邸陽君封邑地望仍當以何浩等先生之說為是。

綜上所述可知，楚國的邸陽君，至少曾存在於楚宣王至懷王時期，其封邑可能在今臨泉縣城西與鮦城鎮之間。

十三、西陽君

江陵天星觀一號墓遣策簡文載：「番亥乘西𥊪君之軒。」④西𥊪君，即西陽君，應是為邸陽君助喪的楚國封君之一，時代可能與邸陽君番勝相當，在楚宣王至威王時期，封地在西陽。

「西陽」也見於宋代安陸縣出土的楚王酓章鐘和曾侯乙墓出土的楚王酓章鎛銘文。鎛銘云：「惟王五十六祀，返自西陽，楚王酓章

---

① 谷口滿：〈包山楚簡「受期」類釋地三則〉，載《簡帛》第1輯，上海古籍出版社2006年版，第33～37頁。

② 何浩、劉彬徽：〈包山楚簡「封君」釋地〉，載湖北省荊沙鐵路考古隊：《包山楚墓》上冊，文物出版社1991年版，第569～579頁。

③ 按，一般認為封君之州不世襲，與封邑的性質不同，參閱拙文：〈吳起變法前後楚國封君領地構成的變化〉，載《歷史研究》，2012年第1期。因此番勝安葬於所食稅之州的可能性比較小。若番勝墓的確位於所領州之內，則州的性質值得重新考慮。

④ 滕壬生：《楚系簡帛文字編》（增訂本），湖北教育出版社2008年版，第653頁。

作曾侯乙宗彝，奠之於西陽，其永持用享。」①銘文之「酓」，傳世文獻多作「熊」。楚王氏「熊」。酓章，即楚惠王熊章。器鑄於惠王五十六年，前433年。「返」，舊釋「徙」，清人阮元、童書業先生曾因此認為楚王酓章鐘銘之「西陽」為楚舊都②。「返自西陽」，李學勤先生解釋為「報（喪）自西陽」，裘錫圭先生認為指惠王自己從西陽返回楚國，基本都認同西陽在當時的曾國境內，是可信的③。

西陽地望所在，仍有歧見。《漢書　地理志》江夏郡下轄西陽縣。郭沫若先生指出鐘銘之「西陽」即漢代的西陽縣，楚王鐘出土於安陸，與西陽同屬江夏郡④。楊寬先生同意這一觀點，他認為曾、隨非一國二名，西陽為曾國國都，地在今河南光山西南，與隨國無涉⑤。石泉先生持曾、隨一國二名說，他談道，漢晉時期的西陽縣在今河南光山縣西，後遷至鄂東黃岡縣北，與曾國的西陽不相符。「此『西陽』似即當時『曾侯乙』所都，而為宗廟所在之地，亦當於擂鼓墩之『曾侯乙』墓相去不遠。地望或不出今隨州、安陸間」⑥。羅運環先生則指出曾、楚分別有「西陽」之地，楚西陽為西陽君封地，曾西陽應不出曾侯乙墓所在地擂鼓墩附近⑦。

① 中國社會科學院考古研究所編：《殷周金文集成》，085號「楚王酓章鎛」，中華書局1984～1994年版。
② 童書業：〈楚王酓章鐘銘「西𥐺」解〉，收入所著《童書業歷史地理論集》，中華書局2004年版，第222～227頁。
③ 李學勤：〈曾國之謎〉，原載《光明日報》1978年10月4日，收入所著《新出青銅器研究》，文物出版社1990年版，第146～148頁；裘錫圭：〈談談隨縣曾侯乙墓的文字資料〉，載《文物》，1979年第7期。
④ 郭沫若：《兩周金文辭大系圖錄考釋》考釋部分之「楚王酓章鐘」，科學出版社1957年版，第165～166頁。
⑤ 楊寬：《西周史》第五編第二章《曾國之謎解釋》，上海人民出版社2003年版，第642～652頁。
⑥ 石泉：〈古代曾國——隨國地望初探〉，載所著《古代荊楚地理新探》，武漢大學出版社1988年版，第86頁。
⑦ 羅運環：〈楚王酓章鎛銘文疏證〉，載《武漢大學學報》（人文科學版），2008年第4期。

今按，前文談道，新蔡簡文有「隨侯」，可能指楚封君，也可能指隨國之侯。若依後說，則需要更加審慎地對待曾、隨問題。因目前出土文獻中「隨侯」的記載僅有一見，我們仍傾向於曾、隨一國二名的觀點。前文已提到，一般認為曾國存在的下限可至戰國中期，何浩先生更推定為約在楚威王晚年、懷王初年。上文談道，江陵天星觀一號墓發掘報告說墓葬年代約在前340年，當楚宣王、威王之際。李學勤先生考證出簡文中的兩條紀年材料反映的分別是前340年和前339年。天星觀二號墓發掘報告稱墓主為邸陽君番勝夫人，墓葬年代與一號墓相當或略早，約在前350至前330年之間①。由此可以推知，在天星觀簡所見楚西陽君生活的時代曾國可能依然存在，但已經處於發展的最後階段。曾國國都西陽若在擂鼓墩一帶的話②，這一時期應該仍在曾人控制之下，楚之西陽君封地當不在此。

曾並於楚後，楚有可能以其地封君。但簡文所見的西陽君時代在曾國滅亡之前，因此其封地應不在曾國之西陽。除此之外，楚西陽君封地可能在《漢書　地理志》江夏郡的西陽縣。石泉先生對漢晉西陽縣有過詳考，以其地在今河南光山縣西③。這一定位是可以採信的。

綜上所述，楚宣王、威王時期楚有西陽君，封地西陽約在今河南光山縣西，漢代曾置西陽縣。

十四、 郊（六）君、蓤君、鄱君

包山簡中有「郊君」、「蓤君」與「鄱君」，應該都是懷王時期的

---

① 湖北省荊州博物館：《荊州天星觀二號楚墓》，文物出版社2003年版，第208～215頁。

② 按，石泉先生認為隨國都城在今隨州市西北、溳水東岸的安居店北，參閱石泉：〈古代曾國——隨國地望初探〉。張昌平先生推測位於今隨州城區範圍內的五眼橋東周遺址，很可能是曾都西陽所在，參閱張昌平：〈曾國銅器的發現與曾國地域〉，載《文物》，2008年第2期。

③ 石泉：〈古代曾國——隨國地望初探〉注12，載所著《古代荊楚地理新探》，武漢大學出版社1988年版，第100頁。

楚國封君，相關簡文內容可截錄如下：

簡153：口口之田，南與𨛫君弡疆，東與蔆君弡疆，北與鄝陽弡疆，西與鄱君弡疆。……

簡154：……啻蔽（蘆）之田，南與𨛫君執疆，東與菞君執疆，北與鄝陽執疆，西與鄱君執疆。①

《考釋》說，簡153首端漫漶的部分與簡154對照似為啻蔽（下文稱「啻蘆」），簡154中的「菞，讀作陵。從簡文內容來看都是可信的，「菞君」指的應該就是簡153中的「蔆君」。簡153、簡154記載了啻蘆之田南、東、西三面分別與𨛫君、蔆君、鄱君三個封君的封地相鄰，這為我們推定三者的位置提供了可靠的資訊。

先來看𨛫君。包山簡190記曰：「𡩜君之子連郢」。𨛫、𡩜，字形不同，但都從錄聲，疑所指相同。關於𨛫君及其封地所在，何浩、劉彬徽先生指出：

𨛫與用作地名的「六」（音路）同音。郭沫若《兩周金文辭大系圖錄考釋》著錄有周穆王時的三件錄器，指出：「錄國殆即《春秋》文公五年『楚人滅六』之六，舊稱臯陶之後。」《金文詁林》（卷七）「錄」字條下引張日昇云：「金文作錄，偃姓臯陶後，今江南六安州（安徽六縣）。」郭、張定「錄」為「六」，可信。《春秋》文公五年之「楚人滅六」，杜注：「六國，今廬江六縣。」此即《漢書　地理志》六安國下轄的六縣。《讀史方輿紀要》等歷史地理著作，歷來認為地在今安徽六安縣北……自楚穆王四年滅六之後，這一帶除春秋

① 按，李守奎先生將「蔽」字讀為「蘆」，云：「《爾雅　釋艸》有蘆字。」參閱李守奎：《楚文字編》，華東師範大學出版社2003年版，第45頁。今從之。

末短時間為吳國占有外，直至秦滅楚前，始終是在楚國控制之下，郪君封地在六，當無疑問。①

此說是確鑿可信的，郪君可讀為「六君」，封地在今安徽六安市北，學者們也基本同意。顏世鉉先生還綜合已有研究指出，《古璽彙編》0130號「阫行府之鈢」反映出「六國被滅後，地入楚，可能成為楚之一縣。而楚封君郪君之封地就在楚六縣境內②」。按六國在楚穆王四年（前622年）滅於楚，現存楚國青銅器有「阫公戈」，為戰國中前期器，說明楚國後曾因其地設縣，「阫公」為楚六縣縣公③。包山簡中未見有與「六縣」相關的文字，不知六君封地是因襲了楚六縣之地還是曾與之並存。

再來看蔆君。由簡文可知「蔆」在鄼陽東南。何浩、劉彬徽認為古蓼國、漢蓼縣在今河南固始與安徽霍丘接界的蓼城岡，鄼陽當在古蓼縣北境的今霍丘境內，「蔆」地大約在今皖西安豐塘水庫以南偏東的水網地區④。劉彬徽先生後來又進一步指出，「其地當在今安徽霍邱東境內⑤」。

徐少華先生曾指出，古有三個蓼國，可分別稱為西蓼、東蓼和舒蓼，其中西蓼位於南陽盆地，今唐河縣湖陽鎮為中心的一小片區域；東蓼位於淮河上游，今固始縣城及其以北地區，故城遺址依然

① 何浩、劉彬徽：〈包山楚簡「封君」釋地〉，載湖北省荊沙鐵路考古隊：《包山楚墓》上冊，文物出版社1991年版，第569~579頁；載劉彬徽：〈包山楚簡論述〉，原載《古文字研究》第20輯，收入所著《早期文明與楚文化研究》，嶽麓書社2001年版，第178~188頁。

② 顏世鉉：《包山楚簡地名研究》，臺灣大學中國文學研究所碩士論文，1997年，第78頁。

③ 參閱韓朝、劉海洋：〈新見楚國銘文兵器〉，載《南方文物》，2004年第4期；鄒芙都：《楚系銘文綜合研究》，巴蜀書社2007年版，第151~152頁。

④ 何浩、劉彬徽：〈包山楚簡「封君」釋地〉，載湖北省荊沙鐵路考古隊：《包山楚墓》上冊，文物出版社1991年版，第569~579頁。

⑤ 劉彬徽：〈包山楚簡論述〉，原載《古文字研究》第20輯，收入所著《早期文明與楚文化研究》，嶽麓書社2001年版，第178~188頁。

存在；舒蓼位於今六安市北境與霍邱縣南部一帶①。從包山簡文所記載的相對位置來看，啻蘆之田南、北方分別與六君封地和鄝陽相鄰，則鄝陽當在六君封地之北。比較三個蓼國地望，舒蓼故地約在六君封地正北方，鄝陽在此的可能性最大。除鄝陽外，簡文的貸金文書中還記有「鄝莫敖」（簡116），當為楚鄝縣官員②。前文曾指出，貸金者基本上都是淮河上中游地方的官吏。而簡文同時記有鄝與鄝陽，二者當不在一處。若鄝陽在舒蓼故地，則位於淮河流域的楚鄝縣在東蓼故地的可能性最大。

由六君封地及鄝陽的地望可以推知，蔆君封邑當在今壽縣南與六安市金安區交界地帶，與上文說的安豐塘水庫以南偏東一帶大概一致。

《左傳 昭公十二年》記云：「楚子狩於州來，次於潁尾，使蕩侯、潘子、司馬督、囂尹午、陵尹喜帥師圍徐以懼吳。」何浩、劉彬徽先生認為陵尹指的是陵縣縣尹，此事發生在蓼之東北的淮、潁一帶，陵縣地望可能與簡文蔆君之「蔆」在同一地區。《漢書 地理志》九江郡有陰陵縣，在今安徽定遠西北的古城集，懷疑戰國楚之陰陵原在安豐塘東南，秦漢時北移至定遠、長豐間，「蔆」地可能在其附近③。劉信芳先生則說漢陰陵縣「其地在六安東」，「應即楚陵縣所在」④。

今按，「陵尹」又見於包山簡（簡179）、新蔡簡（甲三：216、甲三：219、零584、甲三：266、277、乙二：27）、《上博

① 徐少華：〈古蓼國歷史地理考異〉，載《歷史地理》第14輯，上海人民出版社1998年版，第202~210頁。
② 參閱顏世鉉：《包山楚簡地名研究》，臺灣大學中國文學研究所碩士論文，1997年，第203~206頁。
③ 何浩、劉彬徽：〈包山楚簡「封君」釋地〉，載湖北省荊沙鐵路考古隊：《包山楚墓》上冊，文物出版社1991年版，第569~579頁。
④ 劉信芳：《包山楚簡解詁》，藝文印書館2003年版，第159頁。

四　束大王泊旱》篇（簡7、簡19、簡20），關於其所指說法不同。一說指掌山陵之官，一說指陵縣縣尹，一說指管理陵寢之官 ①。不過根據包山簡「陵辻尹」（簡149）、「陵人」（簡181）等內容可以肯定「陵」為地名之說，包山簡與《左傳》所見的「陵尹」恐都指陵縣縣尹。是否有其他職掌的官員與之名稱相同目前還不能肯定。楚陵縣與陵君封地應相鄰或相去不遠。漢陰陵縣故城在陵君封地東北方約八十公里處，也許就是楚陵縣所在。《漢書　地理志》泗水國有陵縣，楚陵縣在西漢稱陰陵，或是為了與泗水國之陵縣相區別。

　　下面來看鄱君。鄱君當是懷王時封於番地的封君。包山簡175提到的「鄱君之右司馬」，應該是鄱君的屬官。何浩、劉彬徽先生說，鄱，銅器銘文作「番」，讀為潘。根據「楚相孫叔敖碑」碑文記載，孫叔敖之子曾受封於潘鄉，即《史記》等文獻所記的寢丘，為潘國故地，在今河南固始縣一帶，楚鄱君封地也當附近 ②。徐少華先生曾對古番國有過詳考，認為「楚相孫叔敖碑」非漢人作品，乃後人偽託，不可憑信，番國曾有遷徙，春秋中晚期在「淮河以南，今河南固始縣西境與潢川、光山、商城等縣之間 ③」。顏世鉉先生同意此說，認為鄱君封地就在番國故地 ④。此說可取。

①　參閱馬承源主編：《上海博物館藏戰國楚竹書（四）》，上海古籍出版社2004年版，第201頁；左言東：《先秦職官表》，商務印書館1994年版，第321頁；宋華強：《新蔡楚簡的初步研究》注823，北京大學中文系博士學位論文，2007年，第223~224頁。

②　何浩、劉彬徽：〈包山楚簡「封君」釋地〉，載湖北省荊沙鐵路考古隊：《包山楚墓》上冊，文物出版社1991年版，第569~579頁；劉彬徽：〈包山楚簡論述〉，原載《古文字研究》第20輯，收入所著《早期文明與楚文化研究》，嶽麓書社2001年版，第178~188頁。

③　徐少華：《周代南土歷史地理與文化》，武漢大學出版社1994年版，第133~138頁；徐少華：〈孫叔敖故里封地考述——兼論〈楚相孫叔敖碑〉的真偽與文本時代〉，載《江漢考古》，2008年第2期。

④　顏世鉉：《包山楚簡地名研究》，臺灣大學中國文學研究所碩士論文，1997年，第92~96頁。

固始縣境內的侯古堆一號墓，墓主為三十歲左右女子，出土有「番子成周」編鐘等器物①。李學勤先生曾分析說：「編鐘作者番子成周，番或以為固始古地名，大約是楚的封君，此墓墓主可能係其家屬。」其時代，「估計為戰國前期偏早②」。近年來，隨著討論的深入，學界多傾向於發掘報告的結論，即認同墓主為宋景公之妹、勾吳夫人，時代在春秋晚期③。按此，則該墓應與戰國時期封邑位於番國故地的楚番君無關。

古璽印有「鄱邑大夫鉥」，曹錦炎先生說「此璽為番邑大夫所用之印④」。今按，鄱邑大夫當指楚鄱（番）縣大夫，說明楚曾在番地設縣。新蔡簡文記有「潘與其國不視界」（甲三：318）潘，宋華強先生說疑讀為「潘」⑤，鄱縣和鄱君封地是否曾經並處同一區域，還是二者有承襲關係，尚難以判明。如果二者同期存在的話，從簡文內容來看，鄱君封地東與莤蘆之田相鄰，鄱縣也許在鄱君封地的西側。

秦朝末年，起兵叛秦者中有「番君」，《史記　黥布列傳》（卷九一）記云：

> 黥布者，六人也，姓英氏。秦時為布衣⋯⋯陳勝之起也，布乃見番君，與其眾叛秦，聚兵數千人。番君以其女妻之。章邯之滅陳勝，破呂臣軍，布乃引兵北擊秦左右校，破之清波，引兵而東。聞項梁定江東會稽，涉江而西。陳嬰以項氏世為楚將，乃以兵屬項梁，渡淮

---

① 固始侯古堆一號墓發掘組：〈河南固始侯古堆一號墓發掘簡報〉，載《文物》，1981年第1期；河南省文物考古研究所編著：《固始侯古堆一號墓》，大象出版社2004年版。
② 李學勤：《東周與秦代文明》，文物出版社1984年版，第126頁。
③ 徐少華：〈固始侯古堆一號墓的年代及其相關問題〉，載《楚文化研究論集》第7集，嶽麓書社2007年版，第306~319頁；高成林：〈關於固始侯古堆一號墓的幾個問題——讀《固始侯古堆一號墓》〉，載《楚文化研究論集》第7集，嶽麓書社2007年版，第320~335頁。
④ 曹錦炎：《古璽通論》下編第6章「楚」，上海書畫出版社1996年版，第106頁。
⑤ 宋華強：《新蔡楚簡的初步研究》，北京大學中文系博士學位論文，2007年，第276頁。大概可取。「潘與其國」指的可能是楚鄱縣及其周圍地區。

南，英布、蒲將軍亦以兵屬項梁。

《漢書　黥布傳》（卷三四）的記載與此類似：

黥布，六人也，姓英氏……陳勝之起也，布乃見番君，其眾數
千人。番君以女妻之。章邯之滅陳勝，破呂臣軍，布引兵北擊秦左右
校，破之青波，引兵而東。聞項梁定會稽，西度淮，布以兵屬梁。

關於黥布所見的「番君」的身分，太史公沒有明言，但他多次提
到吳芮也稱「番君」，如「鄱陽令吳芮，所謂鄱君者也①」，「番君
吳芮為衡山王，都邾②」，「番君吳芮子臣為長沙王③」。又說黥布的
敗亡與吳姓長沙王有關，「布故與番君婚，以故長沙哀王使人紿布，
偽與亡，誘走越，故信而隨之番陽。番陽人殺布茲鄉民田舍，遂滅黥
布④」。由此可知黥布與長沙王有親戚關係，因以輕信其言而亡於越
地番陽，所以司馬遷可能認為黥布最初歸附的「番君」即是吳芮。班
固則說得很明確，「吳芮，秦時番陽令也，甚得江湖間民心，號曰
番君。天下之初叛秦也，黥布歸芮，芮妻之，因率越人舉兵以應諸
侯⑤」。

今按，「番君」之「番」當是地名，從黥布歸附番君前後的活動
範圍來看，秦末的番地應該與古番國、楚鄱君、鄱縣在同一地域。

其一，黥布為六人，本氏英，司馬遷推測說：「英布者，其先豈
春秋所見楚滅英、六，皋陶之後哉？⑥」這一推測是很有道理的，何

① 司馬遷：《史記　東越列傳》（卷一一四），中華書局1982年版。
② 司馬遷：《史記　高祖本紀》（卷八），中華書局1982年版。
③ 司馬遷：《史記　呂太后本紀》（卷九），中華書局1982年版。
④ 司馬遷：《史記　黥布列傳》（卷九一），中華書局1982年版。
⑤ 班固：《漢書　吳芮傳》（卷三四），中華書局1962年版。
⑥ 司馬遷：《史記　黥布列傳》（卷九一），中華書局1982年版。

浩先生曾指出：「英氏又稱英，位於今安徽金寨、霍山間，與其東北的同姓六國緊相毗鄰。」[①] 包山簡所見的楚鄱君封地在𫖮君封地（六國故地）西北，距英、六都非常近。

其二，前引《史記》、《漢書》均提到黥布歸附番君後不久，曾「引兵北擊秦左右校，破之清波」。此事亦見於《史記　陳涉世家》（卷四八）：「鄱盜當陽君黥布之兵相收，複擊秦左右校，破之青波」。裴駰《集解》稱「英布居江中為群盜，陳勝之起，布歸番君吳芮，故謂之『鄱盜』者也。[②]」清波，或又作青波，錢穆先生以為即見於《水經注　淮水》（卷三〇）和《水經注　汝水》（卷二一）二篇中的「青陂」、「青陂水」[③]。「淮水又東逕長陵戍南，又東，青陂水注之[④]」。長陵戍在今河南息縣東約八十里的長陵集，青陂水「自今息縣東北，東南流至縣東入淮[⑤]」，流經今淮河以北的息縣東北至長陵集東側一帶。這一地域恰在前文所說的古番國（楚鄱縣、楚鄱君封地）的正北方不遠處，與《史記》所說黥布「北擊秦左右校，破之清波」相合，二者分在淮河兩岸，黥布當在此戰之時由淮南番君之地北渡。

其三，《史記》、《漢書》都說黥布在清波之戰後，引兵向東，而項梁西渡淮，黥布以兵歸附。清波在淮河北側，黥布引兵向東，恰能與渡淮西向的項梁相會。

由此可知，黥布起事時所見的「番君」之「番」，其地必在古番國、楚番地，頗疑「番君」乃原來楚國封於番地的封君，或就是包山簡所見的「鄱君」的後人，楚地入秦後，番君在番地仍有很高的威

---

① 何浩：《楚滅國研究》，武漢出版社1989年版，第222頁。
② 司馬遷：《史記　陳涉世家》（卷四八），裴駰《集解》，中華書局1982年版，第1960頁。
③ 錢穆：《史記地名考　楚地名》（卷一二），「清波、青波」條，商務印書館2001年版，第616頁。
④ 酈道元撰，楊守敬、熊會貞疏：《水經注疏　淮水》（卷三〇），江蘇古籍出版社1989年版，第2510頁。
⑤ 酈道元撰，楊守敬、熊會貞疏：《水經注疏　淮水》（卷三〇）熊會貞按語，江蘇古籍出版社1989年版，第2510頁。

第三章　楚國封君匯考

望，因而在秦末的反秦動亂中很有號召力。

從黥布敗亡時輕信長沙王之言來看，番君即吳芮之說也是可信的。根據《史記　項羽本紀》和《史記　高祖本紀》的記載，項羽立番君吳芮為衡山王，都邾。衡山王之名當本自秦衡山郡和衡山，衡山即今安徽霍山縣的天柱山 [1]，邾城在今湖北黃岡境內 [2]，距離古番國、楚番地都很近，古番國、楚番地可能就位於吳芮衡山國的北境 [3]。項羽稱楚王，都彭城，黥布為九江王，都六，都受封於各自家鄉附近。番君吳芮被立為衡山王，也當有類似的考慮。

如果番君即吳芮，且是楚國封君鄱君後人的話，那麼包山簡所見的鄱君有可能是吳芮的祖先。不過還有一個問題難以解釋，《史記　東越列傳》（卷一一四）和《漢書　吳芮傳》（卷三四）都記載吳芮是秦末越人的首領，曾為秦鄱陽縣令，傳統觀點認為秦漢鄱陽縣在今江西鄱陽縣境內，距離黥布、吳芮起事的「番」地較遠，所以古番國（楚番地）和秦鄱陽縣的關係仍有待於進一步釐清。

綜上所述可知，至少在楚懷王時期，楚國曾有六君，封地在今安徽六安市北；陵君，封地在今安豐塘水庫以南偏東一帶的壽縣南與六安市金安區交界地區，其附近有陵縣，或即漢陰陵縣所在；鄱（番）君，封地在今河南固始縣西境與潢川、光山、商城等縣之間，楚在這一帶還設有鄱縣。楚亡後鄱（番）君家族可能仍然在其封地一帶居住，秦末曾起兵反秦，吳芮也許屬於番君家族，項羽曾立其為衡山王。

---

① 參閱楊伯峻：《春秋左傳注》，中華書局1990年版，第1246頁。

② 參閱司馬遷：《史記　項羽本紀》（卷七），張守節《正義》引《括地志》，中華書局1982年版，第319頁。

③ 按，《中國歷史地圖集》第2冊「秦　淮漢以南諸郡」之圖中所標示的秦衡山郡範圍包括了今河南固始縣以西及潢川、光山、商城等地。古番國、楚番地當在秦衡山郡境內，或也在吳芮衡山國範圍內。

十五、苀（項）君

　　包山第164號簡有「苀君」的記載，為楚封君之一。何浩、劉彬徽先生以「苀」可通「杏」，《續漢書　郡國四》（卷一一二）南陽郡「復陽侯國」下有「杏聚」，其地約在今河南桐柏縣境，考定苀君封邑於此 ①。顏世鉉先生贊同此說 ②。徐少華先生以「苀」、「項」二字古音相近，互可借用，認為「苀君」即「項君」，他談道：

　　項，為春秋古國，地在今河南沈丘縣城關一帶。春秋魯僖公十七年（前643年）為魯師所滅，其後不久，項地轉屬於楚。《史記　項羽本紀》（卷七）記載：「項籍者，下相人也，字羽……其季父項梁，梁父即楚將項燕，……項氏世世為楚將，封於項，故姓項氏。」則項羽祖先世為楚將，因受封於項國故地，即以封邑為氏。由此可見，項於戰國時期為楚境內一處頗有聲名的封君之一，簡文所載的「苀君」，當是項羽祖先所受封的「項君」。這樣，出土文物與文獻記載相互印證，漢代項縣，當是在戰國時楚設項君的基礎上改置而來。③

　　今按，以音聲求之，「項」、「苀」音近，或可借用，只是字形、字義差別較大，未見有通用之例。不過比較而言，徐少華先生之說更加翔實，應該更可信據。依此，則項地經歷了從項國，到楚國項君封地，再到秦漢項縣的演變過程，而項君至少在懷王時期已經受封，後可能一直傳承至楚國滅亡。

---

①　何浩、劉彬徽：〈包山楚簡「封君」釋地〉，載湖北省荊沙鐵路考古隊：《包山楚墓》上冊，文物出版社1991年版，第569~579頁；劉彬徽：〈包山楚簡論述〉，原載《古文字研究》第20輯，收入所著《早期文明與楚文化研究》，嶽麓書社2001年版，第178~188頁。
②　顏世鉉：《包山楚簡地名研究》，臺灣大學中國文學研究所碩士論文，1997年，第75頁。
③　徐少華：〈包山楚簡釋地四則〉，載《武漢大學學報》（哲學社會科學版），1998年第6期。

第
三
章

楚
國
封
君
匯
考

十六、佶陵君

包山簡載有「佶陵君」，見於簡165。佶陵君當是懷王時封於佶陵的封君。佶陵地望所在，有兩種觀點。

何浩、劉彬徽先生釋「佶」為「造」，與「皂」字通假。《讀史方輿紀要》（卷七七）承天府京山縣「皂角鎮」條云：「縣東南七十里，接景陵縣界。《太平寰宇記》：『地多丘陵及皂角樹，西魏因以角陵名縣。』」景陵縣即今天門縣，皂角鎮今稱皂市，在天門西北，佶陵君封地或在此[①]。顏世鉉先生略加糾正，談道皂市鎮在今天門市東北29公里[②]。

劉信芳先生以佶字從人告聲，讀為「召」，召、告古音近義通。佶陵君封地疑在召陵。《春秋 僖公四年》「楚屈完來盟於師，盟於召陵」。杜預《注》：「召陵，潁川召陵縣也。」《水經注 潁水》（卷二二）：「東南逕召陵縣故城南。《春秋左傳》僖公四年，齊桓公師於召陵，責楚貢不入，即此處也。」楊守敬《疏》：「在今郾城縣東四十五里。」[③]

今按，比較兩說，當以劉信芳先生之說更為合理。傳統觀點認為召陵地望在今郾城縣東，徐少華先生認為今郾城縣東三十餘里的召陵鄉召陵村有一座春秋至兩漢古城遺址，即古召陵所在[④]。據他分析，從楚宣王、威王時期以至懷王前期，楚在與韓、魏的相互爭奪中，勝多敗少，處於優勢，相繼收復了此前被韓、魏所侵奪的潁汝上游諸地，由包山簡可知陽翟、梁等在懷王前期皆為楚邑[⑤]。陽翟、梁均在召

①　何浩、劉彬徽：〈包山楚簡「封君」釋地〉，載湖北省荊沙鐵路考古隊：《包山楚墓》上冊，文物出版社1991年版，第569~579頁，載劉彬徽：〈包山楚簡論述〉，原載《古文字研究》第20輯，收入所著《早期文明與楚文化研究》，嶽麓書社2001年，第178~188頁。
②　顏世鉉：《包山楚簡地名研究》，臺灣大學中國文學研究所碩士論文，1997年，第75頁。
③　劉信芳：《包山楚簡解詁》，藝文印書館2003年版，第174~175頁。
④　徐少華：〈「包山楚簡」地名數則考釋〉注3，載《武漢大學學報》，1997年第4期。
⑤　徐少華：《周代南土歷史地理與文化》，武漢大學出版社1994年版，第319~323頁。

陵之北，召陵在懷王早期仍為楚邑，又不處邊地，以之封君是有可能的。垂沙之戰後，召陵失於魏，楚佶陵（召陵）君封邑當不存。

十七、平陵君

包山簡文中有「坪陵君」，見於簡192。「坪陵」可讀為「平陵」。另外，簡184中載有「平陵令」，顏世鉉先生指出平陵令當是楚平陵縣令，應該可取[①]。由此可知楚懷王時期曾設平陵縣，其地大約與平陵君封地在同一範圍內。

何浩、劉彬徽先生引《水經注‧汝水》（卷二一）：「陂水上承慎陽縣北陂……陂水又東，入汝。汝水又東南逕平陵亭北，又東南，逕陽遂鄉北。汝水又東，逕櫟亭北。春秋之棘、櫟也。」認為「平陵亭」位於今新蔡西北、平輿以東的洪河南側，當原為楚平陵君封邑[②]。顏世鉉先生同意此說[③]。劉信芳先生引楊守敬《疏》云：「亭當在今新蔡縣西南。」[④]

今按，據《水經注》，平陵亭當在漢晉慎陽與春秋櫟邑之間，又考之古汝水流向，仍當以何浩、劉彬徽先生所考為是，其地在今新蔡縣西偏北。楚平陵君封地可能在這一帶。

十八、夏侯

「夏侯」，為前引《戰國策‧楚策四》記載的頃襄王四寵臣之一。

「夏侯」的始封年代與受封者姓名已不可知，其封邑應該位於「夏」地。何浩先生認為其地望在今湖北沙市、監利間[⑤]。繆文遠先

① 顏世鉉：《包山楚簡地名研究》，臺灣大學中國文學研究所碩士論文，1997年，第155頁。
② 何浩、劉彬徽：〈包山楚簡「封君」釋地〉，載湖北省荊沙鐵路考古隊：《包山楚墓》上冊，文物出版社1991年版，第569～579頁，載劉彬徽：〈包山楚簡論述〉，原載《古文字研究》第20輯，收入所著《早期文明與楚文化研究》，嶽麓書社2001年版，第178～188頁。
③ 顏世鉉：《包山楚簡地名研究》，臺灣大學中國文學研究所碩士論文，1997年，第70～71頁。
④ 劉信芳：《包山楚簡解詁》，藝文印書館2003年版，第176頁。
⑤ 何浩：〈戰國時期楚封君初探〉，載《歷史研究》，1984年第5期。

第三章　楚國封君匯考

生認為在今漢口①。

今按，楚地與「夏」相關的地名、水名頗多，有夏水、夏州、夏汭等。

夏水，傳統說法認為在今湖北沙市東南分江水，經監利縣北，至今仙桃市入漢②。何浩先生可能認為「夏」之地望當在夏水流域，今沙市、監利一帶。鄂君啟舟節有「逾灘（漢）……逾夏」的記載，「夏」指的應該是夏水。石泉先生認為夏水乃古沮水（今蠻河）支流，流經今宜城、鍾祥縣境入漢，入漢後的漢水河段亦有夏水之名③。

夏汭，見於《左傳 昭公四年》，「吳伐楚，入棘、櫟、麻……楚沈尹射奔命於夏汭」。昭公五年，「楚子以諸侯及東夷伐吳，以報棘、櫟、麻之役。薳射以繁陽之師會於夏汭」。《說文》十一上「水」部：「汭，水相入也。」夏汭所在，楊伯峻、石泉先生認為應在淮水流域。《漢書 地理志》之「夏肥水」（今西淝河）可能即夏汭所在；棘、櫟或為一地之名，在今渦河上游，與夏汭皆處楚東境，吳伐楚易至於此④。何浩先生也有詳析，認為夏汭在「夏肥水之汭⑤」。這些說法都是可取的。

夏州，見於《左傳》和《戰國策》。《左傳 宣公十一年》（前598年），楚莊王複封陳之後，「鄉取一人焉以歸，謂之夏州」。傳統觀點認為此夏州位於今湖北省武漢市漢陽北⑥。《戰國策 楚策一》載

① 繆文遠：《戰國策新校注》（修訂本），巴蜀書社1998年版，第481頁。
② 參閱酈道元撰，楊守敬、熊會貞疏：《水經注疏 夏水》（卷三二）《夏水》，江蘇古籍出版社1989年版。
③ 石泉、蔡述明：《古雲夢澤研究》之「古華容雲夢澤及相關地名位置示意圖」，湖北教育出版社1996年版，第68頁。
④ 楊伯峻：《春秋左傳注》，中華書局1990年版，第1255頁；石泉：〈從春秋吳楚邊境戰爭看吳楚之間疆界所在〉，載所著《荊楚歷史地理新探 續集》，武漢大學出版社2004年版，第311~312頁。
⑤ 何浩：〈《左傳》「夏汭」考〉，載《江漢論壇》，1987年第8期。
⑥ 楊伯峻：《春秋左傳注》，中華書局1990年版，第715頁。

「楚……東有夏州、海陽」。已有學者指出，「據《戰國策》文意，夏州當在楚國東境，《左傳》『夏州』之『州』恐應是楚國的一種居民編制①」。估計兩個「夏州」所指不同。

夏侯封邑可能與夏水、夏州、夏汭中的某一個有所關聯，夏水、夏汭都與河流相關，而《戰國策》所說的夏州則是地名，頃襄王時期的夏侯，時代為戰國後期，其封地也許與「夏州」的關聯最大。夏州地望，疑在滅於楚的杞國故地。

《史記　楚世家》載惠王四十四年（前445年），楚滅杞。王恩田、何浩等先生已經指出杞有殷封之杞與周封之杞，滅於楚的杞國為殷杞，姒姓，為夏禹之後②。其地望，何浩先生認為在今山東新泰一帶③。陳偉先生談道：「新泰一帶為泗水上游支流洙水所在。當時宋、魯、邾、莒並存，楚人恐難以遠跨諸國而保據其地。《楚世家》於滅杞稱『東侵』，而隨即於滅莒稱『北伐』，似表明當時杞國應在莒國之南，約位於泗水下游一帶。」④「杞、越都號稱夏禹之後。杞人或於勾踐滅吳後南遷近越，以求得庇護。漢有夏丘縣，故城約在今安徽泗縣城關。《太平寰宇記》（卷一七），宿州『虹縣』條引《輿地志》說夏丘縣得名之由是『堯封夏禹為夏伯，邑於此』。杞國或曾居住於此一帶，因而留下這種傳說。」⑤此說似更符合當時的歷史形勢，有一定的道理。如果杞國曾徙於漢代的夏丘縣一帶的話，可能在滅於楚之後稱夏或夏州。錢穆先生說，「夏州即夏邱也」，「為楚之東境⑥」，應該可取。《戰國策》所說楚國東境的「夏州」概指此。

①　石泉主編：《楚國歷史文化辭典》「夏州」條，武漢大學出版社1997年修訂版，第331頁。
②　王恩田：〈從考古材料看楚滅杞國〉，載《江漢考古》，1988年第2期；何浩：《楚滅國研究》下編「杞國」，武漢出版社1989年版，第269～274頁。
③　何浩：《楚滅國研究》下編「杞國」，武漢出版社1989年版，第269～274頁。
④　陳偉：《楚「東國」地理研究》，武漢大學出版社1992年版，第123頁。
⑤　陳偉：《楚「東國」地理研究》第五章注51，武漢大學出版社1992年版，第141頁。
⑥　錢穆：《史記地名考　楚地名》（卷一二），商務印書館2001年版，第617頁。

楚滅杞後，魯人可能曾封杞公之弟為夏侯。《元和姓纂》（卷七）「夏侯」條載：「（杞國）至簡公，為楚惠所滅，弟他奔魯，魯悼公以夏侯受爵為侯，因氏焉。後去魯之沛，居譙，遂為郡人。」[1]《姓解》也有類似記載：「夏侯，夏禹之後，杞簡公為楚所滅，其弟佗奔魯，魯悼公以佗出自夏后氏，乃授爵為侯，謂之『夏侯』，因而氏焉。」[2]這兩條記載時代偏晚，不知是否有更早的材料來源和依據。《戰國策　齊策三》（卷一〇）有人名「夏侯章」，鮑彪注曰，「齊人」，也許是杞簡公之弟「夏侯」的後人。

楚國會不會因杞國故地而封君，也稱夏侯呢？這是有一定可能性的。楚人因鄂國故地封鄂君，自然也有可能因夏杞故地封夏侯。

如果以上推測不誤的話，那麼頃襄王時期的封君夏侯，其封邑可能位於《戰國策》所說的楚國東境的夏州，原為姒姓杞國的故地，漢代曾在此置夏丘縣，地望約在今安徽泗縣城關一帶。

十九、壽陵君

「壽陵君」，也是前引《戰國策　楚策四》記載的頃襄王四寵臣之一。

「壽陵君」的始封年代與受封者姓名已不可知，其封邑應該位於壽陵。

壽陵地望所在，繆文遠引楊守敬云：「《楚策》之壽陵，當與宜陽近。秦莊襄王二年，五國攻秦，取壽陵，至函谷。」[3]今按，古宜陽縣在今河南宜陽縣西的洛河中游，西去函谷關不遠，壽陵當在宜陽函谷之間，此地未曾屬楚，作為楚國封君的封地恐難成立。

何浩先生談道楚境中帶有「壽」字之地名，僅有壽春。壽陵可能

---

① 林寶撰，岑仲勉校記：《元和姓纂（附四校記）》（卷七）「夏侯」條，中華書局1994年版，第1057頁。
② 邵思：《姓解》（卷三），《叢書集成》（初編），中華書局1985年新一版，第111頁。
③ 繆文遠：《戰國策新校注》（修訂本），巴蜀書社1998年版，第481頁。

是當時壽春境內的一處地名，或是壽春的原名或別名，在楚考烈王東徙都壽春之前，此地或曾是壽陵君的封邑[1]。

今按，關於楚國壽陵的記載很少，從已有材料看，可依何浩先生之說，壽陵地望或在壽春故城（今壽縣東南）附近。

二十、陽陵君

「陽陵君」見於《戰國策　楚策四》，受封者是頃襄王時期的名臣莊辛。「莊辛謂楚襄王曰」章載：「襄王……於是乃以執珪而授之，為陽陵君，與淮北之地也。」這一篇講的是頃襄王耽於享樂，莊辛過之，楚王怒，莊辛離楚居趙，後秦攻郢都等地，頃襄王流掩於城陽，召莊辛回楚。莊辛輔佐楚王，受封為君。其受封年代應該是頃襄王流亡至城陽之年，即前278年。

《新序　雜事》（卷二）「莊辛諫楚襄王曰」章作「成陵君」，云：「襄王……乃封莊辛為成陵君，而用計焉，與舉淮北之地十二諸侯。」考楚國地名中有陽陵而無成陵，當以《戰國策》的記載更可信據。

陽陵地望所在，何浩先生據《戰國策》云：「今安徽淮河北。」[2]所指較為模糊。《左傳　襄公十年》有「陽陵」，云：「楚子囊救鄭。十一月，諸侯之師還鄭而南，至於陽陵。」楊伯峻注：「陽陵，鄭地，在今許昌市西北。」[3]此外，包山簡中記載的楚地地名也有「陽陵」，見於第112、第119、第193號簡。簡文中的「陽陵」設有司馬、連敖等官，應該是楚縣[4]。劉信芳先生認為包山簡與《左傳》所載的「陽陵」為一地[5]。顏世鉉先生認為包山簡之陽陵或在安徽淮河北，

---

① 何浩：〈楚國封君封地地望續考〉，載《江漢考古》，1991年第4期。
② 何浩：〈戰國時期楚封君初探〉，載《歷史研究》，1984年第5期。
③ 楊伯峻：《春秋左傳注》，中華書局1990年版，第982頁。
④ 顏世鉉：《包山楚簡地名研究》，臺灣大學中國文學研究所碩士論文，1997年，第161頁。
⑤ 劉信芳：《包山楚簡解詁》，藝文印書館2003年版，第104頁。

第三章　楚國封君匯考

或在河南禹州市（即許昌西北）[①]。徐少華先生認為莊辛所封之「陽
陵」，與包山簡文之「陽陵」當是同一地方，原為楚縣，頃襄王以之
為封地授予莊辛。「陽陵」可能是漢晉汝南郡之「朗陵」，其地望應
在今河南確山縣西南三十餘里的任店及以西地帶[②]。

里耶秦簡牘中地名「陽陵」出現次數較多，晏昌貴、鍾煒先生曾
對其地望提出一種推測，認為包山楚簡所見「陽陵」即里耶簡陽陵縣
之前身，其地位於中原鄭國故地或淮北楚東國之地，又以鄭地陽陵說
的可能性較大[③]。王偉先生認為：「春秋晚期《左傳》所見鄭國陽陵
與戰國楚之陽陵是同一地，約楚懷王時已屬楚，與楚所遷之都郢陳臨
近。包山楚簡所記之『陽陵』、《左傳》鄭地『陽陵』和莊辛受封之
『陽陵』為同一地。」[④]

今按，《戰國策》明言楚王以「淮北之地」與陽陵君。陳偉先生
曾談道，「淮北、泗上，大致是指潁水中下游一線以東，淮水中下游
以北，泰、沂山脈以南的大片地區。[⑤]」考鄭國故地之陽陵，位於今
許昌北，似不宜稱之為淮北之地，陽陵君封地恐與之無涉。至於包山
簡、里耶簡所見「陽陵」與陽陵君封地之間的關係，目前還很難判斷。

前278年（頃襄王二十一年），楚王流掩於城陽，將「淮北之地」
封給莊辛。十六年後的前262年（考烈王元年），黃歇以淮北12縣之地
受封為春申君，後黃歇請求改封江東，其理由是「淮北地邊齊，其事
急，請以為郡便[⑥]」。從莊辛受封至黃歇受封僅有16年，二人的封地

① 顏世鉉：《包山楚簡地名研究》，臺灣大學中國文學研究所碩士論文，1997年，第
   161~162頁。
② 徐少華：〈包山楚簡釋地六則〉，載《簡帛研究二〇〇一》，廣西師範大學出版社2001年
   版，第37~43頁。
③ 晏昌貴、鍾煒：〈里耶秦簡所見的陽陵和遷陵〉，載《中國歷史地理論叢》，2006年第4期。
④ 王偉：〈里耶秦簡賞贖文書所見陽陵地望考〉，載《考古與文物》，2007年第4期。
⑤ 陳偉：《楚「東國」地理研究》，武漢大學出版社1992年版，第43頁。另請參閱其書圖1〈楚
   「東國」示意圖〉所示「淮北泗上」的大致地域範圍。
⑥ 司馬遷：《史記 春申君列傳》（卷七八），中華書局1982年版。

都是「淮北」，估計其所指的地域範圍是有一致性的，可能都在「邊齊」之地，即靠近齊國的地方。

戰國時期，楚、宋疆域內都有稱作「淮北」的地區，楚、齊、宋等國在戰國後期曾多次對這一地區展開爭奪。徐少華先生曾談道：

楚淮北，即蘇秦勸齊湣王釋帝位而伐宋「有淮北，則楚之東國危」之楚「東國」部分土地，與宋淮北地相接，多年來齊一直想一併占而有之。張守節《正義》曰：「淮北，徐、泗也。東國謂下相、僮、取慮也。」張琦《戰國策釋地》：「按下相故城在今徐州府宿遷縣北70里，僮在今睢寧縣境，取慮在今鳳陽府靈璧縣北。徐州府以北宋地，睢寧、宿遷以南楚地。」即今徐州市以南以宿州、靈璧為中心的淮北地區。[1]

由此可知楚國的淮北地在今徐州市以南的宿州、靈璧一帶。戰國後期，宋國曾「南敗楚，取地三百里[2]」，齊滅宋後，曾「南割楚之淮北[3]」。頃襄王十五年（前284年），「楚王與秦、三晉、燕共伐齊，取淮北[4]」。楚伐齊所得的淮北之地，除了原屬於楚國的「楚淮北」之外，應該還包括原屬於宋國，宋亡後入齊的「宋淮北」的一部分。白起拔郢，頃襄王東遷之後，黃歇曾勸阻秦昭王不要繼續攻楚，否則「魏氏將出兵而攻留、方與、銍、胡陵、碭、蕭、相，故宋必盡[5]」。黃歇提到的七地原為宋國故地，當時屬楚，是楚國從宋直接獲得或從齊間接獲得的，徐少華先生曾總結過他們的地望：留，在今江

① 徐少華：《周代南土歷史地理與文化》，武漢大學出版社1994年版，第352頁。
② 司馬遷：《史記　宋世家》（卷三八），中華書局1982年版。
③ 司馬遷：《史記　田齊世家》（卷四六），中華書局1982年版。
④ 司馬遷：《史記　楚世家》（卷四〇），中華書局1982年版。
⑤ 范祥雍：《戰國策箋證　秦策四》，上海古籍出版社2006年版。

蘇沛縣東南50里；方與故址在今山東魚台縣北；銍，在今安徽宿縣西南；胡陵，在今山東魚台和江蘇沛縣之間；碭，在今安徽碭山和河南永城之間；蕭，在今安徽蕭縣西北15里；相，約當今淮北市與河南永城縣之間①。大概在今蘇、魯、皖三省交界地區，應該是原屬於宋國淮北之地的一部分。

莊辛受封與黃歇說秦昭王的時間大概相距不久。當時楚國疆域範圍內的「淮北之地」除了原有的「楚淮北」之外，至少還有「宋淮北」的很大一部分。這樣，楚國占有的「淮北之地」面積擴大了不少。如果楚國把疆域內的故宋淮北地的城邑都設為縣的話，加上楚國原有的淮北地的縣邑，是有可能達到或超過12個的，大概包括了今山東魚台一帶往南直至安徽東部的淮水北岸一帶。陽陵君受封的「淮北之地」和春申君受封時獲得的淮北之地12縣，估計都在這個區域之內，二者之間的關係，估計有兩種可能：其一，二者各佔據了這個區域的某一部分，曾經並存；其二，從莊辛受封至黃歇受封只有16年的時間，也許因某種原因，在頃襄王末年莊辛封地被收回，後以淮北之地封黃歇。後一種可能性更大，因為黃歇請遷封於江東時建議楚王以淮北為郡，依此，似乎暗示當時除了黃歇封地之外，淮北之地當直屬楚王，故能設郡。

《漢書　地理志》載九江郡下轄陰陵縣，《水經注　淮水》（卷三〇）：「淮水又北逕莫邪山西，山南有陰陵縣故城。」《史記正義》引《括地志》曰：「陰陵縣故城在濠州定遠縣西北六十里。」②顧祖禹說：「陰陵城，在縣北六十里。故楚邑。」③楊守敬也指明其地在

---

① 徐少華：《周代南土歷史地理與文化》，武漢大學出版社1994年版，第353頁。

② 司馬遷：《史記　項羽本紀》（卷七）張守節《史記正義》引，中華書局1982年版，第335頁；另請參閱李泰撰，賀次君輯校：《括地志輯校》卷四，濠州定遠縣「陰陵縣故城」條，中華書局1980年版，第213頁。

③ 顧祖禹撰，賀次君、施和金點校：《讀史方輿紀要》（卷二一），南直三，鳳陽府定遠縣「陰陵城」條，中華書局2005年版，第1008頁。

定遠縣西北65里 [①]。由此可知漢陰陵縣在淮水南岸不遠處，今定遠縣西北，可能原為楚縣邑，或是承襲楚陵縣而來 [②]。包山簡中陵縣尚無陰陵之名，而在頃襄王時期已有陽陵之地，也許陰陵、陽陵之名是成對出現的，陽陵或許在陰陵以北的淮河對岸，二者分在淮河南北兩側，故分稱陰、陽，出現的時期約在懷王後期至頃襄王前期。若此，則陽陵或許在今安徽懷遠縣一帶的淮河以北地區，這也應該是陽陵君封地的治所所在地。此說是否可靠，還有待於進一步的證實。

綜上所述，莊辛在頃襄王二十一年受封為陽陵君，封地在「淮北」，約在今山東魚台一帶往南直至安徽東部的淮水北岸一帶的範圍內，面積應較大，其治所陽陵或在今安徽定遠縣一帶的淮河以北地區。或在頃襄王末年陽陵君封地被楚王室收回。

二十一、春申君

黃歇，楚頃襄王時期曾使秦，考烈王即位後為令尹，受封稱春申君。

關於黃歇的身分，歷來眾說紛紜。一種觀點認為他是黃國之後，如陳直先生說：「春申君疑為黃國之後，《左傳》所謂『漢陽諸姬，楚盡實之』。滅國以後歸於楚，故稱為楚人。」[③] 另一種觀點說他是楚王之弟，《韓非子　奸劫弒臣》（卷一四）篇說「楚莊王之弟春申君」，錢穆先生指出「楚莊王」指的是頃襄王，春申君應是頃襄王之弟 [④]。還有一種觀點認為他是楚國王族，但不是楚王子，《史記　遊俠列傳》（卷一二四）稱，「近世延陵、孟嘗、春申、平原、信陵之徒，皆因王者親屬……」太史公說春申君是王者親屬，但未說明是否

① 酈道元撰，楊守敬、熊會貞疏：《水經注疏　淮水》（卷三〇），江蘇古籍出版社1989年版，第2530頁。
② 請參閱本節「蔆君」部分。
③ 陳直：《史記新證》，中華書局2006年版，第133~134頁。
④ 錢穆：《先秦諸子系年》（外一種），卷四「楚頃襄王又稱莊王考」，「春申君乃頃襄王弟不以游士致顯辨」兩章，河北教育出版社2002年版，第439~443頁。

是楚王子，何浩先生從擔任令尹一職的基本上都是楚國王族這一現象分析認為黃歇應該是楚王族，但並非王子，他說：「黃歇之所以為黃氏，當時其先人（楚王子）曾任職於黃邑或食邑於黃，因以黃為氏。」①

今按，黃國之後說於史無證，僅是一種推測。黃歇當是以黃為氏，也未見有「王子歇」之類的稱呼，懷王子、頃襄王弟之說似乎也不太恰當。黃歇為楚王族，其先曾任職或食邑於黃，故以之為氏，這一解釋相對合理一些，與前文我們談道的鬬氏、屈氏等得氏的方式類似。近有學者認為黃歇是懷王之子，在被封為春申君之前，曾受封於黃，故以之為氏②。此說不妥。首先，包山簡中有不少鄟氏之人，鄟，一般釋為「黃」③，他們可能是黃國後人，也可能和黃歇有共同的祖先；其次，在包山簡中已見有鄟（黃）君④，距離黃歇的時代應該不遠，楚王收回黃君封地並以之封黃歇的可能性似乎不大；再次，我們尚未見到有明顯的例證能夠說明封君受封後有以邑為氏的。

黃歇於考烈王元年（前262年）為令尹，以淮北十二縣之地受封為春申君，十五年後改封江東，《史記　春申君列傳》（卷七八）對此記載頗詳。

考烈王元年，以黃歇為相，封為春申君，賜淮北地十二縣。後十五歲，黃歇言之楚王曰：「淮北地邊齊，其事急，請以為郡便。」因並獻淮北十二縣，請封於江東，考烈王許之。春申君因城故吳墟，以自為都邑。

---

① 何浩：〈郟陵君與春申君〉，載《江漢考古》，1985年第2期。
② 駱科強：《春申君相關問題研究》，華中師範大學碩士學位論文，2006年，第5~11頁；又見駱科強：〈春申君的身分及其生年的大致推定〉，載《喀什師範學院學報》，2008年第2期。
③ 巫雪如：《包山楚簡姓氏研究》，臺灣大學中國文學研究生碩士學位論文，1996年，第69~70頁。
④ 參閱本章第一節「黃君」部分。

淮北十二縣，具體名稱已無法一一考實，根據前文的分析，應該在今山東魚台一帶往南直至安徽東部的淮水北岸一帶的範圍內。春申君在受封於淮北之後，楚國多次出兵，兼併費、邾、邳、郯、魯等國，這些地方多與楚淮北泗上之地毗鄰，不知春申君封地是否因此有所擴大。不過從春申君滅魯後，「以荀卿為蘭陵令」來看[①]，似乎將新占之地改設郡縣的可能性更大些。

「春申」之名，後世多以為非地名，或認為是「號諡[②]」、「雅號[③]」，童書業先生認為是地名，他說：「『春申』當本在淮北，為黃歇原封的都城所在地，後來黃歇改封江東，仍稱『春申君』，就把春申的地名帶到江東來了。」「考《三國志　吳志　孫亮傳》：『（建興）二年……十一月，有大鳥五，見於春申。』則『春申』應為地名，但不知在何處。看『平原』、『信陵』，也都像是地名，則『春申』是地名，似無可疑。[④]」《三國志》中的地名「春申」，時代偏晚，可能是後世出現的。不過「春申」為地名，近來學者多有贊同，可能是有一定道理的。

戰國中晚期，在楚王徙都壽春之前，壽春已經興起並迅速發展了[⑤]。出土銅器有「壽春府鼎」，年代為戰國晚期，約在楚遷都壽春前不久[⑥]。馬育良先生認為「壽春系春申君封淮時所建[⑦]」，也許是

① 司馬遷：《史記　春申君列傳》（卷七八），中華書局1982年版。
② 司馬遷：《史記　春申君列傳》（卷七八）張守節《史記正義》，中華書局1982年版，第2394頁。
③ 劉澤華、劉景泉：〈戰國時期的食邑與封君述考〉，載《北京師範學院學報》（哲學社會科學版），1982年第3期。
④ 童書業：〈春申君的封邑〉，載所著《童書業歷史地理論集》，中華書局2004年版，第257頁。
⑤ 參閱徐少華：〈楚都壽春及其歷史地理分析〉，載闕維民主編：《史地新論——浙江大學歷史地理國際學術研討會論文集》，浙江大學出版社2002年版，第488~505頁。
⑥ 參閱劉彬徽：《楚系青銅器研究》，湖北教育出版社1995年版，第354~355頁；鄒芙都：《楚系銘文綜合研究》，巴蜀書社2007年版，第185~186頁。
⑦ 馬育良：〈關於壽春形成的幾個問題〉，載《安徽史學》，1986年第5期。

第三章　楚國封君匯考

可信的。

《太平寰宇記》載：「楚相黃歇封為春申君，本在壽州，為去齊近，為齊所侵迫，徙都於吳。」①又云：「壽州……戰國之末，楚全有之，而考烈王都焉，號曰郢都，城即烈王所築，西南小城即楚相春申君黃歇所居。」②宋壽州治今鳳台縣，轄壽春（治今壽縣）等縣。《太平寰宇記》以壽州為楚壽春（今壽縣東南壽縣壽春城）與黃歇初封地所在，當指所轄之壽春城，而非宋壽州治。《太平寰宇記》提供的材料時代偏晚，楚壽春也不在淮北，而在淮水南岸，所以此說是否可信還有待證實。不過在黃歇受封淮北的15年中，楚都陳城（或又說曾遷都鉅陽），在他改封於江東後7年，楚王徙都壽春，如果《太平寰宇記》之說不誤的話，似乎可以推測壽春在經過黃歇十幾年的經營之後，已基本具備了建都的各項條件，為遷都打下了良好的基礎。另外，楚壽春在淮河南岸，其東北方為楚國的淮北之地，距離也不遠。

《太平寰宇記》說考烈王遷都後在壽春築城，而壽州「西南小城即楚相春申君黃歇所居」。劉和惠先生談道：「小城之築，可能略早於壽春城……春申君為相，前15年居西南小城，應是封君之府城，後改封於吳，西南小城亦應獻出。考烈王二十二年徙都壽春，春申君相府或已移至壽春城內。」③宛晉津先生也推測說：「所謂西南小城云云，當係春申君在考烈王二十二年楚都壽春之前所居之地，這也說明春申在考烈王時應有食封壽春之事。」④我們也懷疑這個「西南小城」也許是楚王遷都前的壽春邑所在，即鼎銘所說的「壽春府」，而

---

① 樂史：《太平寰宇記》（卷九二），江南東道四，常州江陰縣「申浦」條，中華書局2007年版，第1851頁。

② 樂史：《太平寰宇記》（卷一二九），淮南道七，「壽州」條，中華書局2007年版，第2542頁。

③ 劉和惠：《楚文化的東漸》，湖北教育出版社1995年版，第122~123頁。

④ 宛晉津：〈建邑前後的壽春〉，載《六安師專學報》（綜合版），1998年第3期。

春申君初封時的封君官邸，或許也與此城有關。當然，還可以認為此小城是遷都壽春後黃歇的居所，不過在新築的郢都城之外重新築城居住似乎不合情理，也沒有必要。若此，則春申君初封時官署有可能在壽春，「春申」的得名也許與「壽春」有某些關聯。錢穆先生曾推測說：「或黃歇初封淮北，即在今壽縣、鳳台境，則其號『春申』，應與壽春有關。」[1] 前文曾談道，頃襄王時期有壽陵君，封地在壽陵，可能在壽春故城附近。若春申君之封邑名「春申」，也在這一帶的話，則「壽春」之名可能是合壽陵、春申而來。此名出現的時代大概在春申君受封之後至遷封江東之間的這個時間段內，因為在此之前未見有「壽春」之名，而「壽春府鼎」或是這個階段的遺物。

安徽省文物考古研究所曾對西南小城作過調查，「西南小城保存有高出地面約七公尺的城牆，兩面坡，外側略陡，內側略緩，城牆夯築整齊，夯層明顯」。「西南小城應該和壽春城遺址大致同時」[2]。從時代上看，該城有作為春申君封邑的可能。

春申君遷封江東後，「因城故吳墟，以自為都邑」，張守節《史記正義》云：「今蘇州也。於城內小城西北別築城居之，今圮毀也。」[3] 司馬遷說他曾到過春申君的故城，說：「吾適楚，觀春申君故城，宮室盛矣哉！」[4] 童書業先生說，黃歇改封後，因吳故墟為邑，其官署當在今蘇州市，封地範圍可能包括了春秋時吳國的主要部分[5]。前238年，考烈王卒，春申君遇刺，家室盡滅，封地當被收回。

① 錢穆：《史記地名考　楚地名》（卷一二）「春申」條，商務印書館2001年版，第619頁。
② 張鐘雲：〈壽春城遺址的新發現〉，載《楚文化研究論集》第7集，嶽麓書社2007年版，第415~421頁。
③ 司馬遷：《史記　春申君列傳》（卷七八）張守節《正義》，中華書局1982年版，第2394頁。
④ 司馬遷：《史記　春申君列傳》（卷七八），中華書局1982年版。
⑤ 童書業：〈春申君的封邑〉，載所著《童書業歷史地理論集》，中華書局2004年版，第257頁；另請參閱顧祖禹撰，賀次君、施和金點校：《讀史方輿紀要》（卷二四），南直六，蘇州府「吳郡城」條，中華書局2005年版，第1158~1159頁。

第三章　楚國封君匯考

1992年蘇州市滸山鎮西1.5公里處的小真山D1M1中出土了一方銅印[1]。曹錦炎先生釋為「上相邦璽」，認為乃戰國晚期楚璽，墓主曾擔任楚「上相邦」之職，結合該墓的地理位置、規格、隨葬品特點，他提出此墓可能是春申君之墓[2]。「相邦」之職常見於戰國中晚期秦、趙諸國，出土資料中秦有「相邦義」、「相邦冉」、「相邦呂不韋」，趙有「相邦建信君」、「相邦春平君」等[3]。「相邦」即傳世文獻之「相國」，因避漢高祖諱而改。《史記 春申君列傳》朱英謂黃歇曰：「君相楚二十餘年矣，雖名相國，實楚王也。」李學勤先生認為原釋為「相」字當釋為「桓」，與「柱」字可以通假，璽文應讀作「上柱邦璽」，可與文獻所見的楚國「上柱國」相對照[4]。上柱國為楚國最高軍事官秩，其位次於令尹[5]。按此，則該墓為某位楚國上柱國官員之墓，而非春申君之墓。春申君死於壽郢，家族覆滅，其骨骸被運回封邑內厚葬的可能性也不大。

綜上所述可知，黃歇於前262年受封，封地在淮北十二縣，在今山東魚台一帶往南迤邐至安徽東部的淮水北岸一帶的範圍內，其官署可能在楚壽春一帶；15年後遷封於江東，都於吳國故墟，約今江蘇蘇州市；前238年，春申君遇刺身亡，封地當被收回。

二十二、襄成（城）君

楚頃襄王時期曾封襄成君，封邑或在今江蘇省連雲港市附近地區[6]。

---

① 錢公麟等著：《真山東周墓地吳楚貴族墓地的發掘與研究》，文物出版社1999年版，第39~40頁。
② 張照根：〈蘇州真山墓地出土大量珍貴文物〉，載《中國文物報》，1995年11月19日；曹錦炎：〈上相邦璽考〉，載《中國文物報》，1995年12月17日；曹錦炎：〈關於真山出土的「上相邦璽」〉，載《故宮博物院院刊》，1999年第2期。
③ 參閱尚志儒：〈秦相的設置及相關問題〉，載《文博》，1997年第2期。
④ 李學勤：〈「桓」字與真山楚官璽〉，載北京大學國學研究院中國傳統文化研究中心編：《國學研究》第8卷，北京大學出版社2001年版，第173~176頁。
⑤ 石泉主編：《楚國歷史文化辭典》「上柱國」條，武漢大學出版社1997年修訂版，第18頁。
⑥ 參閱拙文〈襄城公戈（向壽戈）新考〉，《考古》，即刊。

二十三、弋陽君

《古璽彙編》第0002號印，印文為「弋昜君鈢」[1]。

李家浩先生分析說：「『弋昜』當讀『弋陽』。《漢書　地理志》汝南郡有弋陽縣，在今河南潢川縣西，戰國時期屬楚。」[2]何浩先生從其說，並談道《漢書　地理志》汝南郡下弋陽縣應劭注曰：「弋山在西北。」「弋陽」乃會「弋山之陽」意，弋山，即光山縣西北的浮光山（又名光山）。山南為陽，弋陽之名當由此來[3]。

今按，此說當是。弋山在西漢弋陽縣西北，則弋陽在弋山東南，合山南為陽之說。當先有弋山，後有弋陽之名。《水經注　淮水》（卷三〇）：「淮水又東逕浮光山北，亦曰扶光山，即弋陽山也……淮水又東，逕新息縣故城南。」所說的「弋陽山」所指即弋山。楊守敬云：「蓋就山言曰弋山，就縣言曰弋陽山。」[4]設立弋陽縣後弋山又名弋陽山。新息縣故城地在今息縣治[5]。淮水先經弋山北，又過今息縣南，而弋陽在弋山東南，則其地約在今息縣以西，光山縣西北的淮河以南不遠處。弋陽君封地當在此，只是受封者身分與受封年代已無從考索。漢代的弋陽侯國當是沿襲自楚國的弋陽邑。

① 羅福頤主編：《古璽彙編》，文物出版社1981年版，第1頁。
② 李家浩：〈戰國布考〉，載《古文字研究》第3輯，中華書局1980年版，第160~165頁。
③ 何浩：〈楚國封君封邑地望續考〉，載《江漢考古》，1991年第4期。
④ 酈道元撰，楊守敬、熊會貞疏：《水經注疏　淮水》（卷三〇），江蘇古籍出版社1989年版，第2504頁。
⑤ 酈道元撰，楊守敬、熊會貞疏：《水經注疏　淮水》（卷三〇），江蘇古籍出版社1989年版，第2505頁。

第四節　江南地區楚封君考異

一、澧陽君（？）

近年來，在湖南澧水流域的臨澧縣西北部的九里鄉發現大批楚墓，其中有數座規模較大，其中M17中曾出土帶「君」字的車害，發掘報告推測九里墓地可能是楚國一個封君的家族墓地，距墓葬八里處，有一個與墓葬時代相近的古城遺址，可能是該封君的封地中心①。何浩先生從墓葬及器物規格推斷，也認為是封君一級墓葬②。

李海勇先生談道，張家山漢簡「奏讞書」中有「醴陽令」（簡69）的記載，醴、澧音同字通，醴（澧）陽當在澧水之北。漢代應曾一度設置過醴（澧）陽縣，不久後廢除或改名，故不見於史載。漢醴（澧）陽縣或係楚澧陽君發展而來，今臨澧九里墓葬群在澧水之陽，其西南不遠有一座戰國至兩漢的申鳴城址，可能分別為楚澧陽君的家族墓地與封邑所在③。

今按，簡文所記「澧陽」地望所在，彭浩先生曾引香港中文大學所收《河堤簡》中「澧陽江堤」的相關記載，指出澧陽為南郡所轄縣，位於長江之南，故有江堤④。此說是可信的。按此，則臨澧的封君級大墓與簡文所記的「澧陽」地理位置上相去較遠，應當無關。目前只能由考古發掘來推測楚國曾在這一帶封君，封君名稱不可考。因此墓位於今澧水以北，為了方便稱呼，不妨仍以「澧陽君」呼之。另

---

① 湖南省博物館等：〈臨澧九里墓地發掘報告〉，載《湖南考古輯刊》第3集，嶽麓書社1986年版，第87~109頁；湖南省文物考古研究所：〈臨澧九里雙峰包南包大墓發掘簡報〉，載《湖南考古輯刊》第6集，《求索》增刊，1994年，第97~106頁。

② 何浩：〈楚國封君封邑地望續考〉，載《江漢考古》，1991年第4期。

③ 李海勇：《楚人對湖南的開發及其文化融合與演變》，武漢大學博士學位論文，2003年，第75~76頁。

④ 彭浩：〈《河堤簡》校讀〉，載《考古》，2005年第11期；彭浩、陳偉、工藤元男主編：《二年律令與奏讞書——張家山二四七號漢墓出土法律文獻釋讀》，上海古籍出版社2007年版，第353頁。

外，下文我們提到，九里墓群也許與鄎陽君相關[①]。今以兩說並存。發掘報告稱墓葬年代為戰國中期，楚在澧水流域設立封君可能在這一時期或稍前。

二、□君

湖南湘潭縣易俗河鎮縣一中曾出土一把楚式風格銅劍，銘文為錯金鳥篆體，第三字已銹蝕不可辨，釋作「王作□君」，李學勤先生認為是王為某君（封君）所作[②]。鄒芙都先生也說是楚王為某位封君作鑄銅劍，時代屬戰國中期[③]。依此說，則「□君」可歸入楚國封君之列，不知其封地是否在銅劍出土地一帶。

三、彭城君

《戰國策　楚策一》（卷一四）「昭奚恤與彭城君議於王前」章：

昭奚恤與彭城君議於王前，王召江乙而問焉。江乙曰：「二人之言皆善也，臣不敢言其後，此謂慮賢也。」

材料中出現的「彭城君」應該和昭奚恤一樣，是楚宣王時期的大臣。「彭城」為其封邑名。鮑彪注曰：「彭城屬楚，知為楚人。」[④]先秦時期的彭城地望在今徐州市，《讀史方輿紀要》（卷二九），徐州「彭城廢縣」條云：「今州治……春秋為宋地……秦置彭城縣，屬泗水郡。」[⑤]

春秋戰國時期的彭城，原為宋國地。《左傳　成公十八年》（前

① 參閱本節「鄎陽君」部分。
② 古湘：〈湘潭縣出土戰國鳥篆銘文銅劍〉，載《湖南考古輯刊》第4集，嶽麓書社1987年版，第183頁。
③ 鄒芙都：《楚系銘文綜合研究》，巴蜀書社2007年版，第159頁。
④ 范祥雍：《戰國策箋證　楚策一》（卷一四），上海古籍出版社2006年版，第757頁。
⑤ 顧祖禹撰，賀次君、施和金點校：《讀史方輿紀要》（卷二九），南直十一，徐州「彭城廢縣」條，中華書局2005年版，第1389~1390頁。

573年）載，楚共王與鄭成公時曾「伐彭城，納宋魚石、向為人、鱗朱、問帶、魚府焉，以三百乘戍之而還」。楚、鄭聯軍伐宋並佔領彭城，並將奔楚的宋臣五人安置於此。第二年，即魯襄公元年，「彭城降晉」，楚國的勢力受到晉國的壓制。戰國早中期，彭城地處齊、宋、楚三國勢力的交匯地帶。

齊國的田嬰曾受封於彭城。古本《竹書紀年》云：「梁惠王后元十三年四月，齊威王封田嬰於薛……嬰初封彭城。」[1] 按魏惠王后元十三年即楚懷王七年，前322年，田嬰在此年之前曾封彭城。關於田嬰的活動年代，《史記　田敬仲完世家》（卷四六）載：「使田忌、田嬰將，孫子為師，救韓、趙以擊魏，大敗之馬陵……其後三晉之王皆因田嬰朝齊王於博望，盟而去。」說明田嬰參與了前341年的馬陵之戰，陳偉先生認為「他初封彭城疑在馬陵之役前[2]」。據此，至少在前341年（楚宣王二十九年）之前至前322年之間，彭城可能曾經屬齊。

因此，目前還難以判斷在楚宣王當政的某段時間內，位於今徐州的彭城是否曾屬楚。有些學者懷疑彭城君的封邑不在此[3]，是有一定道理的。此彭城位於楚國邊地，且為軍事重鎮，歷來是諸侯爭奪的焦點，歸屬不定。而楚之封君極少有願受封於邊地的，可以說，即使在楚宣王當政的某段時間內，位於今徐州的彭城曾屬楚，以之封君的可能性也很小。因此，我們認為彭城君封地當另在他處。

《左傳　桓公十二年》記「伐絞之役，楚師分涉於彭」。「彭

① 司馬遷：《史記　孟嘗君列傳》（卷七五）司馬貞《索隱》引，中華書局1982年版，第2352頁。另請參閱方詩銘、王修齡：《古本竹書紀年輯證》（修訂本），上海古籍出版社2005年版，第150頁。
② 陳偉：《楚「東國」地理研究》第5章注58，武漢大學出版社1992年版，第142頁。
③ 吳良寶：〈試說包山簡中的「彭」地〉，載武漢大學簡帛研究中心主辦：《簡帛》第3輯，上海古籍出版社2008年版，第41~46頁。

水」，石泉先生談道即今漢水支流之一的南河下游，絞國在今南河西北面之北河流域，屬穀城縣境①。如果彭城君之封邑不遠在今徐州的話，也是有可能在彭水流域的。不過彭水流域在懷王時期有可能是彭君的封地②，且「彭城君」簡稱「彭君」的可能性也很小③，因此彭城君封地應不在此。

此外，《水經注　江水三》（卷三五）記有「彭城□」和「彭城磯」，云：

> 江水……又東逕彭城□，水東有彭城磯，……江水自彭城磯東逕如山北，北對隱磯，二磯之間，有獨石孤立大江中，山東江浦，世謂之白馬□。

彭城□、彭城磯附近有「彭城洲」，南朝宋元嘉年間謝晦與到彥之曾大戰於此，其事見載於《宋書　謝晦傳》（卷四四），云：「晦至江口，到彥之已到彭城洲……（晦）乃攻蕭欣於彭城洲，中兵參軍孔延秀率三千人進戰，甚力……延秀又攻洲口柵，陷之，彥之退保隱圻。」「彭城洲」，見於《元和郡縣圖志》，云：「彭城洲，在（巴陵）縣東北九十四里。宋元嘉三年，荊州刺史謝晦反，台遣到彥之進討，軍次彭城洲，彥之軍敗，退保隱磯，即此處也。」④到彥之退保於「隱圻」，即《水經注》所說的「隱磯」。蕭欣據守的彭城洲，有「洲口柵」，說明這是一個居民聚居點和軍事據點。唐巴陵縣在今湖

---

① 石泉：〈楚都何時遷郢〉注6，收入所著《古代荊楚地理新探》，武漢大學出版社1988年版，第354頁。
② 參閱本章第一節「彭君」部分。
③ 參閱吳良寶：〈試說包山簡中的「彭」地〉，載武漢大學簡帛研究中心主辦：《簡帛》第3輯，上海古籍出版社2008年版，第41~46頁。
④ 李吉甫：《元和郡縣圖志》（卷二七），江南道三，岳州巴陵縣「彭城洲」條，中華書局1983年版，第657頁。

南岳陽市，彭城洲在其東北的長江南岸 ①。彭城口、彭城洲、彭城磯附近有彭城山，《輿地紀勝》記云：「臨湘縣有彭城山，西近江曰彭城磯。」② 由此可知四者都在今岳陽市東北長江南岸一帶，從這些地名可以推測在這一帶附近有「彭城」之地。

據《元和志》，彭城洲在巴陵縣（今岳陽市）東北94里的長江南岸。又據胡戟先生的研究，唐代里數分大里和小里，《元和志》中計算西安至洛陽之間的距離，現在可考，使用的是小里，小里一里約當今0.88華里 ③。依此，94里約為今天的41公里。今岳陽市區東北約三十公里的長江東岸有銅鼓山遺址，去彭城洲應當很近。發掘報告稱，銅鼓山遺址位於江邊丘陵地中一處頂部較為平緩的山頭上，面積約三萬平方公尺，海拔56.7公尺，相對高度（與長江十月份水位比較）30公尺。遺址包含商代和東周楚文化層，東周時期的堆積層迭壓在商代文化層之上，一般厚為30~60公釐，遺址周圍有墓葬分布，都屬楚文化，遺址年代可早至春秋早期，墓葬年代跨越了春秋中期至戰國晚期 ④。岳陽本地學者陳湘源先生說從「彭」為擊鼓之聲，銅鼓山東南側今仍有地名「彭家墩」來看，銅鼓山遺址可能是古彭城所在 ⑤，此說有一定道理。銅鼓山遺址下層為商代文化層，應該是商人在南方的一個聚居點，西周時期，其地或被廢棄，隨著楚人南下，春秋早期之後又成為楚人的聚居地。這一帶扼楚人向南方發展之要衝，在戰國中後期可能

---

① 顧祖禹撰，賀次君、施和金點校：《讀史方輿紀要》（卷七七），湖廣三，岳州府巴陵縣「彭城洲」條，中華書局2005年版，第3632頁；酈道元撰，楊守敬、熊會貞疏：《水經注疏·江水三》（卷三五），江蘇古籍出版社1989年版，第2882頁。

② 王象之：《輿地紀勝》（卷六九），荊湖北路，嶽州景物下「彭城洲」條，江蘇廣陵古籍刻印社1991年版，第622頁。

③ 胡戟：〈唐代度量衡與畝里制度〉，載《西北大學學報》（哲學社會科學版），1980年第4期。

④ 湖南省文物考古研究所、岳陽市文物工作隊：〈岳陽市郊銅鼓山商代遺址與東周墓發掘報告〉，載《湖南考古輯刊》第5輯，《求索》增刊，1989年，第29~45頁。

⑤ 陳湘源：〈岳陽三千四百年前古城——彭城探微〉，載《岳陽職業技術學院學報》，2005年第1期。

已形成城邑，具備設立封君的條件。

綜上分析可知，楚國曾有「彭城君」，至少曾存在於楚宣王時期。其封邑可能在今湖南岳陽市東北的古彭城地。

四、中君

長沙南郊仰天湖25號墓（《長沙楚墓》新編為M167）竹簡中的第2號簡載有「中君」，為助喪者之一 ①。「中」字，原字形為「」。學者們原或釋「市（巿）②」。或釋「毛③」。或釋「屯④」。李學勤先生釋為「中⑤」。近年來學者們多贊同此說 ⑥。

「中君」，郭若愚先生認為讀為「仲君」，乃賵贈者之名 ⑦。《長沙楚墓》編寫者也讀為「仲君」，認為「中（仲）」表示長幼之次 ⑧。舒之梅、何浩先生認為是楚國的封君名 ⑨。我們認為「中」當讀如本字，「中君」指的是封於中地的楚國封君，舒之梅、何浩先生的觀點是可取的。

關於中君封地所在，顏世鉉先生曾指出，包山簡有地名「宑昜（中陽）」（簡71、簡97），應是楚縣，此外湖南桃源曾出土「宑昜王鼎⑩」，中、中陽兩地，可能就在長沙、桃源、漵浦三個地方

① 湖南省博物館等編：《長沙楚墓》，文物出版社2000年版，上冊第420頁，下冊圖版一六一。
② 史樹青：《長沙仰天湖出土楚簡研究》，群聯出版社1955年版，第22頁。
③ 林河：〈從楚簡考證侗族與楚、苗之間的關係〉，載《貴州民族研究》，1982年第1期。
④ 商承祚：《戰國楚竹簡彙編》，齊魯書社1995年版，第267~273頁。
⑤ 李學勤：〈談近年發現的幾種戰國文字資料〉，載《文物參考資料》，1956年第1期；朱德熙、裘錫圭：〈戰國文字研究（六種）〉，載《考古學報》，1972年第1期。
⑥ 湖南省博物館等編：《長沙楚墓》上，文物出版社2000年版，第420頁；何琳儀：〈仰天湖竹簡選釋〉，載《簡帛研究》第2輯，廣西教育出版社1998年版，第105~115頁。
⑦ 郭若愚：〈戰國竹簡文字的摹寫和考釋〉，載《上海博物館集刊》第3期，上海古籍出版社1986年版，第23頁。
⑧ 湖南省博物館等編：《長沙楚墓》上，文物出版社2000年版，第420頁。
⑨ 舒之梅、何浩：〈仰天湖楚簡「鄝陽公」的身分及相關問題——與林河同志商榷〉，載《江漢論壇》，1982年第10期。
⑩ 常德地區文物工作隊等：〈桃源三元村一號楚墓〉，載《湖南考古輯刊》第4集，嶽麓書社1987年版，第26頁。

附近的區域①。李海勇先生曾結合考古材料對楚中陽縣地望進行過分析，認為可能在東周時期的古采菱城，其地在今桃源縣城東北12里的茅草街鄉②。

今按，仰天湖楚簡出土於長沙附近，中君封地應該距之不遠，較易為墓主助喪。顏世鉉先生對「中」、「中陽」地望的考定是可以成立的。如果楚中陽縣地望果如李海勇先生所言，在古采菱城，那麼楚「中君」封地估計在其附近不遠，或也在今湖南桃源縣東北一帶。根據發掘報告，仰天湖25號墓約為戰國中期晚段墓③，簡文所見的「中君」的時代可能與之相當，大概在楚威王、懷王時期，去包山簡所記載的年代也不遠，也許其封邑「中」與中陽縣曾經同時並存。

五、 鄡陽君

包山楚簡中有「鄡陽君」，見於簡86。「鄡陽君」當是懷王時期的封君，受封於鄡陽。關於鄡陽地望所在，主要有兩種觀點。何浩、劉彬徽先生將「鄡」讀為「酇」，《漢書　地理志》沛郡有酇縣，故址「酇城」見存，在今河南永城縣西，「酇城」東北大間溝水北岸有酇陽集，當是楚鄡陽君封邑所在④。顏世鉉先生贊同此說，並將封邑明確在今永城市酇陽鄉⑤。

劉信芳先生以鄡、閻古音相通，認為《左傳　昭公二十年》之「鬼閻」可能是鄡陽君封邑所在。又引杜預注「長平縣西北有閻亭」將「鬼閻」地望定在漢晉長平縣西北，今河南西華縣東北⑥。

---

① 顏世鉉：《包山楚簡地名研究》，臺灣大學中國文學研究所碩士論文，1997年，第131~133頁。

② 李海勇：《楚人對湖南的開發及其文化融合與演變》，武漢大學博士學位論文，2003年，第73~74頁。

③ 湖南省博物館等編：《長沙楚墓》上，文物出版社2000年版，第465、607頁。

④ 何浩、劉彬徽：〈包山楚簡「封君」釋地〉，載湖北省荊沙鐵路考古隊：《包山楚墓》上冊，文物出版社1991年版，第569~579頁，載劉彬徽：〈包山楚簡論述〉，原載《古文字研究》第20輯，收入所著《早期文明與楚文化研究》，嶽麓書社2001年版，第178~188頁。

⑤ 顏世鉉：《包山楚簡地名研究》，臺灣大學中國文學研究所碩士論文，1997年，第100頁。

⑥ 劉信芳：《包山楚簡解詁》，藝文印書館2003年版，第83頁。

今按，酆，從邑，詹聲。根據地名的命名習慣，酆陽指的應該是詹山或詹水之陽。《漢書 地理志》武陵郡「索縣」下班固原注曰：「漸水東入沅」。《漢書 地理志》所說的東入於沅水的漸水又稱澹水，《水經注 沅水》（卷三七）有詳細記載：

> 沅水又東入龍陽縣，有澹水，出漢壽縣西楊山。南流東折，逕其縣南。縣治索城，即索縣之故城也。漢順帝陽嘉中改從今名……而是水又東歷諸湖，方南注沅，亦曰漸水也。

上古音中，澹在談部定紐，漸在談部從紐，兩字疊韻，准雙聲，音近可通，澹水又稱漸水，也是音近可通的緣故。酈道元說澹水（漸水）經索縣故城，與班固原注所稱西漢索縣的漸水應是一水無疑。酈道元是北朝人，應該沒有到過沅水流域，南朝宋盛弘之《荊州記》記云：「武陵郡西有陽山[1]」。熊會貞《疏》曰：「《昭明文選》王仲宣《贈士孫文始詩》注引《荊州圖》，『漢壽縣城南一百步，有澹水，出縣西陽山。』山一名梁山，在今武陵縣北三十里。水出西麓靈泉寺側石罅中。」[2] 由此可知，《水經注 沅水》篇所說的「楊山」即已經亡佚的《荊州記》、《荊州圖》所記的「陽山」，澹水出其西麓。

據《水經注 沅水》篇，澹水出楊（陽）山后南流東折，逕漢索（漢壽）縣故城南，又東歷諸湖而注於沅。熊會貞提到陽山（梁山）在武陵縣北三十里處，顧祖禹也說：「梁山，在府北三十里。舊名陽山[3]」。

① 盛弘之：《荊州記》（輯佚本），載劉緯毅：《漢唐方志輯佚》，北京圖書館出版社1997年版，第214頁。
② 酈道元撰，楊守敬、熊會貞疏：《水經注疏 沅水》（卷三七），江蘇古籍出版社1989年版，第3089頁。
③ 顧祖禹撰，賀次君、施和金點校：《讀史方輿紀要》（卷八〇），湖廣六，武陵縣「善德山」附「梁山」條，中華書局2005年版，第3772頁。

第三章 楚國封君匯考

按明清常德府治武陵縣，即今湖南常德市城區所在。漢索（漢壽）縣故城在常德市東偏北，《讀史方輿紀要》載：「漢壽城，府東四十里。本漢之索縣，武陵郡治焉。後漢陽嘉三年更名漢壽，荊州治此。三國吳改曰吳壽，晉復舊，仍屬武陵郡。宋、齊因之。隋省入武陵縣。今為漢壽鄉。《志》云：『漢壽鄉，在縣北八十里。』又空籠城，在府東北八十里，俗傳常德舊城也。」①

索縣其名也見於里耶秦簡牘，稱「索到臨沅六十里」（⑯）②。據嘉慶《一統志》：「臨沅故城，在武陵縣西。」③由此可知，秦漢臨沅縣約在今常德市區西郊。按秦制一尺約合0.231公尺④，一里約當今415.8公尺，六十里約合今25公里。查《中國文物地圖集　湖南分冊》，漢代的索縣故城位於今常德市東北約30公里處的鼎城區斷港頭鄉城子村⑤。從距離上看，索至臨沅的距離與秦簡牘所記相差不大。

從以上分析可知，澹水（漸水）至少從西漢時期開始已經存在了，也許可以上溯至戰國時期。澹水源於今常德市北，南流東折經

---

① 顧祖禹撰，賀次君、施和金點校：《讀史方輿紀要》（卷八〇），湖廣六，武陵縣「漢壽城」條，中華書局2005年版，第3772頁。另請參閱《嘉慶重修一統志》（卷三五六），湖南常德府古跡「索縣故城」條，中華書局1986年版。

② 湖南省文物考古研究所等：〈湖南龍山里耶戰國——秦代古城一號井發掘簡報〉，載《文物》，2003年第1期；湖南省文物考古研究所等：〈湘西里耶秦代簡牘選釋〉，載《中國歷史文物》，2003年第1期。

③ 《嘉慶重修一統志》（卷三六五），湖南常德府古跡「臨沅故城」條，中華書局1986年版。另據顧祖禹撰，賀次君、施和金點校：《讀史方輿紀要》：「臨沅城，在府治東。一名張若城。《地記》：『秦昭王三十年使白起伐楚，起定黔中，留其將張若守之，若因築此城以拒楚。後漢建武中梁松伐蠻，修張若城，自義陵移武陵郡治焉，即臨沅縣也……』」參閱《讀史方輿紀要》（卷八〇），湖廣六，武陵縣「臨沅城」條，中華書局2005年版，第3771~3772頁。嘉慶《一統志》以為城東之說非是。又按，鍾煒先生認為秦臨沅縣可能與今常德以西的楚采菱城有關，參閱鍾煒《里耶秦簡牘所見歷史地理及相關問題》，武漢大學碩士學位論文，2004年，第25~26頁。

④ 丘光明：《中國度量衡》，新華出版社1993年版，第74頁。

⑤ 國家文物局主編：《中國文物地圖集　湖南分冊》「鼎城區文物圖」，湖南地圖出版社1997年版，圖版第104~105頁，《文物單位簡介》第195頁。

常德市東北的索縣故城南，又東入沅江。如果楚鄘陽君封地在古澹水（漸水）北岸的話，是有可能因此得名的。若此，則鄘陽當在今常德市東北境。澹水流域範圍較小，而秦漢索縣恰位於澹水北岸，索縣和楚鄘陽應該相距不遠，二者之間的關係尚不明確，或本為一地，或索縣本名鄘陽，其地入秦後而改名。

此外，《水經注　澧水》（卷三七）記載了另外一條「澹水」，云：「澧水又東迤安南縣東，晉太康元年分屏陵立。澹水注之。水上承澧水於作唐縣，東迤其縣北，又東注於澧，謂之澹口。」安南縣或又作南安縣，在今華容縣西；作唐縣在今安鄉縣北 ①。楊守敬《疏》云：「《輿地紀勝》，澹水在澧陽縣東二十里。《安鄉縣志》，後河在縣東，上承澧水，至縣治東南，名兔兒港，又南流入澧江。明弘治中埋塞。《一統志》以為即澹水。」② 可以大致推知，此處的澹水為澧水分支，大約流經今湖南澧縣以東至安鄉縣一帶，流域範圍較小。

湖南臨澧的九里墓地位於澧水北側的九里鄉茶場，距這兩條澹水都不遠，尤以距澧水分支的澹水為近。九里墓群中有數座封君級大墓 ③。李海勇先生曾推測認為張家山漢簡中的「醴陽」縣可能係由楚澧陽君發展而來，九里的封君級大墓或屬澧陽君家族 ④。這是一種可能。不過還有一種可能，因為「澧陽君」之名並不見於任何先秦資料，存在與否比較難判斷，墓地也許與附近的鄘陽君家族相關。

① 酈道元撰，楊守敬、熊會貞疏：《水經注疏　澧水》（卷三七）熊會貞按語，江蘇古籍出版社1989年版，第3070~3071頁。

② 酈道元撰，楊守敬、熊會貞疏：《水經注疏　澧水》（卷三七），江蘇古籍出版社1989年版，第3071頁。

③ 湖南省博物館等：〈臨澧九里墓地發掘報告〉，載《湖南考古輯刊》第3集，嶽麓書社1986年版，第87~109頁；湖南省文物考古研究所：〈臨澧九里雙峰包南包大墓發掘簡報〉，載《湖南考古輯刊》第6集，《求索》增刊，1994年，第97~106頁。

④ 李海勇：《楚人對湖南的開發及其文化融合與演變》，武漢大學博士學位論文，2003年，第75~76頁。

鄙陽君封地是在上述哪條澹水北側，目前還難以判斷。作為澧水分支的澹水，在文獻中出現的時代偏晚，未見有先秦兩漢時期的相關記載，但其距離九里封君級大墓更近，所以我們也不能排除鄙陽君封地在此水北側的可能。依此，則楚鄙陽約在今澧縣至安鄉縣一帶的澧水以北的古澹水北側。

綜上可知，至少在懷王時期楚曾有鄙陽君，其封地鄙陽有可能在今湖南常德市東北境一帶，或在今澧縣至安鄉縣一帶的澧水以北。臨澧縣的九里封君級大墓或與鄙陽君家族相關。

六、鄀君

包山簡文中有「鄀君」，見於簡180。鄀君當是懷王時的楚國封君，「鄀」為封地名，其地望所在，有三種觀點：

何浩、劉彬徽先生提出金、錦音近似可通，今江西宜春地區有「錦江」，西鄰萍鄉，《太平寰宇記》、《讀史方輿紀要》都說萍鄉因「楚昭王渡江得萍實於此」而得名，鄀君封地，可能在錦水流域的宜春或萬載縣境。並對此說持謹慎態度，說「鄀地是否可以讀作錦，鄀地究竟在何處，還有待於進一步的考釋和證明」[1]。

顏世鉉先生認為陰（陰）從今聲，今、金古音相同，「鄀」可讀為「陰」，寫作「鄀」是為了與「陰侯」相別，其封地可能在另一個陰地[2]。

劉信芳先生將鄀讀為「淦」，《漢書　地理志》豫章郡有「新淦」縣，應劭《注》：「淦水所出，西入湖漢也。」《水經注　贛水》（卷三九）：「淦水出其縣下，注於贛水。」楊守敬《疏》：「在今清江縣東北六十里。」[3]

① 何浩、劉彬徽：〈包山楚簡「封君」釋地〉，載湖北省荊沙鐵路考古隊：《包山楚墓》上冊，文物出版社1991年版，第569~579頁。
② 顏世鉉：《包山楚簡地名研究》，臺灣大學中國文學研究所碩士論文，1997年，第83頁。
③ 劉信芳：《包山楚簡解詁》，藝文印書館2003年版，第188頁。

今按，鈝、淦都從金聲，鈝君封邑在淦水流域的可能性比較大。秦封泥有「新淦丞印」，新淦當為秦縣[1]。《漢書 地理志》豫章郡下有「新淦」，都尉治所。《元和郡縣圖志》記云：「新淦縣，本漢舊縣，豫章南部都尉所居，縣有淦水，因以為名。」[2]由此可知「新淦」之名與「淦水」相關。

據《讀史方輿紀要》記載：「新淦故城，（臨江）府東六十里。漢時縣治此。《漢書 地理志》豫章都尉治新淦。郡志云：『南部都尉治所也』。……隋始移而西南，為今之新淦縣。」[3]嘉慶《一統志》載：「新淦故城，在清江縣東北。漢置，為豫章都尉治，隋始移置今新淦縣，而故城廢……新淦故城，在清江鎮，即今樟樹鎮也。」[4]明清臨江府治清江縣，故址在今江西樟樹市臨江鎮，而清江鎮在清江縣東北的贛水東岸，非縣治所在，又名淦陽、樟樹，以與縣名相區別，即今樟樹市區所在。據嘉慶《一統志》，漢新淦故城在樟樹鎮，也就是今樟樹市區[5]。淦水「其源發自（清江）縣東南茂才鄉之離嶺，逕紫淦山出洋湖至清江鎮，會蛇溪水入贛江[6]」。由此可知淦水發源於今樟樹市南略偏東，北流至樟樹市區南側會蛇溪水入贛江。樟樹又曾名「淦陽」，當與其地處淦水北側有關。此外，漢武帝時期，還有地名「上淦」，見於《漢書 嚴助傳》（卷六四），曲英傑先生認為上淦當為縣名，「當是立上淦縣在前，

① 周曉陸、路東之：《秦封泥集》，三秦出版社2000年版，第302頁。
② 李吉甫：《元和郡縣圖志》（卷二八），江南道四，吉州「新淦縣」條，中華書局1983年版，第674頁。
③ 顧祖禹撰，賀次君、施和金點校：《讀史方輿紀要》（卷八七），江西五，臨江府清江縣「新淦故城」條，中華書局2005年版，第4030~4031頁。
④ 《嘉慶重修一統志》（卷三二四），臨江府古跡「新淦故城」條，中華書局1986年版。
⑤ 按，曲英傑先生分析認為新淦故城在樟樹鎮之說可能是出於附會，說「故新淦縣城當在今臨江鎮東南、贛水之東」，即今樟樹市南境，也有一定的道理。參閱所著《長江古城址》，湖北教育出版社2004年版，第302~303頁。
⑥ 顧祖禹撰，賀次君、施和金點校：《讀史方輿紀要》（卷八七），江西五，臨江府清江縣「淦水」條，中華書局2005年版，第4032頁。

第三章 楚國封君匯考

置新淦縣在後，故有新淦之稱。漢武帝前後，此二縣並存；而後上淦縣省廢，故不為《漢書　地理志》所載①」。其說有一定道理。

　　淦水及附近的贛江流域開發很早，有不少先秦遺址，如樟樹市吳城鄉吳城村的吳城商代遺址，新幹縣北境與樟樹市毗鄰的大洋洲鎮的商代大墓，等等。今樟樹市大橋鄉東南約三公里有築衛城遺址，根據發掘簡報所述，遺址包含了新石器文化層和東周文化層，而土城是建於春秋文化層之上，年代上限不會早於春秋，下限不會晚於漢代。現今土城城牆仍然存在，有6個缺口可以出入，西面高約17公尺，基寬14公尺左右，東面高約8公尺，基寬16公尺左右②。曲英傑先生認為此城為漢代的都尉治所，即《讀史方輿紀要》等文獻所說的「都尉城③」，都尉、築衛古音接近，清代南方保留古音較多，故輾轉相傳為「築衛城」。漢代所設的新淦縣和都尉治所並不在一地，功能不同，但相距不遠。關於都尉城與新淦、上淦之間的關係，他分析說：「在西漢早中期，此都尉城當與上淦縣，新淦縣各為一城而並存；後上淦縣省廢，其與新淦縣城並列……東漢以後，都尉城廢，此地唯存新淦縣城。」④

　　築衛城遺址約在今樟樹市東8公里，當距淦水不遠，或在淦水下游流域，是淦水流域迄今發現的唯一一座東周秦漢古城。遺址上層所出東周時代器物中，有楚式鬲等典型的楚式風格的器物出土⑤。發掘簡報稱城址年代不早於春秋，且不晚於漢代。曲英傑先生認為該城當建於秦滅楚於此置九江郡之際⑥。我們懷疑城址當有更早的淵源。淦水

---

① 曲英傑：《長江古城址》，湖北教育出版社2004年版，第302頁。
② 江西省博物館等：〈清江築衛城發掘簡報〉，載《考古》，1976年第6期。
③ 顧祖禹撰，賀次君、施和金點校：《讀史方輿紀要》（卷八七），江西五，臨江府清江縣「都尉城」條，中華書局2005年版，第4030頁。
④ 曲英傑：《長江古城址》，湖北教育出版社2004年版，第303~304頁。
⑤ 高至喜：《楚文化的南漸》，湖北教育出版社1996年版，第217頁；江西省博物館等：〈清江築衛城遺址發掘簡報〉，載《考古》，1976年第6期。
⑥ 曲英傑：《長江古城址》，湖北教育出版社2004年版，第304頁。

流域何時屬楚現在還很難確定，不過在楚威王伐越之後，大片的越國之地歸楚，為了鞏固統治，楚國當在多處築城設邑，而淦水流域及附近區域開發很早，築衛城遺址在築城之前一直是居民聚居地，因此極有可能在此築城。此城或因水得名，名淦，秦漢在此設都尉後重新加固、築高，以之為治所。楚築城於此之後，不知是否曾設縣。若未曾設縣，可能封君於此，稱鄝（或金、淦）君。秦漢時期的上淦、新淦等邑的得名或也與君封地之名相關。

如以上分析不誤的話，說明至少在懷王時期楚國曾有鄝君，受封於鄝，封地可能在淦水流域，約今江西樟樹市區及其以南一帶。樟樹市區東不遠處有築衛城遺址，或許是其封邑所在。

七、耒（耒）陽君

包山簡文中有「耒陽君」，見於簡190、簡191。耒陽，湯余惠先生指出為地名，即「耒陽」，西漢時期為桂陽郡轄縣。鄂君啟舟節銘文中有「耒」，水名，即耒水，耒陽會耒水之陽意[①]。學者們基本同意此說。耒陽君當是懷王時期封於耒陽的封君。徐少華先生進一步指出其地在今湖南耒陽市，並結合考古材料談道：「戰國早中之際，吳起變法時楚人向南發展已遠及南嶺山系的九嶷山一帶，到戰國中期的楚懷王之時，楚人在這裡的基礎當進一步穩定，並於此設立封君是完全可能的……戰國中晚期的文化面貌……基本上是以楚文化為主要因素，部分繼承了越文化的傳統，說明這時楚人在這一地區已經有了較穩定的政治統治和文化發展。」[②]

今按，耒陽君封邑在今耒陽市之說當無疑問。在戰國中後期，楚人在這一地區有長足發展，為設置封君於此奠定了基礎。

---

① 湯余惠：〈包山楚簡讀後記〉，載《考古與文物》，1993年第2期。
② 徐少華：〈包山楚簡釋地六則〉，載《簡帛研究二〇〇一》，廣西師範大學出版社2001年版，第37~43頁。

第三章　楚國封君匯考

八、臨武君

《戰國策　楚策四》「天下合從」章載有「臨武君」，為楚將。

天下合從，趙使魏加見楚春申君曰：「君有將乎？」曰：「有矣，僕欲將臨武君。」

此外，《荀子　議兵》（卷一○）也有「臨武君」，記載了他「與孫卿子議兵於趙孝成王前」之事。

臨武君為戰國晚期封君，但具體指誰，為何國人，說法不一。楊倞注《荀子　議兵》云：「臨武君蓋楚將，未知姓名。」王先謙《荀子集解》云：「劉向敘云：『孫卿至趙，與孫臏議兵趙孝成王前。』臨武君即孫臏也。今按《史記年表》，齊宣王二年，孫臏為軍師，則敗魏於馬陵至趙孝成王元年，已七十餘年，年代相遠，疑臨武君非此孫臏也。」[1]游國恩先生也以時代不合駁劉向之說[2]。錢穆先生認為臨武君乃趙將龐煖[3]。楊寬先生以為是楚將景陽，他談道：「景陽當即臨武君……以精通孫吳兵法著稱。當年荀子來到趙國，曾與臨武君同時進見趙孝成王，趙王就向臨武君『請問兵要』，因此引發荀子對兵法的議論。」[4]王家祥先生認為臨武君可能「是孫臏的門人與學生[5]」。

我們認為楊寬先生的說法是比較可取的。其一，《史記　楚世

① 王先謙：《荀子集解　議兵篇第十五》（卷一○），中華書局1988年版，第265頁。
② 游國恩：〈荀卿考〉，載羅根澤編著：《古史辨》第4冊，上海古籍出版社1982年版，第97頁。
③ 錢穆：《先秦諸子系年　龐煖劇辛考附龐煖即臨武君考》（卷四），河北教育出版社2002年版，第515~517頁。
④ 楊寬：《戰國史》，上海人民出版社2003年版，第419頁。另請參閱楊寬：《戰國史料編年輯證》卷一九，上海人民出版社2001年，第1008~1009頁。
⑤ 王家祥：〈從銀雀山漢簡《孫子　用間》篇看《孫子兵法》的作者與年代〉，「簡帛研究網」，2002年6月6日。

家》載考烈王六年（前257年），「秦圍邯鄲，趙告急楚，楚遣將軍景陽救趙」。太史公在他處又言春申君救趙，如《史記　春申君列傳》云：「邯鄲告急於楚，楚使春申君將兵往救之，秦兵亦去，春申君歸。」又，秦兵去後不久，複「攻晉軍，斬首六千，晉楚流死河二萬人[1]」。可見黃歇歸楚後，尚有楚軍留於三晉，羅運環先生據此辨云：「救邯鄲之軍，春申君為主帥，景陽為副帥。春申君歸後，參與合縱的楚軍主帥則是景陽。」[2]所說甚是。《戰國策　楚策四》載黃歇以臨武君為將合縱，當指此事。秦兵退後，臨武君以勝將的身分與荀子議兵於趙王前，則如《荀子　議兵》所載。

其二，考戰國秦漢地理，唯兩漢桂陽郡下有縣名「臨武」，疑臨武當本為楚邑，漢承之設縣。故由「臨武」在楚觀之，臨武君當為楚人，而非趙將或齊人。

漢臨武縣治所在，傳統觀點多以為在今臨武縣治東50里，《讀史方輿紀要》（卷八〇），桂陽州「臨武城」條下云：「縣東五十里。《九域志》：『漢縣治此，武溪水經治南，因名。』」[3]李海勇先生曾據文獻所載，考出臨武縣治曾有二遷，又結合「武水」所在和考古遺址，湘南戰國晚期後段楚墓的分布，認為楚臨武邑和漢唐臨武縣治在今臨武縣東十五里的「古城水（古名『古城渡』）城址[4]」。其說是可以信從的。

從史料記載來看，景陽的活動時代為楚頃襄王後期至考烈王前期，其受封當在頃襄王時期，封邑在今湖南臨武縣東。

<hr />

① 司馬遷：《史記　秦本紀》（卷五），中華書局1982年版。
② 羅運環：《楚國八百年》，武漢大學出版社1992年版，第373頁。
③ 顧祖禹撰，賀次君、施和金點校：《讀史方輿紀要》（卷八〇），湖廣六，桂陽州「臨武城」條，中華書局2005年版，第3791頁。
④ 李海勇：《楚人對湖南的開發及其文化融合與演變》，武漢大學博士學位論文，2003年，第77~78頁。

九、上贛君

《古璽彙編》第0008號印，印文原釋為「上□君之□鉨」[1]。

李家浩先生改釋為：「上𦎫（𦎫）君之訨（謂）鉨」，他說：「『上𦎫君』當是楚國的一個封君。《漢書　地理志》豫章郡有贛縣，其地位於今江西贛水邊上的贛州市西。疑印文『上𦎫』當讀為『上贛』，亦可能位於贛水邊上。『謂』是小吏之名，古書多以『胥』為之……『上贛君之謂璽』即上贛君的小吏所用的印。」[2]何琳儀先生也將璽文第二字讀為「贛[3]」。都是可取的。

何浩先生在此基礎上談道：「贛江上游一帶的今江西南部地區，屬於吳起助楚悼王變法後始為楚有的楚疆南端的偏僻山區。以此為封君的封地，其時間很可能是在楚國北部、西部地域大量被他國攻佔後的戰國晚期。」[4]

今按，《水經注　贛水》（卷三九）：「贛水出豫章南野縣西，北過贛縣東。」《太平寰宇記》載：「漢高六年，使灌嬰略定江南，使為贛縣，立城以防趙佗，今州西南益漿溪故城是也。」[5]兩漢贛縣在今贛州市西，贛江西岸。上贛君封邑或也在這一帶，始封年代不詳，估計在戰國晚期的可能性比較大。

① 羅福頤主編：《古璽彙編》，文物出版社1981年版，第2頁。
② 李家浩：〈楚國官印考釋（四篇）〉，載《江漢考古》，1984年第2期，收入所著《著名中年語言學家自選集　李家浩卷》，第125~128頁。
③ 何琳儀：《戰國古文字典》，中華書局1998年版，第1453~1454頁。
④ 何浩：〈楚國封君封邑地望續考〉，載《江漢考古》，1991年第4期。
⑤ 樂史：《太平寰宇記》（卷一〇八），江南西道六，「虔州」條，中華書局2007年版，第2172頁。

第五節　江東地區楚封君析疑

一、春申君

參閱本章第三節「春申君」部分。

二、郣陵君

1973年在無錫市前洲公社（今無錫市惠山區前洲鎮）高瀆灣出土了三件有銘銅器，包括一鑒二豆[①]，鑒之銘文分在頸部外壁與口部折沿的背面，內容如下：

頸部外壁：郣陵君王子申攸茲造金鑒……[②]
口部折沿背面：王郢姬之鑒。[③]

豆的銘文內容與此大致相當，一豆盤底有「郢姬府所造」等銘。

郣陵君應該是楚封君，受封於郣陵。李零、劉雨先生認為這批銅器作於楚徙都壽春後的可能性較大。李學勤先生指出郣陵君可能是楚幽王之子或其弟，當在春申君之後受封[④]。何琳儀先生認為器主就是春申君，初封淮北郣陵，後改封江東，方號「春申」，器製作於考烈王元年至十五年之間，後攜至江東，故出土於無錫[⑤]。何浩先生認為從時代推之，提到當時可稱王子的只有王子猶與王子負芻，又因猶當時尚幼，獲封可能性不大，進而提出器主可能是王子負芻[⑥]。劉彬徽先生認為器主即為王子猶，攸、猶雙聲疊韻，音同，郢姬府可能是其

---

① 李零、劉雨：〈楚郣陵君三器〉，載《文物》，1980年第8期。
② 按銘文從李家浩先生所釋。參閱李家浩：〈關於郣陵君銅器銘文的幾點意見〉，載《江漢考古》，1986年第4期。
③ 周曉陸：〈「郣陵君鑒」補〉，載《江漢考古》，1987年第1期。
④ 李學勤：〈從新出青銅器看長江下游文化的發展〉，載《文物》，1980年第8期。
⑤ 何琳儀：〈楚郣陵君三器考辨〉，載《江漢考古》，1984年第1期。
⑥ 何浩：〈郣陵君與春申君〉，載《江漢考古》，1985年第2期。

第三章　楚國封君匯考

母后之府，因猶封時年尚幼，故需其母后扶持作器，受封時間當在楚幽王年間（前238年~前227年）^①。鄒芙都先生認為「攸茲」二字當連讀，為語氣詞，器主為王子申，而非王子申攸，以攸、猶音同可通，器主為王子猶之說不確^②。

今按，出土郊陵君器的地方在楚考烈王時期應在春申君封地範圍內，故其年代當如李學勤先生所言，在春申君失封後，上限應該是楚幽王元年（前237年）。劉彬徽先生說郊姬府可能是王子申母后之府的說法也是可取的，說明王子申受封時尚幼。在前237年之後，年齡幼小的王子只能是考烈王、幽王或楚王負芻之子。按幽王早卒無子，故其弟猶立，王子申不可能是幽王子。《史記 春申君列傳》（卷七八）說「楚考烈王無子，春申君患之」，其事在考烈王二十年之後，可見幽王即位時可能不滿五歲（或說三歲即位），卒年不滿十五歲，其上應無兄長。劉向《列女傳 孽嬖傳》（卷七）「楚考李后」章曰：「后有考烈王遺腹子猶立，是為哀王。考烈王弟公子負芻之徒，聞知幽王非考烈王子，疑哀王，乃襲殺哀王及太后，盡滅李園之家，而立負芻為王。」^③據此，王子猶應是考烈王遺腹子，估計是除幽王外考烈王唯一的王子。羅運環先生曾據《列女傳》的記載，結合《戰國策》等史料分析認為負芻為「考烈王弟」說是正確的，而非「哀王庶兄^④」。我們贊同此說，現有文獻中沒有發現能證實在王子悍（幽王）出生前考烈王已經有子的材料。若負芻為考烈王之弟，頃襄王之子，則在襲殺哀王時他至少已滿35歲，即位為王后，其子也應稱王子。根據以上分析，我們認為王子申的身分有兩種可能：其一，如劉彬徽先

① 劉彬徽：《楚系青銅器研究》，湖北教育出版社1995年版，第374頁。

② 鄒芙都：《楚系銘文綜合研究》，巴蜀書社2007年版，第230~231頁。

③ 王照圓：《列女傳補注》，王雲五主編「人人文庫」特417冊，臺灣商務印書館1976年版，第143頁。

④ 羅運環：《楚國八百年》，武漢大學出版社1992年版，第385~387頁。

生所言，即王子猶，幽王在位期間，他作為楚王弟封君，年齡幼小。幽王早卒無子，王子猶得以繼立，從封邑郲陵返回壽春。其二，王子申為負芻之子，在負芻在位的5年期間受封為君，其名不見於傳世文獻。猶、申二字字形、音義都很不同，估計前一種的可能性偏小，後一種推測的可能性應該大一些。

郲陵地望所在，李零、劉雨二先生文中談道：「郲陵之郲，字從我音，乃義字所從，古讀與義同，其封地或與距此不遠的宜興縣（古名義興縣）東的義山有關。」何浩先生認為此說較為合理。

今按，此說是可從的。《讀史方輿紀要》記云：「三國吳屬吳興郡。晉初因之，永嘉中析置義興郡。宋、齊因之。隋郡廢，改縣曰義興，屬常州……宋太平興國初避諱改曰宜興。」[1] 又曰：「義山，在（宜興）縣東八十里。東臨太湖，西抵縣東六十里之垂腳嶺，入長興縣界。」[2] 義山綿延至浙江長興，與義鄉山相連，「義鄉山，（長興）縣北六十里。晉……立義鄉縣於山下，山因以名[3]」。義鄉山附近有義鄉城遺址，為晉義鄉縣故址，「義鄉城，在縣北義鄉山。晉惠帝永興元年分吳興之長城立義鄉縣，屬義興郡……隋廢[4]」。義山和義鄉山約在今宜興市東南25公里的太湖西側，綿延南至於浙江長興縣北境。郲陵君封地可能在這一帶。

綜上所述，郲陵君為楚王負芻之子的可能性更大，受封當在負芻為王的5年期間，封地大概包括了今江蘇宜興南至浙江長興北的義山至義鄉山一帶。

① 顧祖禹撰，賀次君、施和金點校：《讀史方輿紀要》（卷二五），南直七，宜興縣「宜興縣」條，中華書局2005年版，第1236頁。
② 顧祖禹撰，賀次君、施和金點校：《讀史方輿紀要》（卷二五），南直七，宜興縣「綏安城」條，中華書局2005年版，第1237頁。
③ 顧祖禹撰，賀次君、施和金點校：《讀史方輿紀要》（卷九一），浙江三，長興縣「義鄉山」條，中華書局2005年版，第4192頁。
④ 顧祖禹撰，賀次君、施和金點校：《讀史方輿紀要》（卷九一），浙江三，長興縣「義鄉城」條，中華書局2005年版，第4191頁。

第三章 楚國封君匯考

第六節　巴濮地區楚封君考索
——兼談部分封邑地望無考的封君

一、濮君

包山簡載有「𠚥君」，見於簡36、簡140。「𠚥」字又有從邑的寫法，作「鄭」，見於簡43、簡140反。字形如下：

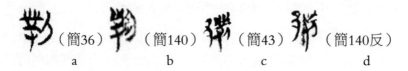

（簡36）　　（簡140）　　（簡43）　　（簡140反）
　　a　　　　　b　　　　　　c　　　　　d

a、b兩字字形一致，右從刀。c、d兩字字形一致，左從邑，右下部從刀。除去刀旁和邑旁之外，四字餘下的部分構形一致。該部分當如何隸定，學界還有不同看法。

何琳儀先生將該部分隸定為「举」，認為是「美」之省形。因此a與b、c與d可分別釋為「剡」、「鄯」，均讀為「濮」，地名。《左傳　昭公十九年》記有「為舟室以伐濮」，其地在今湖北石首附近[①]。

李家浩先生認為舊釋為「美」是有問題的，他提出可暫且釋寫作「戔」，a與b、c與d可分別釋為「剗」、「鄯」。戔、贊音近，作為地名，「剗」、「鄯」可讀為「酇」，《漢書　地理志》南陽郡有酇縣[②]。

今按，前文已經談道，曾侯乙簡和包山簡所見的「鄯君」讀為「酇君」，封地在酇。按此，則同見於包山簡的「𠚥君」，封地當不在酇地。我們仍從舊釋，讀為「濮君」。簡140正反兩面記載了鄧人

---

①　何琳儀：《戰國古文字典》，中華書局1998年版，第395~396頁。

②　李家浩：〈談包山楚簡「歸鄧人之金」一案及其相關問題〉，載復旦大學出土文獻與古文字研究中心編：《出土文獻與古文字研究》第1輯，復旦大學出版社2006年版，第16~32頁。

在濮君之地「蘘溪」伐木之事，內容如下：

簡140—簡140反：……鄧人所斬木四百，征於濮君之地蘘溪之中……①

這反映出濮君封域內有「蘘溪」之地，盛產木材，為我們的考定提供了線索。

《說文》一下「艸」部：「蘘，從艸襄聲。」《水經注　江水一》（卷三三）：「江水又東逕魚復縣故城南……又東傍東瀼溪，即以為隍。」魚復故城在今奉節縣東不遠②。除東瀼溪外，還有與之相對的西瀼溪，熊會貞《疏》云：「西瀼在今奉節縣東一里，俗名分水河。東瀼在縣東十里，俗名鐵柱溪。」③東瀼溪、西瀼溪發源於巫山，南流入江，分在故魚復縣故城東西兩側。《說文》十一上「水」部：「瀼，從水襄聲。」蘘、瀼都從襄聲，當可通用。我們懷疑簡文中的「蘘溪」或即《水經注》所載之「瀼溪」。濮君封邑可能在今奉節至巫山縣一帶，包含有「蘘（瀼）溪」地區，此處也處於春秋時期濮人的活動區域內。「蘘（瀼）溪」所在的今鄂渝交界地區，古代應該是重要的木材產地，巫山縣東不遠今有楠木園村，屬巴東縣，其名似乎反映了這一點。另外，伐木地點一般靠近大江大

① 按，「征」，求取之意，從李家浩先生所釋，參閱李家浩：〈談包山楚簡「歸鄧人之金」一案及其相關問題〉，載復旦大學出土文獻與古文字研究中心編：《出土文獻與古文字研究》第1輯，復旦大學出版社2006年版，第16~32頁。
② 按，石泉先生談道，「魚復、扞關、朐忍在先秦時本是巴人原在漢水上游、今陝東南地區的一組相臨近地名。戰國晚期以來，巴人迫于秦的壓力，逐漸沿渠江流域上源諸水向南遷徙，這一組地名遂亦隨之南移到長江邊、三峽以西的漢魏六朝魚復、朐忍縣境。」參閱所著《荊楚歷史地理新探》，武漢大學出版社1988年版，第472頁。據此，此魚復故城當是漢魏六朝魚復城。
③ 酈道元撰，楊守敬、熊會貞疏：《水經注疏　江水一》（卷三三），江蘇古籍出版社1989年版，第2817頁。

第三章　楚國封君匯考

河，方便木材漂流運輸，灢溪為長江支流，所伐之木可順襄（灢）溪水和長江一直向下游漂流，到達江漢平原地區。肅王、宣王時期，逐步向西擴張，「楚自漢中，南有巴、黔中①」，楚國據有的巴地，至懷王前期巫山地區當仍為楚所有，故有設置封君的可能。

另外，今宜昌市轄區內有香溪，為長江支流之一，發源於神農架林區，流經興山縣、秭歸縣，至秭歸縣歸州鎮入江。《水經注》稱之為「鄉溪」，「江水又東南逕夔城南……東帶鄉溪，南側大江」。熊會貞注曰：「《名勝志》，歸州東鄉溪一名香溪，今香溪自興山縣南流入江。」②香溪地區也可能原有濮人居住。不過，考鄉、香二字上古音都在曉紐陽部，音同可通；但襄字在心紐陽部，與鄉或香字聲紐不同，一為牙音，一為齒音，似難互通，且襄、鄉（或香）字形差異也較大。所以估計今香溪地區與簡文之「襄溪」應該無關。

綜上所述可知，「濮君」至少曾在懷王時期存在，其封地當在今重慶奉節縣以東至巫山縣一帶。

二、封邑地望無考封君

除了以上各節所考封君之外，還有部分封君因為名稱無法辨識等原因，封邑地望無考，茲附錄於此。

（一）郋君。曾侯乙簡文載有「郋尹」，見於簡70。該「尹」字，蕭聖中先生利用紅外數碼照片進行重新釋讀，改隸為「君③」。若依此說，則「郋君」當是惠王晚期楚國的封君之一，受封於「郋」地。

楚文字中「郋」字僅見此一例。簡文《考釋》談道：「『弇』、

---

① 司馬遷：《史記　秦本紀》（卷五），中華書局1982年版。

② 酈道元撰，楊守敬、熊會貞疏：《水經注疏　江水二》（卷三四），江蘇古籍出版社1989年版，第2839頁。

③ 蕭聖中：《曾侯乙墓竹簡釋文補正暨車馬制度研究》，武漢大學博士學位論文，2005年，第11、36頁。

『奄』古通。疑『 郣』即『郁』的異體。《說文 邑部》：『郁，周公所誅郁國，在魯。』古書一般寫作『奄』。」郁國其地，楚惠王時期不在楚境，當與「 郣君」封地不相涉。「 郣君」封地今無考。

（二）叩君。江陵天星觀一號墓遣策簡文記有：「☒墬舒𢍰叩君纓 ☒。」[①]「叩」，從邑，當是地名，滕壬生先生對其左半部未加隸定。「叩君」有可能是為邸陽君助喪的楚國封君之一，應與墓主時代相當，在楚宣王至威王時期，封邑所在不詳。

（三）□侯。江陵天星觀一號墓遣策簡文載：「☒□矦（侯）之旆軒。」[②]殘簡第一字不識。「□侯」當是為邸陽君助喪者之一。可能指的是某附庸小國國君，也有可能為楚封君之一。楚國封君有些稱「侯」，如州侯、夏侯、陰侯等。應與墓主時代相當，在楚宣王至威王時期，封邑所在不詳。

（四）顧侯。天星觀一號墓出土兩件骨管，發掘報告稱，「管一側刻有『顧侯』二字[③]」。黃錫全先生釋為「雇侯」，認為是楚國封君[④]。何琳儀先生指出，「楚簡雇，讀顧[⑤]」。包山簡文有人名「雇女返」（簡121），巫雪如先生談道，「雇通顧……顧見《左傳 哀公二十一年》：『公及齊侯、邾子盟於顧。』楊《注》云：『顧即《詩 商頌》「韋、顧既伐」之「顧國」，在今河南范縣舊治東南五十里，齊地。』」[⑥]

今按，「顧侯」有可能是楚國封君，與墓主時代相當，在楚宣王至威王時期，封地在楚國的「顧」地，今無考。

---

① 滕壬生：《楚系簡帛文字編》（增訂本），湖北教育出版社2008年版，第102頁。
② 滕壬生：《楚系簡帛文字編》（增訂本），湖北教育出版社2008年版，第517頁。
③ 湖北省荊州地區博物館：〈江陵天星觀一號楚墓〉，載《考古學報》，1982年第1期。
④ 黃錫全：〈古文字中所見楚官府官名輯證〉，原載《文物研究》第7輯，收入所著《古文字論叢》，藝文印書館1999年版，第293~344頁。
⑤ 何琳儀：《戰國古文字典》，中華書局1998年版，第469頁。
⑥ 巫雪如：《包山楚簡姓氏研究》，臺灣大學中國文學研究生碩士學位論文，1996年，第121~122頁。

第四章　楚國封君綜合研究

　　楚國的地方政治系統紛繁複雜，從現有材料來看，其中仍有不少不明之處。作為這一系統的重要組成部分，封君制的發展又與楚國歷史的變遷密不可分，吳起變法和楚都東遷對其影響尤大。本章擬將封君制自身的發展過程劃分為興起後、吳起變法後、楚都東遷後等不同階段，探討各個時期的封君狀況、封邑分布態勢，摸索封君制的演變過程及各階段的主要特徵。同時，在對封君、封邑、封君制度系統考察的基礎上，就封君在封邑內的政治、經濟許可權作細緻分析，並比較同一地域內縣邑、封邑之間的動態消長關係。最後綜述楚國封君制在楚亡後的流變、影響，橫向考察它與列國封君制的異同，並總結其自身的特點。

第一節　楚國封君制的發展與演變

　　在分析了楚國封君的出現及其原因，並對封君進行逐一考證之後，十分有必要以時代為線，考察封君出現之後楚國封君制的發展和演變狀況。戰國時期對楚國歷史進程和封君制發展影響深遠的事件包括吳起變法和楚都東遷。變革封君制是吳起變法的主要內容之一，變

法前後受封者和封邑分布都有不少變化。郢都淪陷，楚都東遷，不少封君喪失了封地，封君制的發展經歷了又一次的轉變。下面我們擬就此略作探討。

一、惠王至悼王時期的封君、封邑分布及封君制的特點

根據以上的考證，楚惠王至悼王時期的封君包括析君、魯陽君、陽城君、平夜君、郙君、䣄君、鄝君、椰君、樂君、 郙君、荊君、䣊君、葉侯、鄢君等，時代推定在戰國早中期的艾君、盛君、南君等，也可以歸入這一時期的封君之列，另外如果隨侯也是封君，且受封於悼王時期的話，則就現有材料而言，共有十八個封君家族。（參閱本書所附「楚國封君表」）其中受封者身分可考的有：析君公孫寧（子國），令尹子西（公子申）之子，楚平王孫；魯陽君公孫寬，司馬子期（公子結）之子，楚平王孫；平夜君子良，楚昭王子；葉侯，葉公子高（聖人沈諸梁）之子。可見，受封者中王子王孫佔據了較大的比重，且除了享有封邑之外，他們還多在郢都任職，公孫寧曾為令尹，公孫寬曾為司馬，葉侯曾任太宰等，這應該是這一時期封君制的主要特點之一。

從封邑的分布（參閱表4-1，圖4-1、4-2、4-3）來看，除去地望不明的郙君封邑之外，餘下的十七個封邑中，位於包括漢西（南陽盆地以南的漢水中下游以西）、漢東（漢水中下游以東、桐柏山至大別山一線以南）在內的江漢地區的僅有3個，約占總數的17.65%。位於南陽盆地地區的共7個，約占總數（計為17個）的41.17%。位於淮上汝潁地區（淮河上游及汝水、潁水流域）的共6個，約占總數的35.29%；位於淮河中下游地區的共1個，約占總數的5.89%；若將兩者同歸在淮河流域的話，則也占了總數的41.18%。南陽盆地和淮河流域均處楚國北境，兩者相加，則位於楚國北境的封君數量占到了總量的82.35%。在上一章所列出的6個地區中，在這一時期僅前3個地區有封君分布，這一方面與楚國疆域發展的過程相關，另一方面也體現了封

邑分布的相對集中和不平衡性。

楚都遷郢後，包括漢西、漢東在內的江漢地區成為楚國的核心統治區和向外擴張的基地，而擴張的主要目標則是位於其北、東北方向的南陽盆地和淮上汝潁地區，至戰國初年，這一地區的絕大部分封國都被楚兼併或淪為楚國的附庸①。

表4-1　惠王至悼王時期楚封君封邑分布表

封君名	封地	地望（範圍）推定	同名（相關）楚縣	所在地區		百分比(計為17個)總100%
荊君	荊	湖北南漳縣西北		漢西	江漢地區	共3個，17.65%
鄢君	鄢	湖北宜城市北	鄢			
隨侯	隨	湖北廣水至安陸北部一帶		漢東		
析君	析	河南西峽縣東北	析	南陽盆地		地區共7個，41.17%
酂君	酂	湖北老河口市北	酂			
鄀君	鄀	1. 河南唐河縣	鄀			
		2. 湖北老河口市西北				
椒君	椒	河南泌陽縣一帶	鄲			
樂君	樂	河南桐柏縣西北至泌陽縣之間				
𨝏君	沂？	河南唐河縣西南				
	析	河南西峽縣東北	析			
南君	南	河南新野縣東境	南陵			
魯陽君	魯陽	河南魯山縣城關	魯陽	淮上汝潁地區（淮河上游及汝水、潁水流域）		共6個，35.29%
平夜君	平夜	河南新蔡縣西北	平夜			
鄭君	鄭	安徽界首至太和縣一帶	鄭			
盛君	成（城父）	河南寶豐縣以東、平頂山以北	成（城父、郱）			
艾君	艾	安徽臨泉縣艾亭集一帶				
葉侯	葉	河南葉縣舊縣鄉一帶	葉			
陽城君	陽城	安徽宿州市南		淮河中下游		共1個，5.89%
郙君	郙	不詳				共1個（未計入）

① 參閱徐少華：《周代南土歷史地理與文化》，武漢大學出版社1994年版，第259～275頁。

215

第四章　楚國封君綜合研究

南陽盆地和淮上汝潁地區，自周初封建以來諸侯國林立，與關中和中原地區往來頻繁，經濟、文化發展的程度都比江漢地區要高。《左傳　襄公十三年》記載，至楚共王時，楚國「撫有蠻夷，奄征南海，以屬諸夏」。《史記　貨殖列傳》（卷一二九）記曰：「潁川、南陽，夏人所居也……南陽西通武關、鄖關，東南受漢、江、淮。宛亦一都會也。俗雜好事，業多賈。其任俠，交通潁川，故至今謂之『夏人』。」秦漢的南陽、潁川的大致範圍與戰國時期的南陽盆地和淮上汝潁地區大部分重合，直至漢初，仍有「諸夏」、「夏人」等稱呼，交通便利、商業發達、城鎮繁榮是這一地區的主要經濟特徵。而楚人常以「蠻夷」自稱，指的應是與「諸夏」相區別的，位於其統治中心區的經濟、文化都相對落後的江漢地區。可以說，在戰國前期，南陽盆地至淮上汝潁地區是楚國最為富庶之地，這是這一時期封君封地多聚集於此的原因之一。

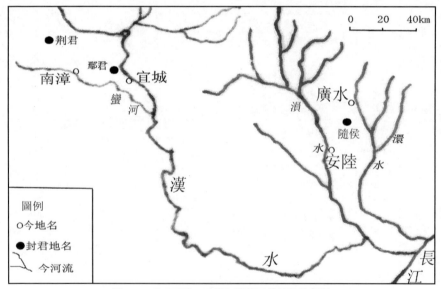

圖4-1　惠王至悼王時期江漢地區楚封君分布圖

　　說明：（1）本圖據石泉先生主編《楚國歷史文化辭典》「楚史相關地域圖」改繪。
　　　　　（2）圖中直接標注封君名來指代其封邑所在地的大致位置，圖例中的「封君地名」概有此種含義。以下各地圖同此。

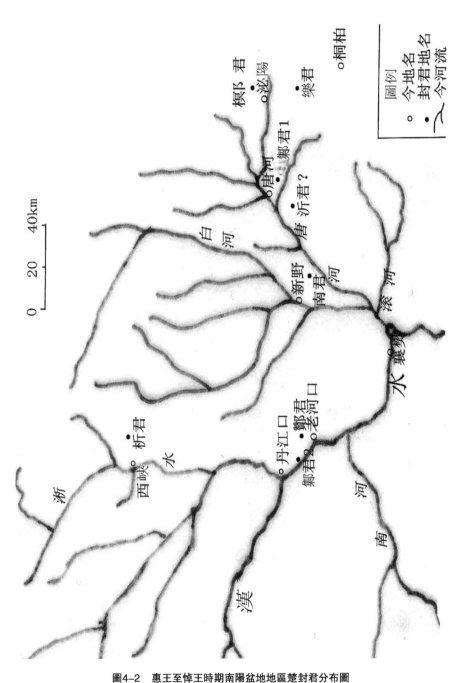

图例
○ 今地名
● 封君地名
今河流

樊

桐柏

淅

○桐柏

樂君
●

棫○君
●

泌陽

鄭君1
●

唐河

唐 沂君？
●

新野○
南君
●

白 河

40km

20

0

淯 河

滚 河

襄樊

水

淅 水

析君○
●

丹江口

鄧君
●

老洞口
○

西峽○

鄖君？
●

南 河

漢

圖4-2　惠王至悼王時期南陽盆地地區楚封君分布圖

說明：本圖據石泉先生主編《楚國歷史文化辭典》「楚史相關地域圖」改繪。

217

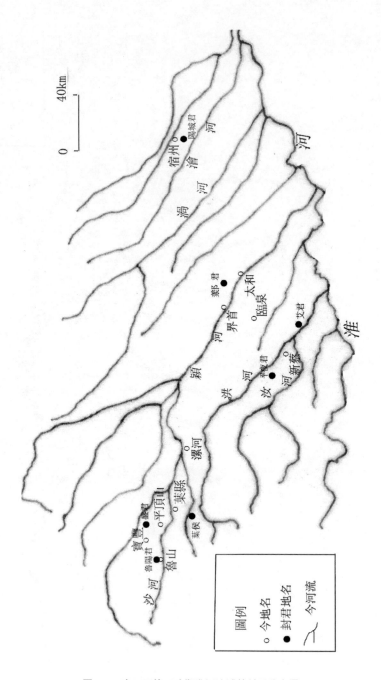

圖4-3　惠王至悼王時期淮河流域楚封君分布圖

說明：本圖據石泉先生主編《楚國歷史文化辭典》「楚史相關地域圖」改繪。

楚國封君的封地是可以世襲的，為了整個家族和子孫後代考慮，受封者多不願意接受貧瘠和邊險之地。前文曾引述魯陽君受封之時，「惠王以梁與魯陽文子，文子辭曰：『梁險而在北境，懼子孫之有貳者也……懼子孫之以梁之險，而乏臣之祀也。』」[1] 梁在魯陽北，處楚邊地，若受封於此，魯陽君擔心其子孫叛楚而絕其祀，同時更可能擔心邊地戰亂頻繁，失邑的可能性很大。以上所統計的封君中，封地基本上都在魯陽之南，結合春秋戰國之際和吳起變法之前的楚國北部疆域範圍來看，也很少有位於邊地一線的[2]。這是形成這一時期封君封地分布態勢的原因之二。

前文曾談道，春秋晚期，楚王有意於控制縣公（尹）勢力，因此減少委任重臣為大縣縣公，並逐漸增加封君的數量。而從封地的分布來看，這一措施又有縮小縣邑規模，分化縣公（尹）勢力的作用。上表列出的17個封邑中，有同名（或相關）楚縣的占了11個，雖然同名縣邑和封邑的關係還不太明確，但它們應是位於同一地域的。如果是改縣邑為封邑的話，則減少了楚縣的數量，如果是在原有的縣域之內增設封邑的話，則就縮小了縣邑規模，牽制了縣公（尹）的勢力。已有研究成果顯示，春秋時期可考的楚縣中，位於楚國北部南陽盆地和淮水流域（包括其支流汝水、潁水流域）的共占有總數的77%[3]。而在戰國前期設置的封邑中，又有約82.35%位於同一地區，似乎也表明了有牽制楚縣的目的。這也應該是封地集中在楚國北部的原因之三。

何浩先生曾談道，楚國的封君可以世襲，且對封邑有直接的統

---

① 徐元誥：《國語集解　楚語下》，中華書局2002年版。
② 徐少華：《周代南土歷史地理與文化》圖2「春秋戰國時期楚國北部疆域變化與春秋楚縣分布」，武漢大學出版社1994年版。
③ 參閱徐少華：《周代南土歷史地理與文化》「春秋楚縣分區表」，武漢大學出版社1994年版，第309頁。

治權力①。這種說法對惠王至悼王時期，即楚國封君制初興和發展的戰國前期來說是合適的。這一階段封君制的特點之一是封邑可以世襲②；特點之二是封君在封邑內許可權很大，從文獻對魯陽君和陽城君的記載中可以看出這一點。《墨子　魯問》（卷一三）記云：「魯陽文君曰：『魯四境之內，皆寡人之臣也。今大都攻其小都，大家伐其小家，奪之財貨，則寡人必將厚罰之。』」由此可知，魯陽四境之內皆歸魯陽君管轄，境內的攻伐搶奪之事也由他來審理，說明封君在封地內擁有治民權和司法審判的權力。《呂氏春秋　離俗覽　上德》（卷一九）篇記載「陽城君令（孟勝）守於國，毀璜以為符」，顯然，陽城對陽城君來說是家族私邑，因此要「守」之，只是不清楚他們是否擁有家族武裝，即使有，也是難以與楚王軍隊相抗衡。陽城君參與攻擊吳起，「兵於喪所」之後，「陽城君走，荊收其國」，說明封君的封邑仍在楚王的絕對控制之下，這是第三個特點。總的說來，這一階段的封君可以世襲，在封邑內擁有獨立的行政、司法甚或組織武裝的權力，勢力較大。

二、吳起變法及戰國中後期的楚國封君制

吳起，衛國人，在仕於魯、魏之後奔楚。吳起在被悼王任命為令尹後，開始變法，封君是其變法的主要對象之一。《韓非子　和氏》（卷一三）載：

昔者吳起教楚悼王以楚國之俗曰：「大臣太重，封君太眾，若此則上逼主而下虐民，此貧國弱兵之道也。不如使封君之子孫，三世而收爵祿……」悼王行之，期年而薨矣。

---

① 何浩：〈戰國時期楚封君初探〉，載《歷史研究》，1984年第5期。
② 參閱本章第四節。

《呂氏春秋　開春論　貴卒》（卷二一）載：

　　吳起謂荊王曰：「荊所有餘者，地也；所不足者，民也。今君王以所不足益所有餘，臣不得而為也。」於是令貴人往實廣虛之地。皆甚苦之。荊王死，貴人皆來。屍在堂上，貴人相與射吳起。吳起號呼曰：「吾示子吾用兵也。」拔矢而走，伏屍插矢而疾言曰：「群臣亂王！」吳起死矣，且荊國之法，麗兵於王屍者盡加重罪，逮三族。

　　從以上兩段史料可以解讀出有關封君的資訊：其一，至悼王時期，封君眾多。從上文論述可知，在惠王至悼王時期統計到的18個封君家族中，雖然只有陽城君和平夜君（可能也包括鄟君、欒君）可以確定存在於悼王時期，但這應是受到了資料的限制，從惠王時期可考的十餘個封君推知，悼王時期的封君數估計更多。其二，悼王時期，封君和大臣「上逼主而下虐民」，權力過大。從魯陽君和陽城君的例證來看，封君在封地內擁有治民權、司法權等權力，缺少中央的監管，的確容易出現「下虐民」的情況，這一說法應該屬實。吳起的變法力圖改變這一狀況。其三，針對以上情況，吳起建議「使封君之子，三世而收爵祿」，指的應該是在封地三傳之後收歸中央直轄。其四，「令貴人往實廣虛之地」，其中應包括不少封君，不清楚楚王是將已有的封君遷往廣虛之地，還是在廣虛之地另立封君。其五，悼王薨後，不少楚貴族射殺吳起，因加兵於王屍而遭受嚴重打擊。包括陽城君在內的不少封君應該因參與此事而被奪邑滅族，數量減少，勢力削弱。
　　吳起變法涉及封君的這些政策在悼王晚期和悼王之後是否得以實施，對楚國的封君制有哪些影響呢？下面逐一分析。
　　首先來看封君的數量。從前文的考述可知，悼王後期至肅王時期，未見有新立封君的記載，說明吳起變法在短時期內有一定的成效。其後的宣王時期，《戰國策》中出現了數例新立封君的記載，如

第四章　楚國封君綜合研究

江君、安陵君等，體現出楚國的封君數量重新增加，其中安陵君以佞臣身分受封尤其值得注意，說明受封者除了王族、重臣之外，還有寵臣，身分開始多樣化，而封君也開始有很大的隨意性，不再像析君受封那樣以戰功來衡量，這都與戰國前期的情況很不相同。威王時期的情況不太明確，不過從懷王及其後的資料來看，宣王之後封君數量增加的趨勢似乎沒有太大改變，包山簡文中記載的懷王時期的封君有二十餘人。楚失郢都之後，西境大片疆土喪失，不少封君也因此失去封邑，數量當有所減少。總的來看，吳起削減封君數量的措施成效不大。

再來看封君的權力和封邑的規模。包山簡的相關內容反映了懷王時期封君的權力多寡和封邑規模的大小。根據下文的分析可知[①]，封君在封邑內的行政權和司法權都受到中央節制，封邑規模也趨於狹蹙，悼王時期封君在中央「上逼主」，在封邑內「下虐民」的情況至懷王時期應該基本上不會出現，這應與吳起變法的相關措施分不開。

接著來看「使封君之子孫，三世而收爵祿」的措施是否得到了實施。從前文分析可知，平夜君、鄅君、椰君等封君在惠王和懷王時期分別存在，各屬於同一家族的可能性很大。尤其是平夜君，自文君子良傳王孫厭，再傳至平夜君成（約當悼王、肅王時期）後，其祀未絕，懷王時期仍見有平夜君，或是平夜君成之孫，說明這一措施未得到實施。

最後來看「令貴人往實廣虛之地」的措施對楚國封君的影響，封邑的分布對此能有直接反映，如表4-2所示。考慮到頃襄王後期楚國西境疆土喪失過多，直接影響到封邑的分布，下表所列的封邑只包括悼王之後至頃襄王前期，楚失郢都之前。另外，時代推定在戰國中期的兩個封君以及惠王至懷王時期一直存在的平夜君、鄅君、椰君也歸入此表。

---

① 參閱本章第三節。

表4-2　悼王之後至頃襄王前期楚封君封邑分布表

封君名	封地	地望（範圍）推定	同名（相關）楚縣	所在地區		約100%
彭君	彭	湖北保康至穀城一帶的南河下游地區		漢西	江漢地區	共4個，11.43%
紀陵君	紀陵	湖北荊州市荊州區北境至沙洋縣紀山鎮一帶	紀陵			
紀沮君	紀沮	湖北荊州市荊州區西境至枝江市東境及當陽市東南境一帶				
黃君	黃	湖北宜城市南至鍾祥市一帶的漢水東岸		漢東		
酇君	酇	湖北老河口市北	酇	南陽盆地地區		共7個，20.00%
梨君		河南泌陽縣一帶				
射皋君	射皋	河南新野縣東境的唐河西岸一帶				
陰侯	陰	湖北老河口市西北、丹江口市東南的漢水中游東岸	陰縣			
鄂君	（西）鄂	河南南陽市以北一帶	鄂			
陽君	陽	河南方城縣以東一帶				
新野君	新野	河南新野縣南				
平夜君	平夜	河南新蔡縣西北	平夜	淮上汝潁共10個	淮河流域，共16個，45.71%	
江君	江	河南省正陽縣東南	江？			
安（鄢）陵君	安陵	河南鄢城縣東南	安陵			
邸陽君	邸陽	安徽臨泉縣城西與銅城鎮之間				
西陽君	西陽	河南光山縣西				
羕陵君	羕陵	河南桐柏縣月河鎮為中心的區域	羕陵			
鄱（番）君	鄱（番）	河南固始縣西境與潢川、光山、商城等縣之間	鄱縣			
荍（項）君	項	河南沈丘縣城關一帶				
倍陵君	召陵？	河南鄢城縣東				
平陵君	平陵	河南新蔡縣西偏北				

223

封君名	封地	地望（範圍）推定	同名（相關）楚縣	所在地區		約100%
州侯	州	安徽鳳陽縣西	州	淮河中游	共6個	淮河流域，共16個，45.71%
鄝君	鄝（棠？）	安徽六安市北	鄝			
鄩君	鄩（六）	安徽六安市北	阺（六）			
陵君	陵	安徽安豐塘水庫以南偏東一帶	陵			
夏侯	夏	安徽泗縣城關一帶				
壽陵君	壽陵	安徽壽縣東南				
澧陽君？		湖南臨澧九里鄉一帶		江南地區		共7個，20.00%
□君		湖南湘潭縣易俗河鎮一帶？				
彭城君	彭城	湖南岳陽市東北				
中君	中	湖南桃源縣東北一帶	中陽			
鄦陽君	鄦陽	1. 湖南常德市東北境一帶				
		2. 湖南澧縣至安鄉縣一帶的古澹水以北				
鄱君	鄱	江西樟樹市區及其以南一帶				
耒陽君	耒陽	湖南耒陽市				
濮君	濮？	重慶奉節縣以東至巫山縣一帶		巴濮地區		2.86%
鄿君	襄	今鍾祥至潛江一帶以東，隨州至信陽一帶以南，大別山以西，幕阜山以北的範圍內		漢東或江南		未計入

　　除去封邑地望無考的邨君、□侯、顧侯之外，表4-2共列出36個封君。其中鄿君的封邑所在地區有兩種可能，暫不歸入統計。則在餘下的35個封邑中，位於江漢地區（漢東、漢西）（圖4-4）的共4個，約占總數的11.43%。位於南陽盆地（圖4-5）地區的共7個，約占總數的20.00%。位於淮上汝潁地區的共10個，約占總數的28.57%，位於淮河中游地區的共6個，約占總數的17.14%，二者相加，位於淮河流域（圖4-6）的共16個，約占總數的45.71%。位於江南地區（長江以南地區）

（圖4–7）的共7個，約占總數的20.00%。位於巴濮地區的共1個，約占總數的2.86%。

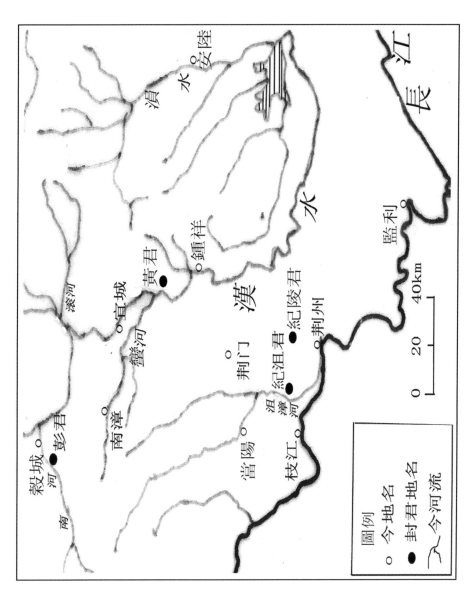

圖4–4 悼王之後至頃襄王前期江漢地區楚封君分布圖

說明：本圖據石泉先生主編《楚國歷史文化辭典》「楚史相關地域圖」改繪。

225

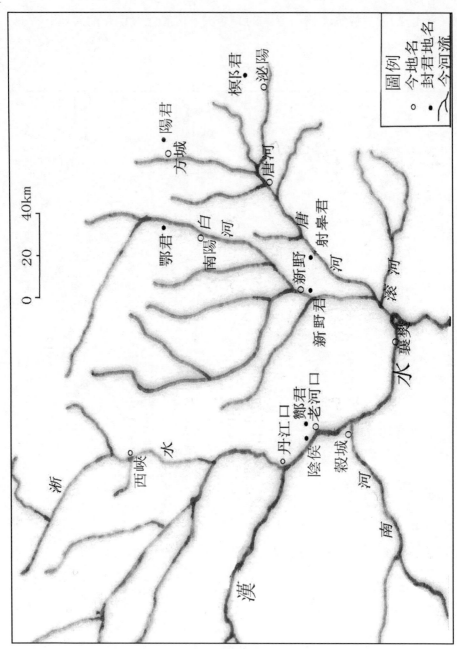

圖4-5　悼王之後至頃襄王前期南陽盆地地區楚封君分布圖

說明：本圖據石泉先生主編《楚國歷史文化辭典》「楚史相關地域圖」改繪。

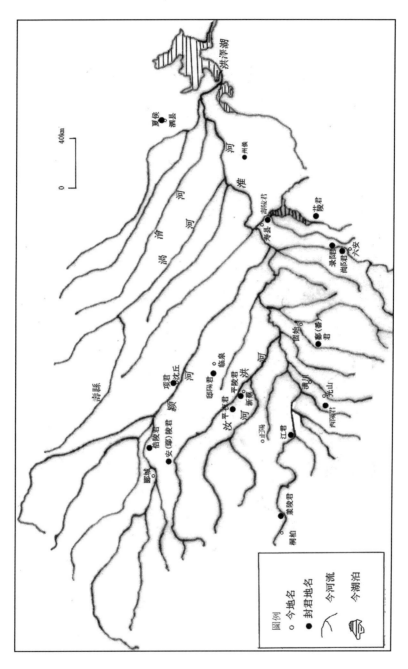

圖4-6　悼王之後至頃襄王前期淮河流域楚封君分布圖

說明：本圖據石泉先生主編《楚國歷史文化辭典》「楚史相關地域圖」改繪。

227

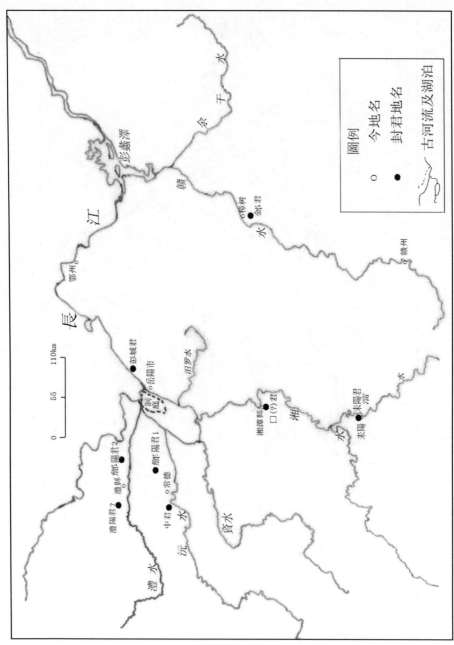

圖4–7　悼王之後至頃襄王前期江南地區楚封君分布圖

說明：本圖據譚其驤先生主編《中國歷史地圖集》第1冊「戰國　楚越」地圖改繪。

為方便比較，可將這兩個時期各地區封君所占比例的狀況圖示如下。

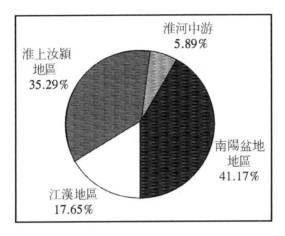

圖4-8　惠王至悼王時期各地區封邑數量所占比例示意圖

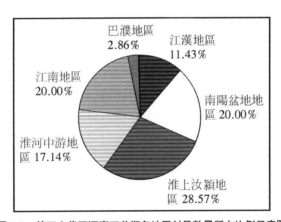

圖4-9　悼王之後至頃襄王前期各地區封邑數量所占比例示意圖

與惠王至悼王時期相比，這一時期的封邑分布有以下幾個特徵：其一，分布於南陽盆地和淮上汝潁地區的封邑仍然最多，但比例下降不少，從4/5降至1/2左右；其二，位於江漢地區的封邑比例略有下降；其三，位於江南地區的封邑數量從無到有，增加較多，封邑數量占到了總數的近1/5；其四，封邑分布從集中走向分散，從楚國東境的淮河

中游地區至西境的巴濮山區都有封邑分布。

吳起所說的「廣虛之地」在很大程度上指的是面積廣大、人口稀少的楚國江南地區，以上所列各地區中，位於江南的封邑數量增長最快，說明吳起變法有一定的效果。不過，在江南地區的封邑中，有不少都集中在經濟相對發達一些的今湘北一帶，似乎又說明這一政策貫徹得不是十分徹底。

總的來說，吳起變法削弱了楚國封君的權力，削減了封邑的規模，促進了江南等廣虛之地的開發，但沒有改變封君「太眾」、世襲的狀況。戰國中後期，封君數量繼續增加，仍有不少封邑和楚縣共處一地，一方面牽制了縣邑的勢力，有利於楚王對地方的控制，另一方面也削弱了「縣師」等地方軍事力量，不利於甚或有害於楚國邊境（尤其是北境）的安全。

三、楚都東遷後的楚國封君與封邑

從楚懷王後期開始，楚國在一系列的戰爭中接連失利。頃襄王十九年（前280年），秦軍攻楚，佔領楚北境的大片領土，楚人被迫割讓上庸、漢北地予秦求和。第二年，秦軍接著佔領了西陵、鄢。頃襄王二十一年，秦將白起拔郢，東至竟陵、安陸等地，楚王東保於陳城。東遷之後，楚國的西境領土喪失大半，包括南陽盆地、江漢地區的大部、汝潁上游等地區[①]。不難想像，很多封君因此喪失封邑。楚王應該如何管理這些失地的封君和東遷的流民呢？現在可以推測出的一個措施是在新的地方僑置封邑加以安置。可資列舉的例證有鄂君，僑置的鄂君封邑可能位於今鄂州市一帶，前文對此已有詳考。由於資料所限，是否還有其他例證尚難以考索。

在楚都東遷之後新立的封君中可考的不多，有陽陵君、襄成君、

---

① 參閱徐少華：《周代南土歷史地理與文化》圖2「春秋戰國時期楚國北部疆域變化與春秋楚縣分布」，武漢大學出版社1994年版。

臨武君、春申君和郏陵君。其中郏陵君為楚王子，陽陵君和春申君是楚國重臣，臨武君為武將，襄成君身分不明，受封者身分較前一階段變化不明顯。值得注意的是，陽陵君受有淮北地，而春申君初受有淮北十二縣，封邑規模可能都比較大，與戰國中後期的其他封君不太相同，這是因為二人地位特殊，前者受封於頃襄王東遷後的國政危難之時，後者在考烈王時期權傾楚國，非他人所能比擬，因此不能簡單地認為在戰國後期楚國封邑規模有擴大的趨勢。

從封邑的分布來看，陽陵君、襄成君、春申君和郏陵君的封地都在淮泗至江淮地區。淮水中游以下直至大海之地原為東夷諸國和吳人、越人聚居之地，開發也比較早。楚人滅越後，東部疆域至於海，估計不斷有楚人東遷到這一地區。在喪失西境領土之後，楚國的經濟和政治中心也向東遷移，客觀上加快了淮泗、江淮地區的發展。戰國後期這些地區不在楚國邊境，戰亂應該很少，經過長期的經營，經濟實力不斷提升，具備了設立封邑的基礎。而在設立封邑的地區，其發展也會受到封君的重視。春申君遷邑於吳國故墟後，營建新城和宮室，司馬遷記曰：「吾適楚，觀春申君故城，宮室盛矣哉！」[1]顯然，春申君改封後，大興土木，勢必會促進吳越故地的經濟發展。春申君之後，楚王子受封於這一帶，稱郏陵君，也反映了其經濟條件必然不錯，否則楚王不會以之封王子。另外，臨武君的封地位於湘南，說明在戰國後期楚人繼續開發江南，今湖南南部的經濟、文化水準當時已經較高，具備設立封邑的條件。

四、楚亡後封君的處境與流向

楚王負芻五年（前223年），楚王被俘。楚人立昌平君為王，不久後亦敗，楚亡。楚亡之後，楚國封君的處境和流向如何？史料中對此無明確記載，不過可以從相關文獻中窺得一斑。

---

① 司馬遷：《史記　春申君列傳》（卷七八），中華書局1982年版。

魏國有封君魏咎，「故魏時封為寧陵君。秦滅魏，遷咎為家人①」，或說「秦滅魏，為庶人②」。陳勝稱王後奔之，陳勝「乃立寧陵君咎為魏王，遣之國。③」後兵敗自殺。

　　韓國橫陽君韓成，在秦末被項梁立為韓王。《史記》記云：「（張）良乃說項梁曰：『君已立楚後，而韓諸公子橫陽君成賢，可立為王，益樹黨。』項梁使良求韓成，立以為王。」④

　　前文曾談道秦末番君在其封邑舊地起兵反秦，說明在楚亡之後番君家族仍然留居於番地，雖然失去了封地，但在當地仍被稱作「番君」，且有一定的影響和號召力，成為反秦領導者之一。此外還有一些封君家族移居他處，如項君家族，項燕戰死，而其子「項梁殺人，與籍（項羽）避仇於吳中⑤」。

　　秦王政盡滅諸侯，完成統一後，將很多六國舊貴族徙入關中或其他地區，班固在《漢書　敘傳》（卷一〇〇）裡說：「班氏之先，與楚同姓，令尹子文之後也……秦之滅楚，遷晉、代之間，因氏焉。」可見不少楚國貴族也在遷徙之列，估計也包括了一些封君。

　　由此可知，秦統一後，六國封君大多數應該都被遷貶為庶人，如魏國的寧陵君等，楚國封君概莫例外。亡國之後，包括楚封君在內的列國封君流向有三：其一，被秦王朝四處遷徙，舊有的政治勢力和經濟實力衰減；其二，喪失封邑後仍留居於舊地，在地方上仍有一定的影響力；其三，因各種原因遷徙移居他處，與原有封邑失去聯繫。總的看來，列國封君在各國遺民中依然頗具號召力，成為反秦勢力中較為重要的組成部分，番君、項氏群起反秦，寧陵君和橫陽君分被立為

①　司馬遷：《史記　魏豹列傳》（卷九〇），中華書局1982年版。
②　班固：《漢書　魏豹傳》（卷三三），中華書局1962年版。
③　司馬遷：《史記　陳涉世家》（卷四八），中華書局1982年版。
④　司馬遷：《史記　留侯世家》（卷五五），中華書局1982年版。
⑤　司馬遷：《史記　項羽本紀》（卷七），中華書局1982年版。

魏王和韓王都體現了這一點。

第二節　封君封邑與縣邑之間的相互關係

前面多次談道一些材料反映出有些縣和封邑同期並存於同一地域，推測認為這是為了加強中央王權，削弱地方勢力而採取的政策。下文我們擬以出土文獻中所見的，與平夜君相關的「東陵」為中心來考察同一範圍內的封邑與縣邑的互動關係和演變情況。

新蔡簡文中有「東陵」一詞，學者們多傾向於將其認定為楚地地名，然其具體性質及地望所在，似仍有歧見。相關簡文內容如下：

甲三207、269：……且祭之以一豬於東陵……

乙四141：☒東陵，龜尹丹以承國為☒

乙四149、150：☒口筮於東陵，……

零303：……既薦之於東陵

乙四100、零532、678：……為君貞：居郢，還返至於東陵，尚毋有咎。占曰：兆無咎。……

從「『祭』、『筮』、『薦』於東陵」等辭例不難看出，「東陵」為地名的可能性最大。

「東陵」一詞亦見於包山楚簡。包山簡第202、第203、第210、第211、第225、第243等號簡中均有「東陵連敖」的記載。顏世鉉先生以《尚書　禹貢》「導水」部分的「東陵」系之，認為其地在今安徽貴池、青陽一帶①。劉信芳先生引《漢書　地理志》廬江郡「金蘭西北有東陵鄉」

---

① 顏世鉉：《包山楚簡地名研究》，臺灣大學中國文學研究所碩士論文，1997年，第140~142頁。

233

提出簡文東陵當在漢金蘭縣地，今湖北麻城一帶 ①。

關於新蔡簡中的東陵地望，宋華強先生引《水經注》中灌水源自「盧江金蘭縣西北東陵鄉大蘇山」的記載，認為簡文東陵當在此處，即今河南固始、商城、潢川三縣之間 ②。

實際上，《水經注》記載當本自《漢書　地理志》，楊守敬《疏》云：「（大蘇山）在今商城縣東南五十里，灌水出此。」③故此東陵也當在商城南大別山區，緊接於湖北麻城。以地勢度之，此處地處山區，距離平夜君封地和楚郢都都較遙遠。邴尚白先生談道，「還返至於東陵，尚毋有咎」，指的是能平安到達東陵，不要有災殃。他贊同東陵位於河南商城縣南的觀點，認為東陵疑原為丘皋之名，可能就是鄂豫皖交界的大別山，縣名後因此而起 ④。

今按，新蔡簡文中命辭中多次提到「還返，（尚）毋有咎」，意即希望平夜君成從郢都或其他地方平安返回封地。如果東陵指的是今大別山區的話，距平夜君封地還有一段不短的距離，貞人不貞問平夜君是否能順利返回封地，而只貞問能否順利返回到中途的東陵山區，頗令人費解。宋華強先生將乙四：55和乙四：60兩支殘斷竹簡拼連為：「……為君貞：在行，還（返至於東）陵，尚毋有〔咎〕☑。」⑤應該是可取的。反映了平夜君成不在封地內，在外出行，貞人貞問他是否能平安返回東陵。由此看來，對於平夜君來說，東陵是個比較重要的地方，如果東陵僅是出行途中的某個行在所的話，似乎不太合適。

新蔡簡的年代下限，有前377年，前398年，前401年到前395年之

① 劉信芳：《包山楚簡解詁》，藝文印書館2003年版，第238頁。
② 宋華強：《新蔡楚簡的初步研究》，北京大學中文系博士學位論文，2007年，第49頁。
③ 酈道元撰，楊守敬、熊會貞疏：《水經注疏　決水》（卷三二），江蘇古籍出版社1989年版，第2663頁。
④ 邴尚白：《葛陵楚簡研究》，臺灣大學中國文學研究所博士論文，2007年，第121~122頁。
⑤ 宋華強：《新蔡楚簡的初步研究》，北京大學中文系博士學位論文，2007年，第48頁。

間等幾種說法，基本上在吳起變法前後①。按此，則簡文內容所載大部分可能是吳起變法之前的平夜君成封地的狀況。前文曾引述《墨子‧魯問》（卷一三）中墨子與魯陽文君的對話，談道魯陽境內有「大都」、「小都」，指的應是大小城邑，反映了魯陽君封地之內的城邑數量不止一個。這種情況應該也見於其他封君的封地。平夜君成的封地規模比較大，其城邑或也不止一個，頗疑東陵是平夜君封地內另一個較為重要的城邑和居地，封君也常居住於此。當平夜君直接返回葛陵城的話，則直書「還返」，若返回東陵的，則書「還返至於東陵」，以相區別。傳世文獻中即有平夜君封地一帶存在「東陵城」的記載。

魏晉南北朝時期，南北政權長期在淮河流域一帶拉鋸作戰，使得此處政區更迭頻繁，很小的地域之內常常僑置有較多的州郡縣或設有雙頭州郡。《魏書‧地形志》關於「東陵城」的記載為我們對簡文中東陵地望的重新定位提供了依據。

《魏書‧地形志中》「潁州」載該州轄西恆農、陳留二郡，郡下有恆農、胡城、南頓三縣。在「潁州」、「胡城」、「南頓」下魏收分別注云：「孝昌四年（528年）置，武泰元年（528年）陷，武定七年（549年）復」，「蕭衍置，魏因之。有燋丘，雉、鮦二陂，神廟」，「蕭衍置，魏因之。有閏水、東陵城」②。從地理位置上分析，我們懷疑北魏潁州南頓縣的東陵城與簡文之東陵可能有一定的關聯。

潁州僅設三縣，又多次反復為北魏、南朝梁所有，其轄域必不

① 參閱劉信芳：〈新蔡葛陵楚墓的年代以及相關問題〉，載《長江大學學報》（社會科學版），2004年第1期；李學勤：〈論葛陵楚簡的年代〉，載《文物》，2004年第7期；劉彬徽：〈葛陵楚墓的年代及相關問題的討論〉，載《楚文化研究論集》第7集，嶽麓書社2007年版，第377~381頁；宋華強：〈平夜君成的世系及新蔡簡下限的考訂〉，載武漢大學簡帛研究中心編：《簡帛》第2輯，上海古籍出版社2007年版，第371~385頁。
② 魏收：《魏書‧地形志中》（卷一○六），中華書局1974年版，第2562頁。「胡城」縣下原注標點作「有燋丘雉鮦二陂、神廟」，誤。燋（譙）丘當為丘名，「鮦陂」明見於《水經注》，故當改正為「有燋丘，雉、鮦二陂，神廟」。

大。從潁州州治、胡城縣、銅陂、閨水的地望可以大致確定南頓縣及東陵城的大概位置。

據《元和郡縣圖志》載:「潁州,禹貢豫州之域。春秋鬍子國,楚滅之⋯⋯後魏孝昌四年改置潁州。」①北魏潁州治今安徽阜陽市,原為春秋胡國所在,《春秋　昭公四年》有楚子聯合鬍子等伐吳的記載,杜預注云:「胡國,汝陰縣西北有胡城。」《讀史方輿紀要》潁州「胡城」條云:「在州西北二里。②」北魏胡城縣當設於此,即今阜陽西北不遠處。

銅陂,當得名自銅水,《漢書　地理志》汝南郡有銅陽縣,應劭曰:「在銅水之陽。」《水經注　汝水》(卷二一)云:「(銅)水逕銅陽縣故城南⋯⋯縣有葛陵城⋯⋯銅陂東注為富水,水積之處,謂之陂塘,津渠交絡,枝布川隰矣。」楊守敬、熊會貞《疏》云:「(銅陽故城)在今新蔡縣北七十里」,「富水,積為陂塘,即《水經注　淮水》篇所謂富陂。③」漢銅陽縣在今新蔡縣北,今安徽臨泉縣銅城鎮;葛陵城即葛陵楚墓所在地,在新蔡西北50里。銅陂在漢銅陽縣偏東處,從相對位置上看,約在葛陵城正東偏北,北魏胡城縣治正西偏北不遠處。

與東陵城並處潁州南頓縣的閨水見載於《水經注　淮水》(卷三〇):「淮水又東北,左會潤水,水首受富陂,東南流為高塘陂。又東,積而為陂水,東注焦陵陂。」《疏》云:「《地形志》,西恒農、陳南二郡,南頓有閨水,即此水也。」「富陂即富水所積之陂,互見〈汝水〉施展⋯⋯陂在今阜陽縣西,接新蔡縣界。」

① 李吉甫:《元和郡縣圖志》(卷七),河南道三,「潁州」條,中華書局1983年版,第188頁。
② 顧祖禹撰,賀次君、施和金點校:《讀史方輿紀要》(卷二一),南直三,潁州「胡城」條,中華書局2005年版,第1057頁。
③ 酈道元撰,楊守敬、熊會貞疏:《水經注疏　汝水》(卷二一),江蘇古籍出版社1989年版,第1787~1788頁。

「（高塘陂）在今阜陽縣西南」，「（焦陵陂）在今阜陽縣南」[①]。

據此可以清楚地勾勒出魏晉南北朝時期閏水的流向：銅陂自今阜陽市西北下流為富水，富水積為富陂，閏水發源自此，東南流經今阜陽市西南之高塘陂，又流至今阜陽市南之焦陵陂。而與閏水同在南頓縣的東陵城必距之不遠，或就在閏水流域。由是觀之，北魏潁州胡城縣當在今阜陽正西偏北的臨泉縣一帶，南頓縣當在今阜陽正西偏南一帶。若此，東陵城則應該位於平夜君封邑所在地葛陵城正東方向（略偏北和偏南）約20~50公里的閏水流域，即今阜陽市與新蔡縣之間的範圍內，東陵最初的得名或許也與此有關。

新蔡簡之東陵距葛陵城不遠，當在平夜君封地範圍之內，而包山簡中出現的「東陵」一般認為是楚縣，我們認為二者應是一地，屬前後承繼的關係。包山簡225載有「殤東陵連敖子發」，劉信芳先生認為「殤」意味著非正常死亡，並指出東陵連敖子發和《淮南子》等史籍中所見的上蔡令子發年代相當，為同一人。子發凶死之後，其兄弟、左尹昭佗之父襲封為蔡公[②]。此說或是。子發可能先為東陵連敖，後為蔡公，簡中不言「殤蔡公子發」可能也與他的凶死有關。平夜君成、昭佗世系可列圖示如下：

圖4-10　平夜君、昭佗世系圖

注：實線箭頭代表父子關係，虛線箭頭代表尚未明晰的前後繼承關係。

---

① 酈道元撰，楊守敬、熊會貞疏：《水經注疏　淮水》（卷三〇），江蘇古籍出版社1989年版，第1517頁。
② 劉信芳：《包山楚簡解詁》，藝文印書館2003年版，第238頁。

由圖示可見，文平夜君子良始受封之後，二傳至平夜君成，東陵連敖子發為成之侄輩，與其兄弟子家先後為蔡公，而楚蔡縣在今上蔡縣城關一帶①，離平夜君封邑及東陵城均不遠，三者之間也許有某種內在聯繫。

一般認為楚縣與世襲的封地性質不同，直屬中央，然而通過對早期楚縣的分析，仍能看出它與封地之間的關聯。前文我們曾談道，鄖縣縣公鬬辛「以無忘舊勳」居鄖，鄖地當是鬬氏世居之地（也很有可能就是鬬氏的封地）。鬬辛在本族的世居地作縣公，吳師入郢時未見有鄖公勤王的記載，而昭王在倉皇出逃後選擇奔鄖，這些都體現了鄖縣的相對獨立性，也說明了早期的一些楚縣仍殘有一定的封地性質，或許他在擔任鄖縣縣公的同時在鄖縣內仍有自己的一塊封地。葉公子高也與之類似，在葉縣內有自己的封地，後終老於葉。

由此可以推測，以葛陵城為中心較大的地域均是平夜君子良這一系（屬昭氏）的世居封地，東陵應是平夜君封地內較為重要的一個地方。平夜君成早逝後，當有後人承襲其封君封號，包山簡181的記載證實了這一點。子發為楚宣、威時期人，晚於平夜君成數十年，他又有兩個身分，一是東陵連敖，這似乎說明平夜君封邑內的東陵在這個時期已經設縣、並築有城邑（《地形志》「東陵城」的記載或者與之有關），又考慮到他的另一個身分，即平夜君成之子侄，或是同時期平夜君的堂兄弟，這暗示出東陵縣與平夜君封地之間仍有千絲萬縷的聯繫。

東陵設縣後，平夜君封地必然被縮減，而設縣後任命的重要官職連敖又屬平夜君宗族一系，這些微妙的關係體現出楚的中央王權在某一段時間內曾與地方封君勢力有過摩擦，並積極尋求合適的平衡點。這或許與吳起變法有關。我們談道，變法之後，即在戰國中後期，與

---

① 徐少華：〈包山楚簡釋地十則〉，載《文物》，1996年第12期。

戰國前期相比，封君權力受到削減，而封邑的面積也有縮小的趨勢。東陵或許因此被削歸中央，設立東陵縣，但又由於王權與地方勢力在不斷地鬥爭與妥協，所以在宣、威時期就出現了由原有封君的族人擔任楚縣重要官職的現象。

此外，子發後為蔡令，凶死後由其兄弟子家繼任為蔡公，這也反映出在宗族勢力強大的楚國，在縣公的任命等縣制上仍會受到各方面因素的影響，而蔡縣距離其宗族勢力盤踞的平夜君封地不遠，選擇在此作縣公可能也有擴大宗族影響範圍的考慮。

第三節　封君的權力與領地內的職官設置

戰國前期，楚國封君的封地面積較為廣大，封君在封地內權力較大，應有一套完整的行政機構來協助封君治理封邑。前文談道，參與攻襲吳起事件的陽城君敗亡後，「荊收其國」。從「四境之內」、「寡人」、「國」等用語來看，封君在封地內的地位和權力類似於小諸侯國的國君，只是其上仍受控於楚國中央，中央有分封和收回封地的權力。

孟勝與陽城君交好，陽城君令他守國，他應當參與管理了一些陽城君封地內的事宜。這反映出封君在封地內職權很大，應可以任免不少官員。吳起變法謀求改變這種情形，不但力圖削減封君的數量，還要求收回封君的部分權力，因此受到他們的激烈抵制，在陽城君參與對抗，獲罪逃亡後，其「國」被收回。可以想見，在這之後封君的權力應當逐漸受到削弱，中央對封地的控制也趨於嚴格，封地內的行政、司法等權力可能漸為中央掌控。

吳起變法之後，戰國中後期的情況在出土文獻中有較多的反映。下面具體來看這一時期封君的權力和領地內職官的設置。

一、「州」內許可權與職官設置

當時的封君除了受封的封地之外，若兼在中央任職，有些還會在郢都附近有食稅之州作為俸邑，這些俸邑也可看作是他們的領地[①]。包山簡文記載了一些與封君之州相關的案例，牽扯到州內的各項事務與「加公」、「里公」等職官，不難看出，這些職官都直接對中央的左尹負責，體現了除經濟特權外，州內的行政權和司法權當不受封君影響。

以邸陽君之州為例，簡27和簡32記載的案例類似，簡32說，「八月戊寅之日，邸陽君之州里公鄧嬰受期，辛巳之日不以所死於其州者之居處名族致命，阩門又敗」。說的是左尹官署要求邸陽君之州的官員里公在規定日期內，將死於該州之人的住址、姓名、族屬上報。反映了作為食稅單位的封君之州，其民政、戶籍等都由中央統一管理。

從簡文來看，州加公、州里公是州內官員。此外，另有一些地方也設有「加公」、「里公」，如「荂君之加公」（簡164）應是封君荂君封地內的官員，又如下蔡轄域內某些里內設有加公、里公（簡122）等，均非州內官吏。包山簡《考釋》說，「州加公，州的官吏」。還談道，「里有里公，負責全里的管理，接受里人的訴訟」。

顧久幸先生認為：「州和里之間的關係，也是上下級關係。在竹簡中，州加公總是在前，而里公則在後。並且常出現『州加公』和『州里公』兩種稱謂，只是在出現州加公時，後面一般都有里公出現，而出現『州里公』時，則絕無『里公』的再次出現。無疑，州里公就是里公，加上『州』字，只是表明它們之間的從屬上下級關係。」[②]

陳偉先生不同意「州里公」為里內官員的觀點，他說：「姑且

① 關於封君之「州」的性質及相關討論，請參閱拙文：〈吳起變法前後楚國封君領地構成的變化〉，載《歷史研究》，2012年第1期。
② 顧久幸：〈楚國地方基層行政機構探討〉，載《江漢論壇》，1993年第7期。

不論州、里實無隸屬關係的問題，僅從語言邏輯上看，這些里公應與加公一樣為州之官吏，而不會屬於某個毫無交待的里。」「簡書所見里公，皆與治安執法有關，讀里為『理』或『李』，看作州、里中司掌治安的官吏，應該是適宜的。如然，更能看出里公並不必定設於里中，某某之州里公的稱呼並不意味著州下轄里。①」

劉信芳先生談道：「簡文之州絕大多數是貴族封邑……管理州的職官有『加公』、『里公』，州之性質既是私邑，則『州加公』屬私官，『加』應讀為『家』，《左傳》桓公十五年『家父』，《漢書古今人表》作『嘉父』，而『嘉』正從『加』得聲。」「『里公』居於『加公』之下，由此可知『州』指整個封地，包括山林川澤等，而『里』則以『州』範圍內的居住區為標誌。『里公』之職或與周官『里宰』相當。②」

今按，包山簡文的「州」未見下轄有某里的具體實例。在記載某人的時候，常記載該人所屬的最基層的地理單位，有「（某地之）某里人」、「（某地之）某邑人」，如「正陽之酷里人」（簡150），或「（某人、某官之）某州人」，如「大臧之州人」（簡72）。而不見有「某州某里人」之說，反映出里、州是互不隸屬的地理單位，都處於基層的位置。按此，顧說則不妥。

從簡文內容來看，州加公、州里公與左尹官署聯繫緊密，應直接聽命於左尹及中央的司法官員，而封君在州內僅有食稅權，與封邑有區別，因此將「加公」讀為「家公」，認為是私官的說法也不太合適。比較而言，當以陳偉先生的觀點較為合理，州加公、里公可以認為是州中負責治安的職官。

除了加公、里公之外，州內應當還有不少各有職掌的其他官吏，

① 陳偉：《包山楚簡初探》，武漢大學出版社1996年版，第91頁。
② 劉信芳：《包山楚簡解詁》，藝文印書館2003年版，第36~37頁。

第四章 楚國封君綜合研究

具體情況還有待於材料的進一步補充。

二、封君在封地內的許可權與職官設置

封地內的職官設置在包山簡文中有一些記載，一般以「某君之某官」的形式出現，主要是與司法、治安、軍事相關的官員，包括司馬、右司馬、司敗、正差、慶李等。陳偉先生曾談道：「所記某君之某某官員，才應是封邑中的官職⋯⋯司馬、司敗、正差等職，亦見於縣級政區。也許封邑職官一般比照縣級政區設定。」① 其說很有道理，下面對封君之官逐一略加說明。

（一）**司馬**。見於簡文的有「射皋君之司馬」（簡38、簡60）、「濮君之司馬」（簡140）。司馬為軍事之官，在楚國中央和地方都有設置。在中央的常稱大司馬，在地方者常稱某地之司馬。《周禮 夏官 司馬》：「大司馬之職，掌建邦國之九法，以佐王平邦國。」楚國的司馬（大司馬）是令尹之下的重要官職，為「令尹之偏，而王之四體也②」。杜預注：「偏，佐也。」是令尹的偏佐，王之股肱重臣。從包山簡文可知，地方上的司馬主管各地的軍事事務，如簡81稱邑司馬競丁為「兵甲執事人」，且因「政田」被起訴。「政田」的解釋是收取田畝之稅或徵田，也許和軍賦相關。

如上述，封君之某官，可能是比照縣級政區設定的。辭例上，一般稱「某君之某官」，與「某君之人」、「某人之人」的稱法類似。而後者中，反映了後一個「人」對前一個「某君」、「某人」的依附關係③。估計前者中的「某官」也是依附於「某君」的，這些官員是封君私官的可能性比較大。類似的還有「某人之某官」，如「競酉之司敗」（簡86），應是競酉的私官。從簡文內容來看，他們雖為私官，但對同一職能的中央官員負責，且在相關事務中需聽命於其他更高級

---

① 陳偉：《包山楚簡初探》，武漢大學出版社1996年版，第104頁。

② 楊伯峻：《春秋左傳注 襄公三十年》，中華書局1990年版。

③ 陳偉：《包山楚簡初探》，武漢大學出版社1996年版，第111~112頁。

的官員。

文炳淳先生認為：「封君『司馬』與《周禮》『都司馬』職掌有近似之處。」①除「都司馬」外，《周禮》還記有「家司馬」。相關內容如下。

《周禮 夏官 司馬》：「都司馬掌都之士庶子及其眾庶、車馬、兵甲之戒令。以國法掌其政學，以聽國司馬。家司馬亦如之。」「家司馬各使其臣，以正於公司馬。」鄭玄注：「都，王子弟所封及三公采地也。司馬主其軍賦。」②賈公彥疏曰：「家，卿大夫采地。正猶聽也。公司馬，國司馬也。卿大夫之采地，王不特置司馬，各自使其家臣為司馬，主其地之軍賦，往聽政於王之司馬。王之司馬其以王命來有事，則曰國司馬。」③由此可知，都司馬、家司馬負責王族、卿大夫貴族采地內的軍事事務，聽命於國之司馬。楚國封君之司馬，其性質或與之相近。

（二）**右司馬**。見於簡文的有「濮君之右司馬」（簡43），「鄱君之右司馬」（簡175）。封君之右司馬也應是封君的私官，為封君司馬的佐貳之官。

（三）**司敗**。見於簡文的有「射皋君之司敗」（簡38、簡60）、「彭君之司敗」（簡54、簡56）、「鄂君之司敗」（簡76）。司敗為主刑獄、司法之官，在楚國中央和地方都有設置。一般認為與中原列國的「司寇」職掌相當。《左傳 文公十年》「歸死於司敗」下杜預注：「陳、楚名司寇為司敗。」封君之司敗應是封君的私官，但需聽命於左尹與其他更高級的官員。

---

① 文炳淳：《包山楚簡所見楚官制研究》，臺灣大學中國文學研究所碩士學位論文，1997年，第212頁。
② 《周禮注疏 夏官司馬》（卷二八），載《十三經注疏》，上海古籍出版社影印阮元刻本1997年版，第833頁。
③ 《周禮注疏 夏官司馬》（卷二八），載《十三經注疏》，上海古籍出版社影印阮元刻本1997年版，第865頁。

第四章 楚國封君綜合研究

（四）**正差**。見於簡文的有「陰侯之正差」（簡51）。《說文》五上「左」部：「差，貳也。」正差是「正」的副貳之官。既有「正差」，陰侯之地也當有「正」。正、正差都是與司法事務相關的官員，簡文多有反映，如簡131載：「執事人詎陰人……之獄於陰之正」，「正」負責的事務與刑獄有關。《禮記 王制》：「成獄辭。史以獄成告於正，正聽之。正以獄成告於大司寇，大司寇聽之棘木之下。」有學者指出簡文之「正」的性質可與之參比，是可信的①。

（五）**慶李**。見於簡文的有「陰侯之慶李」（簡133）。劉信芳先生讀為「卿理」，職官名。他說：「曾侯乙簡62、142『慶事』，172、199作『卿事』，文獻作『卿士』。《左傳 隱公三年》：『鄭武公、莊公為王之卿士。』卿理應與卿士相類。」②文炳淳先生談道「慶李」還可能是文獻所見的「廷理」，職掌司法。《說苑 至公》：「凡立廷理者，將以司犯王令而察觸國法也。③」兩說都有一定的道理。

另外，簡36記載有「宰矞」受期，需將「濮君以廷」。陳偉先生認為「宰」，「或許是封邑特設官」④。文炳淳先生不同意這個觀點，談道「宰矞」沒有前綴地名，這表示他不是「濮君」的屬官，而屬於中央官，負有對封君的監督之責⑤。從簡文看，某君、某人之官前一般綴有所屬，或當以文先生之說近是。

封君的許可權在包山簡文中也有體現。簡36，要求「宰矞」將「濮君以廷」，說明封君必須遵守國家的法律規定，而中央對封君有直接的管轄權和監督權。簡38、簡60，要求射皋君之司敗將射皋君之

① 文炳淳：《包山楚簡所見楚官制研究》，臺灣大學中國文學研究所碩士學位論文，1997年，第106~107頁；王穎：《包山楚簡詞彙研究》，廈門大學出版社2008年版，第258~259頁。
② 劉信芳：《包山楚簡解詁》，藝文印書館2003年版，第131頁。
③ 文炳淳：《包山楚簡所見楚官制研究》，臺灣大學中國文學研究所碩士學位論文，1997年，第210~211頁。
④ 陳偉：《包山楚簡初探》，武漢大學出版社1996年版，第104頁。
⑤ 文炳淳：《包山楚簡所見楚官制研究》，臺灣大學中國文學研究所碩士學位論文，1997年，第71~72頁。

司馬和射皋君之人一併「以廷」；簡98，邸陽君之人受到起訴，由中央受理；說明封君的私官，以及依附於封君之人，在法律上受中央管制。簡54、簡56，要求彭君之司敗調查「長陵邑之死」，以及將某一案件的涉案人「以廷」；簡86，鄐陽君封地內之人訟兼陵君封地內之人，「謂殺其弟」；說明封君封地的司法權歸於中央，中央也負責審理跨封地的案件。

陳偉先生指出：「封君及其子弟也像其他人一樣向中央呈遞訴狀，他們的法律地位當無本質的不同……對於楚國封邑的政治、法律地位，人們的估計相去較遠。或認為封君在封邑內自辟官署，行使著廣泛的行政權和治民權。或認為封君在封邑內的政治權力並不大。簡書所見，比較合於後一說……因此也許可以設想，經過吳起變法和隨後一段時間的演變，楚國的封邑制度已有重大改變。戰國早期的封邑，可能近似於西周時的封國；而到戰國晚期，則與西漢的侯國和景帝以後的諸侯王國較為接近。」① 這些觀點都是比較可取的。

楚國中央一方面嚴格控制封君在封地內的行政、司法等權力，另一方面又賦予封君相應的經濟特權。戰國前期，封君在封地內有較充分的土地占有權和治民權，而至戰國中後期，隨著相關行政權力的喪失，封君在封地內的經濟特權應該也被壓縮，主要經濟特權當為徵稅權。何浩先生指出：「直接徵收所屬封邑的賦稅，當然是封君具有相對獨立的經濟權的一個重要方面。」② 包山簡153、簡154記載窬蘆之田，「凡之六邑」，體現出「田」以邑為單位組成，食田者當食有田內的賦稅。我們談道，封君的封地在鄉野地區也是以邑為基本單位③，估計他們擁有的食稅權主要包括以地理單位徵收的租稅。有學

① 陳偉：《包山楚簡初探》，武漢大學出版社1996年版，第106~107頁。
② 何浩：〈戰國時期楚封君初探〉，載《歷史研究》，1984年第5期。
③ 拙文：〈吳起變法前後楚國封君領地構成的變化〉，載《歷史研究》，2012年第1期。

第
四
章

楚
國
封
君
綜
合
研
究

者談道封君在自己的封地內按戶徵收一種戶稅 ①，這一說法是否屬實還難以確定。

此外，鄂君啟節銘文反映出不少封君在從事商業活動時有免稅權，這應是封君特有的經濟權力。

鄂君啟節銘文記載說大工尹因楚王之命，令官員為「鄂君啟之府」鑄造金節。憑此金節，鄂君啟之府派出的船隊、車隊沿著主要的交通線路，在楚國全境進行商業活動的時候，多數情況下可以免於徵稅，以獲取巨大的經濟利益。鄂君啟節銘文所體現的車、船隊的許可權約略如表4-3所示。

表4-3　鄂君啟船、車隊許可權示意表

	規模	時限	一般稅收	傳食	徵於大府之物	禁載之物
船隊	舟 150	歲一返	毋徵	提供	馬、牛、羊	
車隊	車 50 乘	歲一返	毋徵	提供		金、革、黽、箭

大概可以看出以下資訊：

（一）鄂君啟封地內設「府」，其職能可能與中央的「大府」相近，負責封君與封地內外相關的經濟事務。大府，或作太府，主管楚國的財政、稅收。《淮南子　道應訓》（卷一二）：「葉公入，乃發大府之貨以予眾。」青銅器有大府簠、大府敦、大府鎬等 ②。封君在封地內應該有一整套完善的經濟機構，協助其處理財政、儲備、稅收等事務，這些機構當是模仿中央機構而設置的。

（二）鄂君啟擁有龐大的從事商業活動的車、船隊，幾乎在楚國全境從事商業貿易，可能一年往返一次。這些商隊在各水陸關口享受免

① 劉玉堂：〈楚國土地制度綜議〉，載《湖北大學學報》（哲學社會科學版），1996年第3期；又見所著《楚國經濟史》，湖北教育出版社1995年版，第17頁。
② 劉彬徽：《楚系青銅器研究》，湖北教育出版社1995年版，第361~362頁。

徵貨物稅和提供飲食的優惠政策。商業活動成為封君收入的一個重要來源。

（三）封君憑藉特權標識（如鄂君啟的金節）可以享受商業活動的特權，在沒有特權標識的情況下與普通商隊無異。同時，某些特定貨物（如馬、牛、羊）的收稅權上歸大府。說明封君的經濟特權不是無止境的，而中央政府對全國的交通、經濟活動有很好的把握和掌控。

（四）除了正常的商業活動外，封君不能從事金、革、黽、箭等敏感軍事物資的買賣和運輸。這體現了封君在享受到極大的經濟利益的同時，在政治、軍事方面受到嚴格管制。

綜合以上分析，可以看出，封君在封地內外的行政權微小，或沒有軍事權。與行政、司法、軍事相關的活動都受中央節制。工藤元男先生指出：「戰國中期的楚國，雖然封君、世族為數眾多，但就個體而言，已不能對王權構成威脅。」[①]大概是可信的。而與之相對，封君享有巨大的經濟特權，可以通過徵收賦稅，從事特權的商貿活動獲得不菲的財政收入。楚國中央政府對地方的嚴格控制一方面加強了國家的統一、安定，與春秋時期相比，戰國時代楚國的內亂大規模減少；另一方面，隨著地方上軍政實力的削弱，能夠抵抗他國侵擾的力量減少，而戰國後期楚國的西、北境一而再、再而三的失守也可在一定程度上歸咎於此。

① 工藤元男：〈「卜筮祭禱簡」所見戰國楚的王權與世族、封君〉，載《楚文化研究論集》第6集，湖北教育出版社2005年版，第393～405頁。

第四節　楚國封君制的特點

大致以吳起變法為轉折，戰國前期和戰國中後期的楚國封君制既有相同點也有不少變化。何浩先生曾分析過整個戰國時期楚國封君制的特點，但沒有注意到其中的一些演變。下文擬再就此稍作分析，並與其他各國的封君制略加比較。

一、封君數量眾多

前文一共考察了六十餘個可以推定為楚國封君的家族，其中有些家族可考封君的人數達到或超過兩個，因此目前可知的封君總人數多至七十人左右。楊寬先生曾對列國封君的具體情況清單作過比較，除楚國外，趙、秦、魏等國的封君數量較多，但都沒有超過30個 ①。這固然與近年來不斷增加的新出土楚國資料有較大關係，不過也能反映出楚國封君數量眾多的事實。在戰國早、中期之際，楚國封君不斷增加，因此吳起變法首先要面對的就是「封君太眾」，而在時代相當的其他各國的變法中未見提及這一情況，似可說明楚國的封君應該是多於他國的，至悼王時已經發展到亟待削減的數量了。戰國前期受封者多是王族重臣，在中央兼任要職，掌重權，可以說「封君太眾」和「大臣太重」緊密相連，因此在變法的時候被一併提出。

吳起變法的一個重要出發點是希望能「均楚國之爵而平其祿，損其有餘而繼其不足 ②」，封君家族「三世而收爵祿」，令貴人往實廣虛之地等政策都體現了這一點。通過上文對戰國前期和中後期楚國封君的比較，可以看出吳起變法起到了一些效果，封君權益受到削減，單個封君的勢力基本上對楚王沒有威脅，還有不少受封於江南地區，但封君的數量不減反增，說明變法的最初目的並沒有完全達到。

---

① 　楊寬：《戰國史》附錄二〈戰國封君表〉，上海人民出版社2003年版，第685~695頁。
② 　向宗魯：《說苑校證　指武》（卷一五），中華書局1987年版。

二、封號基本以地名命名，分「君」、「侯」兩種

已有學者指出，戰國封君有的以封地為號，有的以原籍或發跡地為號，有的以功德為號，還有一些是雅號和諡號 [1]。列國封君中還有一些有封號而無封地 [2]。但從目前的材料來看，楚封君基本以封地之名為號 [3]。何浩先生說，「以封地之名冠以君號，是楚國封君制中從始至終一以貫之的定制 [4]」，是合適的。

楚封君稱「君」的較多，也有少數稱「侯」。陳偉先生說，「楚國封君存在『君』、『侯』的不同稱謂，大概即與等級有關。[5]」可考的封「侯」中，最早的是葉侯，葉公諸梁之子，約在惠王晚期至簡王時期，最晚的是頃襄王時期的夏侯，基本貫穿了整個戰國時代。封「侯」者也見於其他列國，齊封鄒忌為成侯，秦封魏冉穰侯，趙封李談之父文為李侯等，不過封「侯」明顯少於封「君」，應是列國封君的共同特徵。目前限於資料原因，尚不清楚二者有哪些顯著差別。

另外，戰國時期楚有「通（徹）侯」，為地位較高的爵稱。《戰國策　楚策一》載：「楚嘗與秦構難，戰於漢中，楚人不勝，通侯、執珪死者七十餘人，遂亡漢中。」鮑彪注：「徹侯，漢諱武帝作『通』。」范祥雍先生按云：「秦爵二十級曰『徹侯』……此是秦制，疑列國亦有此號。[6]」楚國封君中部分稱「侯」，或許與楚國的爵稱相關，其來源還有待於進一步探討。

三、封邑分布相對集中，可以世襲

上文已經指出，楚封君大多都希望受封於富饒之地，可以世襲，

---

① 劉澤華、劉景泉：〈戰國時期的食邑與封君述考〉，載《北京師範學院學報》（哲學社會科學版），1982年第3期。

② 孫國志：〈戰國時期秦國封君考論〉，載《求是學刊》，2002年第4期。

③ 按，參閱本書第三章。只有陽陵君和春申君封於淮北，因淮北地域廣大，「陽陵」、「春申」或是其治所所在，因而得名。

④ 何浩：〈論楚國封君制的發展與演變〉，載《江漢論壇》，1991年第5期。

⑤ 陳偉：《包山楚簡初探》，武漢大學出版社1996年版，第104頁。

⑥ 范祥雍：《戰國策箋證　楚策一》（卷一四），上海古籍出版社2006年版，第800頁。

第四章　楚國封君綜合研究

傳之後世。吳起變法之前，封邑多分布在北境，尤其是開發較早、經濟文化水準較高的南陽盆地至汝潁淮水流域。吳起變法後，這一地區封邑所占封邑總數的比重有所下降，但仍處於相對優勢。其他列國的情況如何呢？以封君人數較多的趙國為例，根據李容一先生的研究，建國初期趙國的幾個封君封地都在「代」，「可以推算當時趙國於襄子元年兼併『代』以後，向『代』繼續派遣封君和相來間接統治」。惠文王之後封君受封的原因多樣化，但封君的權力、封邑的授予都為趙王所控制，很少有世襲的情況。「趙國雖然實行封君制，並且受封的封君數也相當多，但是惠文王之後，經歷13年構築親政體制後，利用強有力的王權來遏制封君的勢力擴大」。「在趙國可以世襲封君爵位，但是趙國為了便於統治，防止出現強大的地方勢力，儘量避免封君的世襲。」「當時世襲封君爵位的只有平原君一人」[1]。由此看來，趙國雖然封君不少，但基本上僅有一世，封邑無法世襲，授予和收回都很頻繁，很不穩定。

四、不少封邑曾設縣，還存在一些縣、封邑並存的情況

根據以上的考證，與封邑同名的楚縣，應該與封邑分布在同一地域，其數量約有二十餘個，超過封邑總數的三分之一。其中還有不少曾同期並存，在轄域未變的範圍內分設縣與封邑，使得縣和封邑的面積都比單獨設立的時候要小。前文談道，惠王時期開始，傾向於打擊大縣縣公的勢力，這一政策一直被繼承下來，在同一地域內分設縣、封邑，同時削弱了縣公（尹）和封君的實力，加強了中央對地方的控制權，這成為楚國封君制的又一特色。

五、封邑內有完整的行政機構

從上一節的相關分析中不難看出，不論是在吳起變法前或是其後，封邑內應該都存在較為完整的行政、司法、經濟組織，來處理封

---

① 李容一：〈戰國時代趙封君設置〉，載《中國史研究》（大丘）第45卷，2006年，第36頁。

地內及與封君相關的事宜。在戰國前期，封君直接掌控了大部分的機構，在封地內的許可權很大；至戰國中後期，這些組織大多直接對中央的上屬機關負責，封君的許可權受到削弱。

此外，受封者地位尊崇，不少在中央兼有職務，有些還在都城附近領有俸邑，這也是楚國封君制的一大特色。

第五節　楚國封君制的影響及歷史地位

一、秦末至漢初楚國封君制的影響

秦末的反秦力量以楚人為主，陳勝、項羽、劉邦等，無一例外。楚人建立的政權中，採用了不少楚國的政治制度，且集中體現在官制和爵制的設置上。根據卜憲群先生的研究，張楚政權中，設有上柱國、令尹，承楚舊制的痕跡十分明顯；項氏世世為楚將，所立制度也以楚舊制為核心，設有令尹、大司馬、大莫敖、莫敖、連尹、連敖等，縣令稱縣公；劉邦在建制之初，其封官賜爵仍因循楚制，設有大司馬、令尹等職官，有執珪等爵稱[①]。這些政權中都有封君的現象，應是對戰國時期列國封君制的繼承，又考慮到他們身為楚人，尤其是項氏家族本為楚國封君，且政權建制多承楚制來看，受到楚國封君制影響的可能性最大。不過這個時期楚人政權的封君狀況，較楚國又有不同，可將這些封君歸為以下幾類。

（一）**列國舊封君復出**。這些封君為列國舊封，秦楚時期人們仍以舊名稱呼之，可舉例如下。

---

① 卜憲群：〈秦制、楚制與漢制〉，載《中國史研究》，1995年第1期，收入中國社會科學院歷史研究所編：《古史文存　秦漢魏晉南北朝卷》，社會科學文獻出版社2004年版，第103~119頁。

1.寧陵君魏咎

《史記　魏豹列傳》（卷九○）：「魏咎，故魏時封為寧陵君。秦滅魏，遷咎為家人。」

《史記　陳涉世家》（卷四八）：「陳王乃立寧陵君咎為魏王，遣之國。」

《史記正義》：「《括地志》云：『宋州寧陵縣城，古寧陵城也。』」

按，寧陵君為魏國舊封。寧陵為地名，約今河南寧陵縣一帶。

2.鄱君吳芮

按，楚國舊封。參閱本書第三章第三節「番君」部分。

（二）**以地名為號的封君，其中不少屬新立**。以地名為號，體現了對楚國封君制特點的繼承。可舉例如下。

1.成都君張敖

《史記　陳涉世家》（卷四八）：「陳王……而封（張）耳子張敖為成都君。」

《史記正義》：「成都，蜀郡縣，涉遙封之。」

按，陳勝封。

2.當陽君英布（黥布）

《史記　黥布列傳》（卷九一）：「項梁號為武信君，英布為當陽君。」

《史記正義》：「南郡當陽縣也。」

按，當陽，地名。約今湖北荊門市南，當陽市東北。

3.武平君畔

《史記　陳涉世家》（卷四八）：「陳王聞，乃使武平君畔為將軍，監郯下軍。」

按，武平當為地名，有二。《史記　趙世家》（卷四三）：「趙徙漳水武平西。」《正義》引《括地志》云：「武平亭今名渭城，在

瀛州文安縣北七十二里。」①約當今河北省文安縣北。《史記　秦本紀》（卷五）：「秦伐晉，取武城。」《正義》引《括地志》：「故武城一名武平城，在華州鄭縣東北十三里也。」②約當今陝西省華縣北。不知武平君何時受封。

4.房君蔡賜

《史記　陳涉世家》（卷四八）：「陳王⋯⋯以上蔡人房君蔡賜為上柱國。」

《史記索隱》：「房，邑名。爵之於房，號曰房君，蔡賜其姓名。」

《史記正義》：「豫州吳房縣，本房子國，是所封也。」

按，不知房君是楚國舊封還是陳勝所封。春秋時期房國在今河南遂平縣（唐元和十二年以前稱吳房縣）一帶③。

5.成安君陳余

《史記　項羽本紀》（卷七）：「成安君陳余棄將印去，不從入關，然素聞其賢，有功於趙，聞其在南皮，故因環封三縣。」

《史記正義》：「《地理志》云成安縣在潁川郡，屬豫州。」

按，從《史記　陳余傳》（卷八九）的記載來看，「成安」應是秦楚之際的趙國所封。《漢書　地理志》潁川郡和陳留郡各有一成安縣，均不在趙地。

（三）**封號與地名無關，部分封君為自立封號**。依楚舊制，封君多以地名冠之。而在戰國晚期，列國封君制的一大特點是封號名和封地名往往不同，秦末楚政權的封君也有這個特點，體現了對列國封君制

①　司馬遷：《史記　趙世家》（卷四三），張守節《正義》引《括地志》，中華書局1982年版，第1821頁。
②　司馬遷：《史記　秦本紀》（卷五），張守節《正義》引《括地志》，中華書局1982年版，第196頁。
③　參閱徐少華：《周代南土歷史地理與文化》，武漢大學出版社1994年版，第152~153頁。

第四章　楚國封君綜合研究

的融合。可舉例如下。

1.武信君項梁

《史記　項羽本紀》（卷七）：「項梁自號為武信君。」

《史記　高祖本紀》（卷八）：「項梁號武信君。」

按，「武信」不是地名，多見於封號，秦代有武信侯馮毋擇，漢初有武信侯呂祿，《史記集解》引徐廣曰：「呂后兄子也。前封胡陵侯，蓋號曰武信。」足證「武信」僅為封號，非邑名。

2.武信君武臣

《史記　陳余傳》（卷八九）：「號武臣為武信君。」

按，武臣、張耳、陳余等在趙地聚兵數萬，武臣號武信君，自封。「武信」僅為封號，非地名。秦惠王曾以五邑封張儀，號曰武信君。項梁自號也為武信君。

3.賢成君樊噲

《史記　樊噲傳》（卷九五）：「攻宛陵。先登，斬首八級，捕虜四十四人，賜爵封號賢成君……項籍既死，漢王為帝，以噲堅守戰有功，益食八百戶……更賜爵列侯，與諸侯剖符，世世勿絕，食舞陽，號為舞陽侯，除前所食。」

按，初封賢成君，後益食，楚漢戰爭後，賜爵為舞陽侯。

4.信成君酈商

《史記　酈商傳》（卷九五）：「商以將卒四千人屬沛公於岐。從攻長社，先登，賜爵封信成君……賜食邑武成六千戶……益食邑四千戶……遷為右丞相，賜爵列侯，與諸侯剖符，世世勿絕，食邑涿五千戶，號曰涿侯……更食曲周五千一百戶，除前所食。」

按，初封信成君，後益封，楚漢戰爭後，賜爵為涿侯，更為曲周侯。

5.建成君曹參

《史記　曹相國世家》（卷五四）：「（楚懷王）於是乃封參為執

帛，號曰建成君……項羽至，以沛公為漢王。漢王封參為建成侯……以高祖六年賜爵列侯……食邑平陽萬六百三十戶，號曰平陽侯。」

按，楚政權懷王封曹參為建成君，後劉邦改封為建成侯，楚漢戰爭之後，賜爵為平陽侯。

6.文信君劉交

《漢書　楚元王交傳》（卷三六）：「（沛公）因西攻南陽，入武關，與秦戰於藍田。至霸上，封交為文信君。」

這些封號基本上都有信、成、文、武等用字，所指應非地名。《史記集解》引徐廣曰：「賜爵封而加美名以為號也。」又引張晏曰：「食祿比封君而無邑。」《史記索隱》引小顏（顏師古）云：「楚漢之際，權設寵榮，假其位號或得邑地，或空受爵，此例多矣。」[1] 的確，秦楚、楚漢時期，各個政權都設立了大量封君，但政權之間混戰仍頻，這些封君不少僅有空爵虛號，不少封君遙領封地，有其名而無其實。這應是特殊時期出現的特定現象。

值得注意的是，漢王劉邦建政初期，多將這些封君改封為某地之侯，食有某地之多少戶。如高祖六年，天下平定之後，信成君酈商「食邑涿五千戶，號曰涿侯……更食曲周五千一百戶」，建成君曹參「食邑平陽萬六百三十戶，號曰平陽侯」。前文談道，戰國中後期楚國封君仍以封地為號，按封地進行區分，未見有封以某地多少戶的記載。而漢初列侯的食邑均以戶計，反映了對楚制的脫離。

二、楚國封君制的歷史地位

（一）楚國封君制的施行有助於楚國中央權力的加強，客觀上促進了秦漢的大一統。

春秋戰國，是中國社會制度變革最為劇烈的時期之一。通過對

---

[1]　司馬遷：《史記　樊噲傳》（卷九五），裴駰《集解》、司馬貞《索隱》引，中華書局1982年版，第2653頁。

楚國的個案分析，可以看出，楚國的封君制在吳起變法前後有很大不同。伴隨著封君封地的縮小、封君權力的狹蹙，以及同時期出現的縣邑規模的縮減，除了經濟特權外，封君封地的性質愈來愈與縣趨同。這種變化使得縣、封邑一級地方上的軍政權力都受控於中央，楚國中央的權力因此得到空前加強。這些現象表明：與西周春秋時期不同的一種中央——地方模式逐漸被建構起來了，而這種模式正是秦代的大一統和中央集權建立的基礎，可以看作是秦漢以後實施以郡縣制為主體的地方政治體制的基礎和淵藪。

（二）楚國封君制是列國封君制的重要組成部分，它們共同構成了中國古代分封制度史上不可或缺的一環。

從現有資料來看，列國封君的數量以楚國最多，他們對楚國的政治發展產生過重大影響。特別是戰國晚期，楚國的權臣大多受封為君，楚國政治與封君之間有千絲萬縷的聯繫。其他列國也有類似的情況，最為典型的例證是合稱戰國四公子的四大封君，體現了戰國晚期政局與列國的封君之間的密切關係。

從周初的封邦建國開始，諸侯國在其疆界內均有臨土治民之權。封君大量出現在列國國君稱王之後，體現了列國對周代分封制的模仿。就楚國來說，早期的封君類似於小諸侯國，在封域內應有臨土治民之權。受到吳起變法的影響，中晚期的楚國封君逐漸喪失了行政、司法等治民權，仍然保有部分經濟特權，以維持富有的生活狀態，如陳偉先生所言，其性質可能更接近於西漢的侯國和景帝以後的諸侯王國。可以說，楚國封君性質的這一轉變體現了古代分封制地位的轉換。西周時期，分封采邑制居於支配地位。春秋戰國時期，一些國家開始設立郡縣，楚國初設之縣，多因舊國而置，面積偏大，縣公勢力也較強。為了加強中央對地方的控制權，楚王一方面大量設立封君，分散大縣的規模，另一方面加強對二者的控制，使得縣邑和封邑的規模和性質都逐漸接近，不易對中央造成威脅。在這種情況之下，除去

封君的經濟特權外，封地的性質基本上等同於縣，使得西周以來分封制的支配地位喪失，地方行政體制發生轉變。自此以降，封邑的性質變化不大。雖然西漢初年的王國權力在一段時期內比較大，但經過景帝、武帝的努力，也逐漸受到削弱。西漢的縣級行政區除縣、道之外，還有侯國和邑，後二者的行政權也由中央掌控，除去食邑者的經濟特權外，其性質與縣類似。這些情況都與戰國中晚期封君制較為接近，也許在某些方面受到了它的一些影響。

結　語

　　春秋戰國之際，楚國封君出現後，在整個戰國時期一直長期存在，並且對秦末各個楚人政權的建政有直接影響。通過本書的分析與考察，我們對楚國的封君制度有了一個較為完整的認識。

一、封君制的起源與演變

　　關於封君制的起源和演變過程。西周至春秋早期，采邑是楚國地方政治體制的重要組成部分；從春秋中晚期開始，縣的設置逐漸增多，同時，封君封邑制也開始出現並迅速發展。一方面，封君的出現與楚昭王、惠王時期的政治形勢密不可分，另一方面，也受到了楚國調整縣邑、縣公設置等政策的影響。

　　封君制脫胎於采邑制，戰國前期的封君制，無論是在封君的許可權還是在封邑規模上，都與采邑制有很大的相似性。如葉公家族在沈諸梁時代享有食田，而至其下一代漸變為封君葉侯，坐擁封地，順利實現了由采邑主向封君的轉變。考慮到葉公的葉縣縣公身分，加之其家族食田、封地均位於葉縣，封地的出現勢必減小了葉縣的原有規模，削弱了這個位於楚國北境大縣的實力。當然，楚國封君的出現，除了由既有的采邑主轉變而來這一條途徑之外，還有其他方式。比如析君家族因戰功受封，封地曾為楚縣；平夜君子良因王子身分獲封，封地後曾分設縣邑。可以說無論是哪種方式，封邑的新立，封君制的

興起對包括縣制在內的楚國地方政治體制乃至整個戰國時期的楚國政局都產生了直接而深遠的影響。

楚悼王用吳起變法，「使封君之子孫，三世而收爵祿 ①」，並遷貴族往實廣虛之地，悼王去世後，又有大量貴族因「麗兵於王屍」而獲罪滅族 ②，這對當時楚國「封君太眾」的局面有一定的抑止作用。通過對變法前後楚國封君狀況的比對我們發現，變法削弱了楚國封君的權力，削減了封邑的規模，促進了江南等廣虛之地的開發，但沒有改變封君「太眾」、世襲的狀況。這一情形一直持續至郢都淪陷、頃襄王東遷的時期。

白起拔郢和楚都東遷之後，封君分化比較嚴重，很多封君喪失封邑，有名無實。值得注意的是，對於喪失封邑的封君，可能在新的地方僑置封邑加以安置，如鄂君。此外，另一些封君對楚國最後的發展和滅亡影響很大，其封邑規模也頗異於常，如陽陵君受有淮北地，春申君初受有淮北十二縣，與戰國中後期的其他封君不太相同，這是因為二人地位特殊，前者受封於頃襄王東遷後的國政危難之時，後者在考烈王時期權傾楚國，非他人所能比擬，因此不能簡單地認為在戰國後期楚國封邑規模有擴大的趨勢。

秦滅楚數十年後，楚人蜂起反秦，封君制在一些政權中有恢復的現象。新立的封君，有些仍以地名為號，有些則與地名無關，部分封君自立封號。既有對楚國封君制特點的繼承，又有對列國封君制的融合。西漢高祖劉邦建政後，原政權內的封君基本上都被取消了名號，逐漸擺脫了楚國封君制的影響。

二、封君領地、許可權及領地內的職官設置

關於封君領地、領地內職官設置以及封君的許可權。戰國前期，

---

① 王先慎：《韓非子集解 和氏》，中華書局1998年版。
② 陳奇猷：《呂氏春秋新校釋 開春論 貴卒》，上海古籍出版社2002年版。

楚國封君的封地面積較為廣大，有些封地在規模上大致類於楚國的大縣或附庸小國，而封君在封地內的權力也比較大，應當擁有一套行政機構，協助他們治理封邑。

戰國中後期的情形在出土文獻中有較多體現。封君領地一般直接上轄於楚國的中央政府。除封地外，一些封君還在楚都附近兼領有「州」一至二處，食其稅收，一般不世襲，封君之「州」未見下轄有更低一級的地理單位，其面積和規模當不大。目前可知的「州」中官員有加公、里公，應是州中負責治安之官。以平夜君成為例，其封地大致反映了戰國中期，在即將受到吳起變法重大衝擊前夕的封君封域的一般情形。結合對後來出現的平夜縣、東陵縣的考察，我們推測在平夜君成去世後，其封地可能被一分為三，新設兩個縣邑，使得原有的封地規模受到壓縮。將一個縣邑或封邑之地，割裂為兩個或數個地區，以設立新的封邑或縣邑，這一措施削弱了地方實力，促進了中央權力的加強，成為了戰國後期楚國地方政治體制的主要特點，地理單位區劃愈趨繁雜則是這一特點的外在表現。職官設置上，封君之某官，目前可考的有司馬、司敗、正差等，當是比照縣級政區設定的，他們對同一職能的中央官員負責，且在相關事務中聽命於其他更高級的官員。與此相呼應的是封君許可權的削弱。封君在封地內的行政、司法等權力基本都在中央的掌控之中，戰國前期，魯陽君所說的封邑「四境之內，皆寡人之臣」的情形不復存在，封邑內部，不論身分特殊與否，均為楚王之臣民，受到中央政府的節制。另一方面，封君仍享有相應的經濟特權，如鄂君啟節銘文所體現出來的特定的免稅權等。

三、封君制對楚國政治制度的影響

通過對楚國封君制的分析，我們意識到它對楚國的政治制度產生了重大影響。

其一，楚國地方行政體系的結構因此發生了改變，由早先的采

結語

邑、縣邑並存的形態轉變為封君的封邑、縣邑共同發展的局面。雖然封君的封邑根源於采邑主之采邑,戰國時期的縣邑也是在春秋時期縣邑的基礎上發展而來,但在這一轉變過程中二者均發生了很大變化。隨著封君和縣邑的不斷新立,封邑和縣邑的規模都受到壓縮,性質也越來越接近。在這種情形下,封君的許可權逐漸減小,縣大夫也難以依據縣邑對抗中央。如果將采(封)邑、縣邑看作楚國中層地理單位的話,那麼較之戰國時期以前的複雜情況,戰國(尤其在吳起變法之後的)時期,中層地理單位雖然名稱大有不同,但在規模上也大小類似,性質上趨於接近,更顯得整齊劃一,較有利於行政管理。只是封君數量偏多,享有一些稅收、商業特權,客觀上縮減了楚國中央的財政收入,成為導致楚國積貧積弱的一個重要因素。

其二,楚國的地方勢力因此受到了削弱,中央權力得到鞏固。隨著封君制的實施,楚王加強了對邊地大縣的控制,同時在不少縣、封邑內設置新的行政單位,減小其規模,壓縮其許可權,逐步達到了削弱地方實力的目的。地方勢力的衰弱,導致楚國在與諸侯強國對抗時,往往只能依靠中央的力量,在中央力量強盛之時尚能開疆拓土,而在中央力量衰減之時,地方勢力若難以興盛的話,則很容易被他國攻破,長驅直入。戰國時期的楚國,大概以懷王時期為分水嶺,正是這兩種情形的具體體現。

由於學歷和時間的限制等主客觀因素,本書仍有以下不足。其一,在對楚國封君受封者、封邑地望定位等具體問題的考證上,所見資料並不太豐富,前人說法也較多,我們雖然已經盡力進行了分析和考察,但仍有一些闕疑之處。其二,封君制是戰國時期一項重要的政治制度,需要運用政治學的相關理論進行綜合分析,本書在這方面相對不足。另外,在楚國封君制與其他列國封君制的比較方面,未能充分展開。其三,楚縣、封邑可以看作同是聯接中央與基層里、邑的中層地理單位,限於論題的原因,本書主要的著眼點集中在對封邑的討

論上，對楚縣的討論不多。

　　針對這些不足之處，我們打算在下一步的研究中，從以下幾個方面加以推進。其一，在楚國封君制源流的分析，以及封邑地望的考證等方面，依據已有的研究基礎，更深入地進行比較和分析，盡可能在實證研究上取得進一步的進展。其二，加強對封君制的理論分析，以及對列國封君制的綜合研究，力求在制度史的研究層面有所推進。其三，從地方城邑體系構成的視角，對楚國的縣邑、封邑進行系統分析，爭取能獲得一些新的認識。

結語

附錄一　楚國封君表

封君名	可考的受封者名	可考的存在時代	封地	封地地望(範圍)推定	同名(相關)楚縣	備註
棠君	伍尚	楚平王	棠	安徽六安市北		或指棠縣縣尹
析君	公孫寧　黑肩	楚惠王	析	河南西峽縣東北	析	
魯陽君	公孫寬	楚惠王	魯陽	河南魯山縣城關	魯陽	
陽城君		楚惠王至悼王	陽城	安徽宿州市南？		
平夜君	子良　成	楚惠王至懷王	平夜	河南新蔡縣西北	平夜	
郊君		楚惠王	郊	安徽界首至太和縣一帶　河南唐河縣	郊	
鄅君		楚惠王	鄅	湖北老河口市西北	鄅	
鄰君		楚惠王至懷王	鄰	湖北老河口市北	鄰	懷王時期縣、封邑曾並存
椰君		楚惠王至懷王	椰	河南泌陽縣一帶	鄏	
樂君		楚惠王	樂	河南桐柏縣西北至泌陽縣之間		

封君	字	楚王（時代）	郡	地理位置	不詳	備註
郇君						
荆君		楚惠王	荆	湖北南漳縣西北		
斷君		楚惠王	沂？／析	河南唐河縣西南／河南西峽縣東北		
棠侯	棠公諸梁之子	楚惠王後期至簡王	棠	河南葉縣舊縣一帶	棠	縣、封邑可能曾同期並存
鄅君		楚簡王	鄀	湖北宜城市北	鄀	可能非楚封君，指隨國之後
隨侯？		楚悼王至肅王	隨	湖北廣水至安陸北部一帶		
艾君	鳳	戰國早期	艾	安徽臨泉縣艾亭集一帶		
盛君	盛	戰國早中期	成（城父）	河南寶豐縣文集以東、平頂山市以北	成（城父）	
南君		戰國中前期	南	河南新野縣東境		
澧陽君？		戰國中期	澧	湖南澧縣澹水九里鄉一帶		該地發現楚國封君級大墓
□君		戰國中期	江	湖南湘潭縣易俗河鎮一帶？		
江君		楚宣王	江	河南正陽縣東南	江？	
州侯		楚宣王、頃襄王	州	安徽鳳陽縣西	州	縣、封邑或曾並存
彭城君		楚宣王至頃襄王	彭城	湖南岳陽市東北		
安（鄢）陵君		楚宣王至頃襄王	安陵	河南鄢城縣城西南	安陵	懷王時期曾設縣
邔陽君	番勝	楚宣王至懷王	邔陽	安徽臨泉縣城西與銅城鎮之間		懷王時期曾設縣

楚國封君研究

封君		時期	封邑	地望		備註
西陽君		楚宣王至威王	西陽	河南光山縣西		
邔君		楚宣王至威王	邔	不詳		
囗侯		楚宣王至威王	不詳	不詳		
顧侯		楚宣王至威王	顧	不詳		
紀陵君		楚威王时期或懷王前期	紀陵	湖北荊州市荊州區北境至沙洋縣紀山鎮一帶	紀陵	懷王時期曾設縣
中君		約楚威、懷王時	中	湖南桃源縣東北一帶	中陽	
郯君		楚懷王	郯	安徽六安市北	郯	
某陵君		楚懷王	某陵	河南桐柏縣月河鎮為中心的地區	某陵	長、封邑並存
鄂君	啟、子晳	楚懷王至頃襄王	（西）鄂　（東）鄂	河南南陽市以北一帶　湖北鄂州市一帶	鄂	東鄂一帶又曾置鄂縣
濮君		楚懷王	濮？	重慶奉節縣以東至巫山縣一帶		
射臬君		楚懷王	射臬	河南新野縣東境的唐河西岸一帶		
彭君		楚懷王	彭	湖北保康縣一帶的南河下游地區		
鄾陽君		楚懷王	鄾陽	湖南常德市東北境一帶		或與臨灃縣九里封

					君级大墓相關
六君	楚懷王	六	湖南澧縣至安鄉縣一帶的古澧水以北	附(六)	
陵君	楚懷王	陵(陵)	安徽六安市北	陵縣	楚陵縣或許即漢朝陰陵縣所在
鄀(番)君	楚懷王至楚亡	鄀(番)	河南固始縣西境与潢川、光山，商城等縣之間	鄀縣	吴芮也詳屬於番君家族
偖陵君	楚懷王	召陵?	河南郾城縣東		
黄君	楚懷王	黄	湖北宜城市南至鐘祥市一帶的漢水東岸		
新野君	楚懷王	新野	河南新野縣南		
紀沮君	楚懷王	紀沮	湖北荊州市西境及當陽市東南境一帶		
鄒君	楚懷王	鄒	江西樟樹市區及其以南一帶		樊偉城址或是其封邑所在
鄀君	楚懷王	襄	今鐘祥至信陽一帶以東，隨州至信陽一帶以南，大別山，幕阜山以北的範圍內		丙漢江夏郡襄縣，或承其封地而來
耒陽君	楚懷王	耒陽	湖南耒陽市		

附錄一 楚國封君表

續表

封君	受封者	受封時間	封邑	封邑地望	同名縣	備註
平陵君		楚懷王	平陵	河南新蔡縣西偏北	平陵	
陰侯		楚懷王	陰	湖北老河口市西北、丹江口市的漢南淅水中游東岸	陰縣	縣、封邑曾同期並存
陽君	懷王之子？	楚懷王至頃襄王	陽	河南方城縣以東一帶		
項君		楚懷王至楚亡	項	河南沈丘		
夏侯		楚頃襄王	夏	安徽泗縣城關一帶		
壽陵君		楚頃襄王	壽陵	安徽壽縣東南		
襄城君		楚頃襄王	襄城	江蘇省連雲港市附近一帶	襄城	此襄城邑可能係前夏，並以之封君
陽陵君	莊辛	楚頃襄王	淮北	山東魚台一帶往南直至安徽東部的淮水北岸一帶的範圍內		治所陽陵或系在今安徽定遠縣一帶的淮河以北地區
臨武君	景陽	楚頃襄王至考烈王	臨武	湖南臨武縣東		
春申君	黃歇	楚考烈王元年至十五年（前262年～前248年）	淮北十二縣	山東魚台一帶往南直至安徽東部的淮水北岸一帶的範圍內		
		楚考烈王十五年至二十五年（前248年～前238年）	吳國故墟	以江蘇蘇州為中心的地區		官署可能在楚壽春一帶

郝陵君	負芻之子？	郝陵	江蘇宜興至浙江長興一帶	
郮陽君	不明	郮陽	河南息縣以西、光山縣西北的淮河以南不遠處	
上贛君	不明	上贛	江西贛州市西、贛江西岸	
權君	不明	權	湖北宜城、鍾祥、荊門交界地區一帶	權縣

附錄一 楚國封君表

附錄二　楚國封君封邑分布圖

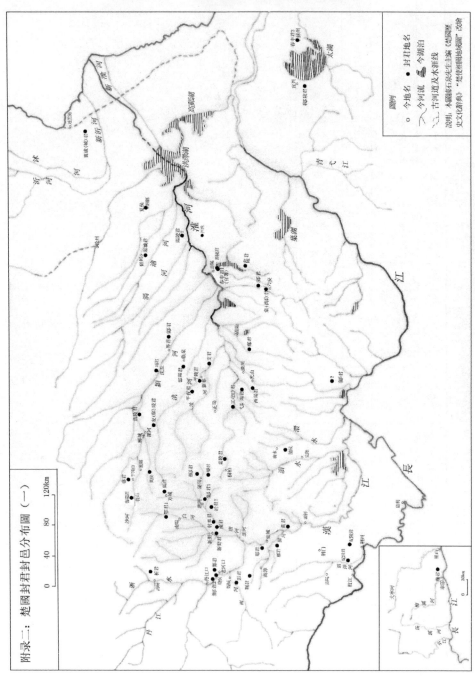

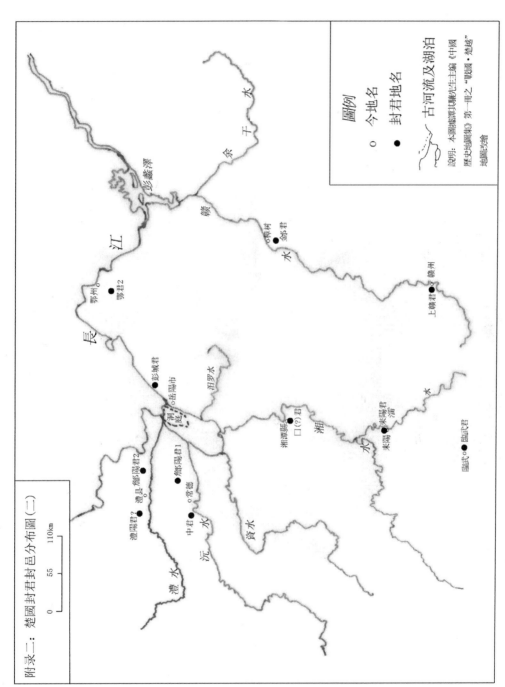

附錄二：楚國封君封邑分布圖（二）

圖例

○ 今地名
● 封君地名
古河流及湖泊

說明：本圖據譚其驤先生主編《中國歷史地圖集》第一冊之"戰國‧楚越"地圖改繪

附錄二 楚國封君封邑分布圖

彭蠡澤

余干水

贛水

長江

鄂君○
鄂君2

棠谿○
邡君

上贛君●
贛州○

彭城君
岳陽市○

洞庭

汨羅水

澧陽君?
澧陽君?
澧縣○
鄳陽君2
鄳陽君1

中君
常德○

沅水

資水

湘水

湘潭縣○
口(?)君

耒陽君
耒陽○
溳

臨武○臨武君

271

參 考 文 獻

一、基本典籍（含今人對古籍的整理及注釋）

1. 《十三經注疏》，上海古籍出版社影印阮元刻本1997年版。

2. 顧頡剛、劉起釪：《尚書校釋譯論》，中華書局2005年版。

3. 胡培翬：《儀禮正義》，商務印書館1934年版。

4. 孫詒讓：《周禮正義》，中華書局1987年版。

5. 黃懷信等：《大戴禮記匯校集注》，三秦出版社2004年版。

6. 杜預：《春秋經傳集解》，上海古籍出版社1988年一版。

7. 竹添光鴻：《左傳會箋》，富山房，昭和53（1978）年增補3版。

8. 劉文淇：《春秋左氏傳舊注疏證》，科學出版社1959年版。

9. 吳靜安：《春秋左氏傳舊注疏證續》，東北師範大學出版社2005年版。

10. 楊伯峻：《春秋左傳注》，中華書局1990年版。

11. 徐元誥：《國語集解》，中華書局2002年版。

12. 范祥雍：《戰國策箋證》，上海古籍出版社2006年版。

13. 孫詒讓：《墨子間詁》，中華書局2001年版。

14. 王先謙：《荀子集解》，中華書局1988年版。

15. 王先慎：《韓非子集解》，中華書局1998年版。

16. 陳奇猷：《韓非子新校注》，上海古籍出版社2000年版。

17. 劉文典：《淮南鴻烈集解》，安徽大學出版社、雲南大學出版社1998年版。

18. 陳奇猷：《呂氏春秋新校釋》，上海古籍出版社2002年版。

19. 司馬遷：《史記》（點校本），中華書局1982年版。

20. 瀧川資言、水澤利忠：《史記會注考證（附校補）》，上海古籍出版社1986年版。

21. 向宗魯：《說苑校證》，中華書局1987年版。

22. 洪興祖撰：《楚辭補注》，中華書局1983年版。

23. 班固：《漢書》（點校本），中華書局1962年版。

24. 王先謙：《漢書補注》，書目文獻出版社1995年版。

25. 應劭撰，王利器校注：《風俗通義校注》，中華書局1981年版。

26. 宋衷注，秦嘉謨等輯:《世本八種》，中華書局2008年版。

27. 魏收：《魏書》（點校本），中華書局1974年版。

28. 許慎撰，段玉裁注：《說文解字注》，上海古籍出版社1981年版。

29. 酈道元撰，楊守敬、熊會貞疏：《水經注疏》，江蘇古籍出版社1989年版。

30. 李泰撰，賀次君輯校：《括地志輯校》（點校本），中華書局1980年版。

31. 李吉甫：《元和郡縣圖志》（點校本），中華書局1983年版。

32. 林寶撰，岑仲勉校記：《元和姓纂（附四校記）》，中華書局1994年版。

33. 樂史撰，王文楚整理：《太平寰宇記》，中華書局2007年版。

34. 鄭樵撰，王樹民點校：《通志二十略》，中華書局1995年版。

35. 羅泌：《路史》，《四庫全書》，第383冊，臺灣商務印書館

影印文淵閣本1983年版。

36. 李賢等撰：《明一統志》，《四庫全書》，第472冊，臺灣商務印書館影印文淵閣本1983年版。

37. 董說著，繆文遠訂補：《七國考訂補》，上海古籍出版社1987年版。

38. 顧炎武著，黃汝成釋：《日知錄集釋（外七種）》，上海古籍出版社1985年版。

39. 顧祖禹撰，賀次君、施和金點校：《讀史方輿紀要》，中華書局2005年版。

40. 顧棟高：《春秋大事表》，中華書局1993年版。

41. 高士奇：《春秋地名考略》，《四庫全書》，第176冊，臺灣商務印書館影印文淵閣本1983年版。

42. 王謨等輯：《漢唐地理書鈔》，中華書局1961年版。

43.《嘉慶重修一統志》，中華書局1986年版。

44. 沈欽韓：《左傳地名補注》，《叢書集成》（初編），商務印書館1936年版。

45. 方詩銘、王修齡撰：《古本竹書紀年輯證》（修訂本），上海古籍出版社2005年版。

46.劉緯毅：《漢唐方志輯佚》，北京圖書館出版社1997年版。

二、主要考古與出土文獻資料（按作者中文拼音、日文五十音及西文字母順，下同）

1. 大冶縣博物館：〈鄂王城遺址調查簡報〉，《江漢考古》，1983年第3期。

2. 馬承源主編：《上海博物館藏戰國楚竹書（四）》，上海古籍出版社2004年版。

3. 馬承源主編：《上海博物館藏戰國楚竹書（六）》，上海古籍出版社2007年版。

4. 馬王堆漢墓帛書整理小組編：《戰國縱橫家書》，文物出版社1978年版。

5. 河南省文物考古所：《新蔡葛陵楚墓》，大象出版社2003年版。

6. 河南省文物考古研究所編著：《固始侯古堆一號墓》，大象出版社2004年版。

7. 湖北省博物館：《曾侯乙墓》，文物出版社1989年版。

8. 湖北省荊沙鐵路考古隊：《包山楚墓》（上）（下），文物出版社1991年版。

9. 湖北省荊沙鐵路考古隊：《包山楚簡》，文物出版社1991年版。

10. 湖北省荊州博物館：《荊州天星觀二號楚墓》，文物出版社2003年版。

11. 湖北省荊州地區博物館：〈江陵天星觀一號楚墓〉，《考古學報》，1982年第1期。

12. 湖北省文物考古所、北京大學中文系：《望山楚簡》，中華書局1995年版。

13. 湖北省文物考古研究所：《江陵望山沙塚楚墓》，文物出版社1996年版。

14. 湖南省博物館等編：《長沙楚墓》（上）（下），文物出版社2000年版。

15. 湖南省文物考古研究所等：〈湖南龍山里耶戰國——秦代古城一號井發掘簡報〉，《文物》，2003年第1期。

16. 湖南省文物考古所、湘西土家族苗族自治州文物處：〈湘西里耶秦代簡牘選釋〉，《中國歷史文物》，2003年第1期。

17. 彭浩、陳偉、工藤元男主編：《二年律令與奏讞書——張家山二四七號漢墓出土法律文獻釋讀》，上海古籍出版社2007年版。

參考文獻

18. 隨州市博物館編：《隨州擂鼓墩二號墓》，文物出版社2008年版。

19. 張家山二四七號漢墓竹簡整理小組：《張家山漢墓竹簡〔二四七號墓〕:釋文修訂本》，文物出版社2006年版。

三、今人學術論著

1. 卜憲群：《秦漢官僚制度》，社會科學文獻出版社2002年版。

2. 陳槃：《不見於春秋大事表之春秋方國稿》，「中央研究院」歷史語言研究所，1982年。

3. 陳槃：《春秋大事表列國爵姓及存滅表譔異》（三訂本），「中央研究院」歷史語言研究所，1988年。

4. 陳偉：《楚「東國」地理研究》，武漢大學出版社1992年版。

5. 陳偉：《包山楚簡初探》，武漢大學出版社1996年版。

6. 馮天瑜：《「封建」考論》（第二版），武漢大學出版社2007年版。

7. 傅斯年：《民族與古代中國史》，河北教育出版社2002年版。

8. 高至喜：《楚文化的南漸》，湖北教育出版社1996年版。

9. 何浩：《楚滅國研究》，武漢出版社1989年版。

10. 黃錫全：《古文字論叢》，藝文印書館1999年版。

11. 侯志義：《采邑考》，西北大學出版社1989年版。

12. 后曉榮：《秦代政區地理》，社會科學文獻出版社2009年版。

13. 李孝定：《金文詁林讀後記》，「中央研究院」歷史語言研究所，1982年。

14. 李學勤：《東周與秦代文明》，文物出版社1984年版。

15. 劉彬徽：《楚系青銅器研究》，湖北教育出版社1995年版。

16. 劉彬徽：《早期文明與楚文化研究》，嶽麓書社2001年版。

17. 劉和惠：《楚文化的東漸》，湖北教育出版社1995年版。

18. 劉信芳：《包山楚簡解詁》，藝文印書館2003年版。

19. 劉玉堂：《楚國經濟史》，湖北教育出版社1995年版。

20. 羅運環:《楚國八百年》，武漢大學出版社1992年版。

21. 呂文郁：《周代的采邑制度》（增訂版），社會科學文獻出版社2006年版。

22. 馬克　布洛赫著，張緒山譯：《封建社會》，商務印書館2004年版。

23. 繆文遠：《戰國制度通考》，巴蜀書社1998年版。

24. 錢穆：《史記地名考》，商務印書館2001年版。

25. 錢穆：《先秦諸子系年》，河北教育出版社2002年版。

26. 曲英傑：《長江古城址》，湖北教育出版社2004年版。

27. 石泉：《古代荊楚地理新探》，武漢大學出版社1988年版。

28. 石泉、蔡述明：《古雲夢澤研究》，湖北教育出版社1996年版。

29. 石泉：《古代荊楚地理新探　續編》，武漢大學出版社2004年版。

30. 宋公文：《楚史新探》，河南大學出版社1988年版。

31. 譚其驤：《長水集》下，人民出版社1987年版。

32. 藤田勝久著，曹峰、廣薰雄譯：《〈史記〉戰國史料研究》，上海古籍出版社2008年版。

33. 童書業：《童書業歷史地理論集》，中華書局2004年版。

34. 王國維：《觀堂集林（外二種）》，河北教育出版社2003年版。

35. 王明珂：《華夏邊緣：歷史記憶與族群認同》，社會科學文獻出版社2006年版。

36. 徐少華：《周代南土歷史地理與文化》，武漢大學出版社1994

參考文獻

年版。

37. 楊寬：《戰國史料編年輯證》，上海人民出版社2001年版。

38. 楊寬：《戰國史》，上海人民出版社2003年版。

39. 楊寬、吳浩坤主編：《戰國會要》，上海古籍出版社2005年版。

40. 趙逵夫：《屈原與他的時代》，人民文學出版社2002年版。

41. 周曉陸、路東之：《秦封泥集》，三秦出版社2000年版。

42. 周振鶴：《西漢政區地理》，人民出版社1987年版。

43. 周振鶴、李曉傑：《中國行政區劃通史 總論、先秦卷》，復旦大學出版社2009年版。

44. 鄒芙都：《楚系銘文綜合研究》，巴蜀書社2007年版。

45. 藤田勝久：《中國古代國家と郡県社會》，汲古書院2005年版。

46. 增淵龍夫：《中國古代の社會と國家》（新版），岩波書店1996年版。

47. 吉本道雅：《中國先秦史の研究》，京都大學學術出版會，2005年版。

48. Cook, Constance A.; Major, John S., eds. Defining Chu: *Image and Reality in Ancient China*. Honolulu: University of Hawaii Press, 1999.

49. Reynolds, Susan., *Fiefs and Vassals: the Medieval Evidence Reinterpreted*. Oxford: Oxford University Press, 1994.

四、今人學術論文

1. 白國紅：〈試論先秦時期趙國的封君制度〉，載《河北師範大學學報》（哲學社會科學版），2002年第1期。

2. 白于藍：〈包山楚簡零拾〉，《簡帛研究》第2輯，法律出版社

1996年版。

3. 卜憲群：〈秦制、楚制與漢制〉，載《中國史研究》，1995年
　　第1期。

4. 陳隆文：〈向壽戈再考〉，載《考古》，2008年第3期。

5. 陳松長：〈湖南新出戰國楚璽考略（四則）〉，載張光裕主
　　編：《第四屆國際中國古文字學研討會論文集》，香港中文大
　　學中國語言及文學系，2003年。

6. 陳偉：〈鄂君啟節之「鄂」地探討〉，載《江漢考古》，1986
　　年第2期。

7. 陳偉：〈包山楚簡所見邑、里、州的初步研究〉，載《武漢大
　　學學報》（哲學社會科學版），1995年第1期。

8. 陳偉：〈關於宋、鄭之間「隙地」的性質〉，載《九州》第3
　　輯，商務印書館2003年版。

9. 陳偉：〈讀新蔡簡劄記三則〉，「簡帛研究網」（www.jianbo.org）
　　2004年1月30日。

10. 陳偉：〈讀《上博六》條記〉，「簡帛網」（www.bsm.org.cn），
　　2007年7月9日。

11. 陳偉：〈「刉」字試說〉，「簡帛網」（www.bsm.org.cn），
　　2009年4月15日。

12. 丁驌：〈東薇堂讀契記（二）〉，載《中國文字》新12期，美
　　國藝文印書館1988年版。

13. 董珊：〈向壽戈考〉，載《考古》，2006年第3期。

14. 工藤元男：〈「卜筮祭禱簡」所見戰國楚的王權與世族、封
　　君〉，載《楚文化研究論集》第6集，湖北教育出版社2005年版。

15. 顧頡剛：〈春秋時代的縣〉，《禹貢半月刊》卷7，第6、7合
　　期，《〈禹貢〉合訂本》，花山文藝出版社1994年版。

16. 郭沫若：〈關於鄂君啟節的研究〉，載《文物參考資料》，

1958年第4期。

17. 谷口滿：〈包山楚簡「受期」類釋地三則〉，《簡帛》第1
輯，上海古籍出版社2006年版。

18. 韓朝、劉海洋：〈新見楚國銘文兵器〉，載《南方文物》，
2004年第4期。

19. 韓隆福：〈試談楚國末年的春申君〉，載《安徽史學》，1985
年第4期。

20. 韓自強：〈新見六件齊、楚銘文兵器〉，載《中國歷史文物》，
2007年第5期。

21. 何浩：〈戰國時期楚封君初探〉，載《歷史研究》，1984年
第5期。

22. 何浩：〈郪陵君與春申君〉，載《江漢考古》，1985年第2期。

23. 何浩、賓暉：〈盛君縈及擂鼓墩二號墓墓主的國別〉，載《楚
文化研究論集》第1集，荊楚書社1987年版。

24. 何浩：〈兼器、養國和楚國養縣〉，載《江漢考古》，1989年
第2期。

25. 何浩：〈楚國封君封邑地望續考〉，載《江漢考古》，1991年
第4期。

26. 何浩：〈論楚國封君制的發展與演變〉，載《江漢論壇》，
1991年第5期。

27. 何浩：〈文坪夜君的身分與昭氏的世系〉，載《江漢考古》，
1992年第3期。

28. 何浩：〈魯陽君魯陽公及魯陽設縣的問題〉，載《中原文物》，
1994年第4期。

29. 何琳儀：〈楚郪陵君三器考〉，載《江漢考古》，1984年
第1期。

30. 何琳儀：〈戰國兵器銘文選釋〉，載《考古與文物》，1999年

第5期。

31. 何琳儀：〈鄂君啟舟節釋地三則〉，《古文字研究》第22輯，中華書局2000年版。

32. 何琳儀：〈新蔡竹簡選釋〉，載《安徽大學學報》（哲學社會科學版），2004年第3期。

33. 黃春高：〈有關封建主義研究的新動向——蘇珊 雷諾茲的《封土與封臣》及其他〉，載《世界歷史》，1999年第5期。

34. 黃盛璋：〈樸君述鼎國別、年代及其相關問題〉，載《江漢考古》，1987年第1期。

35. 黃盛璋：〈再論鄂君啟節交通路線復原與地理問題〉，載《安徽史學》，1988年第2期。

36. 黃盛璋：〈連雲港楚墓出土襄城公競尹戈銘文考釋及其歷史地理問題〉，載《考古》，1998年第3期。

37. 賈連敏：〈古文字中的「祼」和「瓚」及相關問題〉，載《華夏考古》，1998年3期。

38. 賈連敏：〈新蔡葛陵楚簡中的祭禱文書〉，載《華夏考古》，2004年第3期。

39. 李峰：〈歐洲Feudalism的反思及其對中國古史分期的意義〉，《中國學術》第24輯，商務印書館2007年版。

40. 李家浩：〈對郑陵君銅器銘文的幾點意見〉，載《江漢考古》，1986年第4期。

41. 李零、劉雨：〈楚郑陵君三器〉，載《文物》，1980年第8期。

42. 李零：〈楚國銅器銘文編年匯釋〉，《古文字研究》第13輯，中華書局1986年版。

43. 李曉傑：〈戰國時期魏國疆域變遷考〉，《歷史地理》第19輯，上海人民出版社2003年版。

44. 李學勤：〈從新出青銅器看長江下游文化的發展〉，載《文

參考文獻

物》，1980年第8期。

45. 李學勤：〈「桓」字與真山楚官璽〉，載北京大學國學研究院中國傳統文化研究中心編：《國學研究》第8卷，北京大學出版社2001年版。

46. 李學勤：〈論包山楚簡魯陽公城鄭〉，載《清華大學學報》（哲學社會科學版），2004年第3期。

47. 李學勤：〈論葛陵楚簡的年代〉，載《文物》，2004年第7期。

48. 李學勤：〈越湧君嬴將其眾以歸楚之歲考〉，《古文字研究》第25輯，中華書局2004年版。

49. 李學勤：〈試說江陵天星觀、秦家嘴楚簡的紀年〉，載卜憲群、楊振紅主編：《簡帛研究二〇〇四》，廣西師範大學出版社2006年版。

50. 李運富：〈《包山楚簡》「𦎍」義解詁〉，載《古漢語研究》，2003年第1期。

51. 劉彬徽、王世振：〈曾國滅亡年代小考〉，載《江漢考古》，1984年第4期。

52. 劉彬徽：〈楚系金文訂補（之一）〉，《古文字研究》第23輯，中華書局、安徽大學出版社2002年版。

53. 劉和惠：〈鄂君啟節新探〉，載《考古與文物》，1982年第5期。

54. 劉玉堂：〈楚國土地制度綜議〉，載《湖北大學學報》（哲學社會科學版），1996年第3期。

55. 劉澤華、劉景泉：〈戰國時期的食邑與封君述考〉，《北京師範學院學報》（哲學社會科學版），1982年第3期。

56. 龍朝彬：〈湖南常德出土「秦十七年太后」扣器漆盒及相關問題探討〉，載《考古與文物》，2002年第5期。

57. 魯鑫：〈包山楚簡州、里問題研究綴述〉，載《中原文物》，2008年第2期。

58. 羅運環：〈論包山簡中的楚國州制〉，載《江漢考古》，1991年第3期。

59. 羅運環：〈釋包山楚簡窴敔㝫三字及其相關制度〉，載《簡帛研究二〇〇二、二〇〇三》，廣西師範大學出版社2005年版。

60. 羅運環：〈楚王酓章鎛銘文疏證〉，載《武漢大學學報》（人文科學版），2008年第4期。

61. 馬克垚等：〈馬克 布洛赫《封建社會》中譯本出版筆談〉，載《史學理論研究》，2004年第4期。

62. 馬育良：〈關於壽春形成的幾個問題〉，載《安徽史學》，1986年第5期。

63. 樸俸柱：〈戰國楚的地方統治體制〉，《簡帛研究二〇〇二、二〇〇三》，廣西師範大學出版社2005年版。

64. 平勢隆郎：〈楚王和縣君〉，徐世虹譯，劉俊文主編《日本中青年學者論中國史》上古秦漢卷，上海古籍出版社1995年版。

65. 蒲百瑞：〈春秋時代楚國政體新探〉，載《中國史研究》，1998年第4期。

66. 錢林書：〈戰國時期齊國的封君及封邑〉，載《復旦學報》，1999年第2期。

67. 裘錫圭：〈談談曾侯乙墓的文字資料〉，載《文物》，1979年第7期。

68. 饒宗頤：〈談盛君簠〉，載《江漢考古》，1985年第1期。

69. 孫國志：〈戰國時期秦國封君考論〉，載《求是學刊》，2002年第4期。

70. 藤田勝久著，許道勝譯：〈包山楚簡及其傳遞的楚國資訊——紀年與社會體系〉，《簡帛研究二〇〇四》，廣西師範大學出版社2006年版。

71. 文必貴：〈河南淅川下寺龍城與楚析邑〉，載《考古》，1983

年第6期。

72. 吳良寶：〈說包山楚簡中的「安陵」及相關問題〉，《簡帛》第1輯，上海古籍出版社2006年版。

73. 吳良寶：〈試說包山簡中的「彭」地〉，《簡帛》第3輯，上海古籍出版社2008年版。

74. 熊傳新、何光岳：〈《鄂君啟節》舟節中江湘地名新考〉，載《湖南師院學報》（哲學社會科學版），1982年第3期。

75. 徐少華：〈《水經注　丹水篇》錯簡考訂──兼論古析縣、丹水縣的地望〉，載《中國歷史地理論叢》，1988年第4期。

76. 徐少華：〈包山二號楚墓的年代及其相關問題〉，載《江漢考古》，1989年4期。

77. 徐少華：〈關於春秋楚縣的幾個問題〉，載《江漢論壇》，1990年第2期。

78. 徐少華：〈魏安陵君及其歷史地理分析〉，載《湖北大學學報》，1992年第5期。

79. 徐少華：〈包山楚簡釋地十則〉，載《文物》，1996年第12期。

80. 徐少華：〈包山楚簡釋地五則〉，載《江漢考古》，1996年第4期。

81. 徐少華：〈包山楚簡釋地八則〉，載《中國歷史地理論叢》，1996年第4期。

82. 徐少華：〈包山楚簡地名數則考釋〉，載《武漢大學學報》（哲學社會科學版），1997年第4期。

83. 徐少華：〈包山楚簡釋地四則〉，載《武漢大學學報》（哲學社會科學版），1998年第6期。

84. 徐少華：〈包山楚簡釋地五則〉，載《考古》，1999年第11期。

85. 徐少華：〈包山楚簡釋地六則〉，《簡帛研究二○○一》，廣西師範大學出版社2001年版。

86. 徐少華：〈楚都壽春及其歷史地理分析〉，載闕維民主編：《史地新論——浙江大學歷史地理國際學術研討會論文集》，浙江大學出版社2002年版。

87. 徐少華：〈論近年出土的幾件春秋有銘鄧器〉，《古文字研究》第25輯，中華書局2004年版。

88. 徐少華：〈從叔姜簠析古申國歷史與文化的有關問題〉，載《文物》，2005年第3期。

89. 徐少華：〈古都國、郡縣及楚都都地望辨析〉，武漢大學歷史地理研究所編：《石泉先生九十誕辰紀念文集》，湖北人民出版社2007年版。

90. 徐少華：〈上博楚簡所載申公、城公考析〉，載陝西師範大學中國歷史地理研究所等編：《歷史地理學研究的新探索與新動向》，三秦出版社2008年版。

91. 徐少華：〈孫叔敖故里封地考述——兼論〈楚相孫叔敖碑〉的真偽與文本時代〉，載《江漢考古》，2008年第2期。

92. 徐少華：〈上博簡〈申公臣靈王〉及〈平王與王子木〉兩篇疏正〉，《古文字研究》第27輯，中華書局2008年版。

93. 徐少華：〈兼國銅器及其歷史地理探析〉，載《考古學報》，2008年第4期。

94. 晏昌貴：〈張家山漢簡釋地六則〉，載《江漢考古》，2005年第2期。

95. 晏昌貴：〈天星觀「卜筮祭禱」簡釋文輯校（修訂稿）〉，「簡帛網」（www.bsm.org.cn），2005年11月2日。

96. 楊華：〈戰國秦漢時期的里社與私社〉，載所著《新出簡帛與禮制研究》，臺灣古籍出版社2007年版。

97. 楊寬：〈春秋時代楚國縣制的性質問題〉，載《中國史研究》，1981年第4期。

98. 楊小英：〈《鄂君啟節》所見楚史三題研究〉，載《江漢論壇》，2004年第4期。

99. 殷崇浩：〈春秋楚縣略論〉，載《江漢論壇》，1980年4期。

100. 殷滌非、羅長銘：〈壽縣出土的「鄂君啟金節」〉，載《文物參考資料》，1958年第4期。

101. 于省吾：〈「鄂君啟節」考釋〉，載《考古》，1963年第8期。

102. 張昌平：〈曾國銅器的發現與曾國地域〉，載《文物》，2008年第2期。

103. 張新俊：〈新蔡葛陵楚墓竹簡文字補正〉，載《中原文物》，2005年第4期。

104. 周維衍：〈河南西峽縣古城遺址的考證〉，載《考古》，1961年第8期。

105. 周曉陸：〈「鄝陵君」補〉，載《江漢考古》，1987年第4期。

106. 周曉陸、紀達凱：〈江蘇連雲港市出土襄城楚境尹戈讀考〉，載《考古》，1995年第1期。

107. 朱繼平：〈「鄂王城」考〉，載《中國歷史文物》，2006年第5期。

108. 安倍道子：〈春秋後期の楚の「公」について──戰國封君出現へ向けての一論試──〉，《東洋史研究》第45卷第2號，1986年。

109. 谷口滿：〈楚都邑考〉，《北海道教育大學紀要》第一部B，社會科學編第28卷第2號，1978年。

110. 谷口滿：〈鄂君啟節鄂地探索〉，《歷史》第89輯，1997年。

111. 藤田勝久：〈包山楚簡よりみた戰國楚の縣と封邑〉，《中

國出土資料研究》第3號，1999年。

112. 船越昭生：〈鄂君啟節について〉，《東方學報》第43冊，1972年。

113. 이용일（李容一）：〈戰國時代趙封君의設置〉，載《中國史研究》（大丘）第45卷，2006年。

114. 이용일（李容一）：〈戰國時代楚封君의設置〉，載嶺南大學人文科學研究所編：《人文研究》第52卷，2007年。

115. 이용일（李容一）：〈戰國時時代魏封君의設置〉，載《慶州史學》第26輯，2007年。

116. Bodde, Derk., *Feudalism in China,* in Rushton Coulborn eds. *Feudalism in History*, Princeton University Press, 1956.

117. Taniguchi, Mitsuru（谷口滿）：*Chu Bamboo Slips from the Warring States Period and the Historical Geography of the Chu State*, ACTA ASIATICA（THE TOHO GAKKAI）80. 2001.

五、工具書

1. 國家文物局主編：《中國文物地圖集　河南分冊》，中國地圖出版社1991年版。

2. 國家文物局主編：《中國文物地圖集　湖北分冊》（上）（下），西安地圖出版社2002年版。

3. 國家文物局主編：《中國文物地圖集　湖南分冊》，湖南地圖出版社1997年版。

4. 何琳儀：《戰國古文字典——戰國文字聲系》，中華書局1998年版。

5. 李圃主編：《古文字詁林》，上海教育出版社1999～2004年版。

6. 李守奎：《楚文字編》，華東師範大學出版社2003年版。

參考文獻

7. 羅福頤主編：《古璽彙編》，文物出版社1981年版。

8. 石泉主編:《楚國歷史文化辭典》，武漢大學出版社1996年版。

9. 譚其驤主編:《中國歷史地圖集》（1～8冊），地圖出版社1982年版。

10. 滕壬生：《楚系簡帛文字編》（增訂本），湖北教育出版社2008年版。

11. 中國社會科學院考古研究所編：《殷周金文集成》，中華書局1984～1994年版。

12. 中國社會科學院考古研究所編：《殷周金文集成釋文》，香港中文大學中國文化研究所2001年版。

六、學位論文

1. 邴尚白：《葛陵楚簡研究》，臺灣大學中國文學研究所博士學位論文，2007年。

2. 李海勇：《楚人對湖南的開發及其文化融合與演變》，武漢大學博士學位論文，2003年。

3. 駱科強：《春申君相關問題研究》，華中師範大學碩士學位論文，2006年。

4. 宋華強：《新蔡楚簡的初步研究》，北京大學中文系博士學位論文，2007年。

5. 田成方：《楚公族諸氏源流、封邑及相關問題探析》，武漢大學碩士學位論文，2008年。

6. 文炳淳：《包山楚簡所見楚官制研究》，臺灣大學中國文學研究所碩士學位論文，1997年。

7. 巫雪如：《包山楚簡姓氏研究》，臺灣大學中國文學研究所碩士學位論文，1996年。

8. 蕭聖中：《曾侯乙墓竹簡釋文補正暨車馬制度研究》，武漢大學博士學位論文，2005年。

9. 顏世鉉：《包山楚簡地名研究》，臺灣大學中國文學研究所碩士學位論文，1997年。

10. 鍾煒：《里耶秦簡牘所見歷史地理及相關問題》，武漢大學碩士學位論文，2004年。

11. 朱繼平：《鄂東楚文化的歷史進程與特徵》，武漢大學碩士學位論文，2005年。

參考文獻

後　記

　　這本小書是教育部人文社會科學研究青年基金專案「出土文獻與楚國政治地理研究」（項目編號11YJC770093）的階段性成果。它原是我的博士學位論文。2000年夏天，懵懂地在高考第一志願中寫下「武漢大學歷史學基地班」之時，怎麼也不會想到這座陌生的城市會成為自己的第二故鄉。2004年秋天，開始跟隨業師徐少華先生攻讀歷史地理學碩士學位，一年後轉為直接攻讀博士學位。跟隨先生讀書，迄今已逾七載。在這兩萬多個日日夜夜中，先生不棄我資質愚魯，悉心教誨，在先生的精心指導下，甫一入室，就選定楚國封君作為研究方向。在這之後的歲月中，先生言傳身教，在書房裡、在飯桌上對我耳提面命，將我一步步領進了學術的殿堂，同時，還推薦我赴美留學，幫助我留校工作。這篇論文，從寫作思路的確定、資料的收集整理，到每一章節的撰寫、成文後的數次修訂，無不凝結著先生的心血，讓我永志不忘。師母吳宜萍女士，給我以慈母般的關懷，讓我在陌生的城市感受到了家的溫暖；種種恩情，難以言報，唯有努力，以勤補拙。

　　2009年初，論文初稿草成，在預答辯過程中，承蒙楊果教授、晏昌貴教授、毋有江老師的悉心指點，及時避免了一些硬傷，使論文得以完善。送審過程中，有幸得到復旦大學周振鶴先生、北京大學唐曉

峰先生、湖北省社會科學院劉玉堂院長的認真審閱和評議。唐曉峰先生還不辭辛勞，親臨武漢主持論文答辯會。答辯會上，唐曉峰先生、華中師範大學龔勝生教授、武漢大學陳偉教授、楊果教授、晏昌貴教授對論文提出了十分中肯的意見和建議。在此，謹向諸位先生獻上最真誠的謝意。

畢業之後，旋即留校工作，兩年多來，教學任務和學生工作分散了大量的精力。湖北省社科院劉玉堂院長提攜後進，將拙稿列為《世紀楚學》系列叢書之一，提供出版支援，讓我十分感念。不過由於修改時間有限，論文只是按照出版要求在格式上做了一定的調整，內容基本維持原貌。

在武漢大學歷史學院讀書和工作的十餘年間，以及2007至2008年在美國賓夕法尼亞大學學習的一年時間裡，得到了太多老師和同學、同事的幫助，讓我永遠銘記、難以忘懷。

感謝謝貴安教授、王雪華老師對我本科階段論文的指導，感謝本科班主任張岩老師和申萬里教授的關懷，感謝魯西奇教授幫我修改第一篇發表的習作，感謝晏昌貴教授對我本科畢業論文的指導。

感謝留學基金委「國家建設高水準大學公派研究生項目」和賓大東亞研究中心金鵬程（Paul R. Goldin）教授為我提供一次極其難得的求學機會。訪學期間，金教授和北京師範大學訪問學者羅新慧教授在學習和生活上對我關照甚多，十分感念。

感謝學院領導柳芳書記、陳偉院長、楊華院長、劉安志院長，以及張建民教授、楊果教授、羅運環教授、張昌平教授、陳曦老師、魏斌老師、劉超老師等長期以來對我的關心。感謝尹弘兵、羅銀川、易德生、朱繼平、田成方、黃強等師兄、師姐、師弟的愛護和幫助。感謝同學凡國棟博士，他借東瀛求學的機會，幫我收集了不少日本學者的研究成果。感謝臺灣大學的游逸飛博士，為本書的修改提出了寶貴的建議。

後記

291

感謝武漢大學圖書館、歷史學院資料室、賓夕法尼亞大學圖書館和美國的館際互借系統，為我查閱資料提供了便利。

感謝湖北教育出版社的劉藝、萬嬋老師，沒有她們細緻用心的編輯工作，拙稿是不可能順利出版的。

最後，謹以此書獻給我的父母、兄姊、內子，感謝他們長久以來默默的付出與辛勞。

鄭威
2011年12月28日於武昌南湖